Jean Ziegler

DER SCHMALE GRAT DER HOFFNUNG

Jean Ziegler

DER SCHMALE GRAT DER HOFFNUNG

Meine gewonnenen und verlorenen Kämpfe
und die, die wir gemeinsam gewinnen werden

Aus dem Französischen übertragen von Hainer Kober

C. Bertelsmann

Die Originalausgabe ist 2016 unter dem Titel
»Chemins d'espérance: Ces combats gagnés,
parfois perdus mais que nous remporterons ensemble«
bei Éditions du Seuil, Paris, erschienen.

MIX
Papier aus verantwor-
tungsvollen Quellen
FSC® C014496

Verlagsgruppe Random House FSC® N001967

1. Auflage
© 2016 by Jean Ziegler
© 2017 für die deutsche Ausgabe by C. Bertelsmann Verlag, München,
in der Verlagsgruppe Random House GmbH,
Neumarkter Str. 28, 81673 München
Umschlaggestaltung: Büro Jorge Schmidt
Satz: Uhl + Massopust, Aalen
Druck und Bindung: GGP Media GmbH, Pößneck
Printed in Germany
ISBN 978-3-570-10328-9

www.cbertelsmann.de

Also seid ihr
Verschwunden, aber
Nicht vergessen
Niedergeknüppelt, aber
Nicht widerlegt
Zusammen mit allen unverbesserbar
Weiterkämpfenden
Unbelehrbar auf der Wahrheit
Beharrenden

Bertolt Brecht[1]

1 Bertolt Brecht, »An die Kämpfer in den Konzentrationslagern«, in: *Die Gedichte von Bertolt Brecht in einem Band*, Frankfurt a. M. 1981, S. 456.

Dieses Buch ist dem Gedächtnis
meiner Freunde gewidmet:
Sérgio Vieira de Mello,
Hochkommissar der Vereinten Nationen
für Menschenrechte, und seine
21 Mitarbeiterinnen und Mitarbeiter,
ermordet am 19. August 2003 in Bagdad,
Raoul Décaillet, Martin Sigam, Rupert Neudeck,
Pater Jean de la Croix Kaelin,
Patrick de Laubier, Elie Wiesel

INHALT

VORWORT

Der Besuch der Scheicha

Palais des Nations in Genf: Sie glitt durch den »Saal der Menschenrechte und der Allianz der Zivilisationen« wie eine Fata Morgana. Zwei mit blauen Diamanten besetzte Gehänge an den Ohrläppchen, eine Weißgoldkette dreifach um den Hals geschlungen, die Finger vom kostbaren Glanz ihrer Ringe geschmückt, während ihre hohe Gestalt von einer atemberaubenden purpurfarbenen Tunika eng umschlossen war und das braune Haar teilweise unter einem roten Turban verschwand... So präsentierte sich, von tausend Feuern umspielt, die Scheicha Mozah Bint Nasser Al-Missned, zweite Gemahlin von Scheich Hamad bin Khalifa Al Thani, dem ehemaligen Emir von Katar, und Mutter des herrschenden Emirs. Sie nahm in der Mitte der Tribüne Platz.

In dem riesigen Saal – ein Geschenk der spanischen Regierung für den Sitz der Vereinten Nationen in Genf – drängten sich Botschafterinnen und Botschafter, Direktorinnen und Direktoren der Spezialorganisationen, verschiedene geladene Gäste. Mir hatte man einen seitlichen Platz in der dritten Reihe zugewiesen, ein paar Meter von der Tribüne entfernt.

Neben mir saß ein untersetzter Mann mit spiegelglatter Glatze und hellwachen Augen, mein Freund Mohamed Siad Doualeh, ein somalischer Dichter und Botschafter Dschibutis.

Fasziniert betrachtete er die seltsam erstarrten Gesichtszüge der Frau. Er beugte sich zu mir und fragte: »Wie viele Schönheitsoperationen?« Etliche, wenn man den Gerüchten Glauben schenken durfte. Tatsächlich schienen in dem schönen Gesicht der Scheicha nur die Augen lebendig zu sein.

Es war ein kühler Herbstmorgen des Jahres 2015. Ban Ki-moon, der Generalsekretär der Vereinten Nationen, hatte die Scheicha mit einer wichtigen Mission betraut: Sie sollte den Würdenträgern des europäischen Sitzes der Vereinten Nationen die »Agenda 2030« der UNO präsentieren.

Zur Erinnerung: Im September 2000, an der Schwelle des neuen Jahrtausends, hatte Kofi Annan, der damalige Generalsekretär, die Regierungschefs der damals 191 Mitgliedstaaten der Vereinten Nationen nach New York eingeladen. 165 von ihnen hatten die Reise auf sich genommen. Es ging darum, die acht größten Tragödien der Menschheit zu benennen und Strategien zu ihrer Beseitigung zu entwerfen. Das Schlussdokument trug den Titel *Millenniumsziele* (*Millennium goals*). Man legte eine Frist von fünfzehn Jahren fest, um diese Tragödien wenn nicht zu beenden, so doch, um sie spürbar zu lindern. Ein Beispiel: Ziel Nummer 1 war die Forderung, bis Ende 2015 die Zahl der Opfer von Hunger und Unterernährung weltweit zu halbieren.

Nach Ablauf der fünfzehn Jahre ist die Bilanz beschämend: Nur sehr selten vermochten die – vorwiegend in der südlichen Hemisphäre gelegenen – Staaten, die von den genannten Tragödien geschlagen sind, den Katastrophen zu entrinnen. Vor allem das Ziel Nummer 1, die Verringerung der Zahl der Opfer von Hunger und Unterernährung, wurde vollkommen verfehlt.

Die unter der Federführung von Ban Ki-moon entworfene »Agenda 2030« forderte die Mitgliedstaaten auf, den Kampf auf der bisherigen Grundlage und mit neuen Methoden fortzusetzen. Dieses Mal listete man siebzehn Tragödien auf. Zur Bekämpfung jeder einzelnen wurden spezifische Strategien vorgeschlagen.

Etwas schockiert fragte ich meinen Nachbarn, warum Ban Ki-moon die Scheicha von Katar mit dieser prestigeträchtigen Präsentation betraut habe. Siad Doualeh, der zwei Jahre lang an der Ausarbeitung der »Agenda 2030« in New York mitgewirkt hatte, erwiderte trocken: »Die Kataris zahlen.«

Katar ist eine Halbinsel mit einer Fläche von etwas mehr als 10 000 Quadratkilometern im Persischen Golf. Mit dem Iran teilt sie sich den westlichen Schelf und die märchenhaften Gas- und Ölvorkommen, die dort liegen.

Auf der Halbinsel leben 250 000 bis 300 000 Kataris in verschiedenen, teils verfeindeten Stämmen. Seit Ende der englischen Besatzung im Jahr 1971 steht das Land unter der absoluten Herrschaft der Familie Al Thani.

Katar ist der weltweit führende Exporteur von Flüssigerdgas. Eine Million Barrel pro Tag produzieren die Förderplattformen vor der Küste. Das Land hat nur eine einzige Landgrenze – die Grenze zu Saudi-Arabien. Im Inneren praktizieren die Herrscher von Doha einen strengen wahhabitischen Islam. Als Rechtssystem dient die Scharia.

Die Halbinsel, die lange von den Persern und dann von den Osmanen beherrscht wurde, ist eine riesige trockene Ebene, die gänzlich mit Sand bedeckt ist. Für das Funktionieren der Wirtschaft sorgen 1,8 Millionen Arbeitsmigranten, die vorwiegend aus Bangladesch, Nordindien und Nepal kommen. Die Scheicha und ihr Sohn, der regierende Scheich Tamim bin Hamad Al Thani, behandeln sie wie Sklaven.

Bei ihrer Ankunft müssen die Einwanderer ihre Pässe abgeben. Es kommt zu zahllosen sexuellen Übergriffen gegenüber

Hausangestellten, zu Arbeitsunfällen und Misshandlungen. Die katarischen Arbeitgeber können über Leben und Tod ihrer ausländischen Sklaven entscheiden.

In puncto Außenpolitik ist das Emirat ein lupenreiner Satellit der Vereinigten Staaten. Der größte amerikanische Militärstützpunkt außerhalb der Vereinigten Staaten befindet sich in Katar: Al-Udeid ist sogar der größte Luftwaffenstützpunkt der Welt. Seine Kasernen, Werkstätten, Rollfelder, submarinen Schlupfwinkel, Flugzeughallen, Depots und Kommunikationszentren bedecken fast ein Drittel des katarischen Staatsgebiets.

Die katarischen Geheimdienstler, Finanzagenten und Waffenhändler, die im Mittleren Osten und Maghreb ihr Unwesen treiben, handeln im Auftrag der Amerikaner.

Im Vergleich zu den Herrschern von Doha waren die Atriden der griechischen Mythologie liebenswerte Philanthropen. Die Ermordung von Gegnern aus rivalisierenden Stämmen und Staatsstreiche innerhalb des regierenden Stammes sind an der Tagesordnung.

Eines Morgens im Sommer 1995 war der herrschende Emir so leichtsinnig, sich zur Sommerfrische in eines seiner prächtigen Anwesen am Ufer des Genfersees zu begeben. Einer seiner Söhne nutzte die Gelegenheit, um ihn zu stürzen. Vorangegangen war eine erste Unvorsichtigkeit des Emirs: Kurz zuvor hatte er diesen Sohn zum Verteidigungsminister und Geheimdienstchef ernannt. Allerdings war der Emir selbst ein Usurpator. Er bestieg den Thron, nachdem er seinen Onkel gewaltsam abgesetzt hatte. Übrigens hat der Usurpator von 1995 – vielleicht, um dem Schicksal seiner Vorgänger zu entgehen – 2013 die Macht seinem Sohn Tamim übergeben, dem gegenwärtigen Sklavenhalter in Doha und Lieblingssohn der Scheicha.

Nach einem vollkommen undurchsichtigen Auswahlverfahren hat die FIFA 2010 dem Land der Scheicha die Ausrichtung der Fußballweltmeisterschaft 2022 zugesprochen. Eine Entscheidung, die für die Herrscherfamilie einen willkommenen Prestigegewinn bedeutet. Seither ist das Land mit gigantischen Baustellen bedeckt – für Schnellstraßen, Stadien, Luxushotels, Wasserleitungen, Entsalzungsanlagen und so fort. Diese Arbeiten pharaonischen Ausmaßes verschlingen Menschen. Seit 2010 sind fast 1400 bengalische, indische und nepalesische Arbeiter auf dem Altar der FIFA und der maßlosen Ambitionen des Emirats geopfert worden. Am 23. März 2016 hat Amnesty International eine Pressemitteilung veröffentlicht, in der sie die Züricher Bürokraten der FIFA auffordert, endlich ihr Versprechen einzulösen und die Wahhabiten in Doha dazu zu bringen, auf den Baustellen minimale Standards des Arbeitsschutzes einzuhalten und den Familien der Unfallopfer die versprochenen Entschädigungen zukommen zu lassen. Amnesty International hat eine Rechnung aufgemacht: Wenn sich an den mörderischen Bedingungen nichts ändert, werden bis 2022 weitere 7000 Arbeitsmigranten auf den katarischen Baustellen ums Leben kommen.

Zum gegenwärtigen Zeitpunkt haben weder die Apparatschiks in Zürich noch die Wahhabiten in Doha auf das Verlangen von Amnesty International reagiert.

Die Nachmittagssonne stand noch hoch am Himmel, als die Scheicha endlich ihre Rede verlesen hatte und die UNO-Zeremonie endete. Am Ausgang des Saals begegnete ich einem eleganten Herrn von etwa sechzig Jahren mit kurz geschnittenen grauen Haaren und freundlichen Augen – Guy Ryder, in Liverpool geboren, Soziologieexamen in Cambridge, Chef des TUC *(Trade Union Congress)*, dann der *Confédération des Syndicats libres* in Brüssel. Nach einem denkwürdigen Wahlkampf wurde er 2012 Generaldirektor der Internationalen Arbeitsorganisation (ILO), die ihren Hauptsitz in Genf hat. Wir gehören derselben lokalen Gewerkschaft an, der UNIA Genève. Entsprechend der schönen (wenn auch ein wenig altmodischen) TUC-Tradition begrüßt er seine Freunde mit der Anrede *Brother*.

Ryder sagte zu mir: »Die Regierung in Doha verstößt gegen fast alle Übereinkommen der ILO … Wenn die Arbeiter weiterhin auf diesen Baustellen sterben und verstümmelt werden, gibt es 2022 keine Fußballweltmeisterschaft in Doha, das verspreche ich dir.« Ryder sagte das vollkommen ruhig. Ich sah ihm in die Augen und zweifelte keinen Augenblick daran, dass er Wort halten würde.

Während der denkwürdigen Tage vom 9. bis zum 12. August 1941 wühlte ein Sturm das Meer auf. Regen peitschte die Wasseroberfläche. Der Wind heulte um den Kreuzer USS *Augusta* der amerikanischen Kriegsmarine, der vor der neufundländischen Küste festgemacht hatte. An Bord befanden sich der amerikanische Präsident Franklin D. Roosevelt und der britische Premierminister Winston Churchill.

Die Welt versank in Blut und Verderben, während die Nazi-Ungeheuer und die japanischen Imperialisten Europa und Asien verwüsteten. Unbeirrbar und visionär glaubten Churchill und Roosevelt an den Sieg der Alliierten. Auf der USS *Augusta* skizzierten sie – durchgeschüttelt und durchnässt – die Grundlagen einer neuen Weltordnung. In der Atlantikcharta, die nach ihrem Treffen am 14. August 1941 veröffentlicht wurde, tauchte zum ersten Mal das schöne Wort von den »Vereinten Nationen« auf. Diese Atlantikcharta hat die am 26. Juni 1945 in San Francisco unterzeichnete Gründungscharta der Vereinten Nationen antizipiert und inspiriert.

Auf vier Pfeilern ruhte diese neue Weltordnung: erstens dem Recht eines jeden Volkes, die Regierungsform zu wählen, unter der es leben möchte, und der Wiederherstellung dieses Rechts, wenn ihm seine Souveränität gewaltsam genommen wurde; zweitens der Verhinderung aller Kriege zwischen Staaten durch einen Zwangsmechanismus, der für die kollektive Sicherheit sorgt; drittens der Garantie, dass die Menschenrechte aller Bewohner des Planeten gewahrt und geschützt werden; viertens der Verwirklichung sozialer Gerechtigkeit überall auf der Welt.

Während der Jahrzehnte, die auf die Annahme dieser Charta folgten, kam es zu einer Entwicklung, die keiner der beiden Staatsmänner vorhergesehen hatte: der fortschreitenden Machtergreifung durch die Oligarchien eines immer stärker globalisierten Finanzkapitals, die die Souveränität der Staaten, also der Hauptakteure der geplanten neuen Ordnung, zunehmend untergruben und schließlich völlig zerstörten.

Die erklärte Aufgabe von Staaten besteht im Schutz des Allgemeinwohls, in der Verwirklichung des öffentlichen Interesses. Dagegen kennt das Finanzkapital nur ein Gesetz, das der Maximierung seines Profits in möglichst kurzer Zeit.

Vor dem Wirtschafts- und Sozialrat der UNO müssen die 23 UN-Sonderorganisationen, die Sonderinstitutionen sowie die anderen UN-Agenturen und -Organe jedes Jahr ihre Tätigkeitsberichte vorlegen: die Weltgesundheitsorganisation (WHO) für den Kampf gegen Epidemien und endemische Krankheiten; die Ernährungs- und Landwirtschaftsorganisation (*Food and Agriculture Organization of the United Nations,* FAO) und das Welternährungsprogramm (*World Food Programme*, WFP) für die Aufgabe, Unterernährung und Hunger zu reduzieren; die Weltorganisation für Meteorologie (*World Meteorological Organization*, WMO) für das Bemühen, auf die fatalen Folgen des

Klimawandels hinzuweisen; das Umweltprogramm der Vereinten Nationen (*United Nations Environment Programme*, UNEP) für die Maßnahmen zur Eindämmung der Wüstenbildung auf Ackerland; das Kinderhilfswerk der Vereinten Nationen (ursprünglich: *United Nations International Children's Emergency Fund*; heute: *United Nations Children's Fund*, UNICEF) unter anderem für den Kampf gegen die Kindersterblichkeit.

2016 sind auf diesen Schlachtfeldern mehr als 54 Millionen Menschen gefallen. Zum Vergleich: Der Zweite Weltkrieg hat in sechs Jahren insgesamt 57 Millionen zivile und militärische Opfer gefordert.

Der Dritte Weltkrieg gegen die Völker der Dritten Welt hat längst begonnen.

Fast unmerklich hat sich diese kannibalische Weltordnung etabliert. Winzige kapitalistische Oligarchien von beinahe grenzenloser Macht, die sich fast jeder staatlichen, gewerkschaftlichen und gesellschaftlichen Kontrolle entziehen, bemächtigten sich des weitaus größten Teils der weltweiten Reichtümer und zwingen den Staaten der Erde nun ihr Gesetz auf.

Die UNO ist blass und kraftlos. Der Traum, den sie ursprünglich verkörperte – die Errichtung einer gerechten Weltordnung –, ist gescheitert. Vor der Allmacht der privaten Oligarchien erweisen sich ihre Interventionsmittel als weitgehend wirkungslos.

Und trotzdem! Unter der scheinbar sterbenden Glut glimmt noch das Feuer. Die Hoffnung vagabundiert durch die Trümmer der UNO. Denn der Horizont der Geschichte bleibt die kollektive Organisation des Planeten unter der Herrschaft des Rechts mit dem Ziel, überall für soziale Gerechtigkeit, Frieden und Freiheit zu sorgen.

Nichts anderes zählt.

»Alle Menschen sind frei und gleich an Würde und Rechten geboren. Sie sind mit Vernunft und Gewissen begabt und sollen einander im Geiste der Brüderlichkeit begegnen.« Diese Forderung wurde im ersten Artikel der Allgemeinen Erklärung der Menschenrechte vom 10. Dezember 1948 niedergelegt – und von allen Mitgliedstaaten der Vereinten Nationen unterzeichnet.

Mag das Kollektivbewusstsein auch der von den herrschenden Oligarchien verbreiteten neoliberalen Wahnidee auf den Leim gehen, es bleibt dennoch durchdrungen von der Idee der Gleichheit aller Menschen.

Je mehr der Schrecken, die Negation und die Verachtung des anderen um sich greifen, desto stärker wächst rätselhafterweise die Hoffnung. Der Aufstand des Gewissens ist nah. Abermals.

Rousseau, Voltaire, Diderot, d'Alembert, Montesquieu sind die Ahnherren der UN-Charta. Die multilaterale Diplomatie verdankt der Aufklärung ihre Grundprinzipien. Fast im Wortlaut wiederholt die Allgemeine Erklärung der Menschenrechte von 1948 die Erklärung der Menschen- und Bürgerrechte, die die französischen Revolutionäre 1789 verkündeten.

Von Ernst Bloch stammt die rätselhafte Aufforderung: »Vorwärts zu unseren Wurzeln!«

Ich will an diesem Kampf teilnehmen. Im Interesse der Wiedergeburt einer dahinsiechenden UNO soll mein Buch dazu beitragen, die Männer und Frauen guten Willens für die bevorstehenden Kämpfe zu rüsten.

Hier der Plan, der ihm zugrunde liegt.

Das erste Kapitel beschreibt die gegenwärtige kannibalische Weltordnung und erinnert an die Entwicklungsziele, die die UNO 2016 in ihrer »Agenda 2030« zur Überwindung des Übels festgelegt hat. Als Symptom dieser Ordnung wird die mörderische Praxis der »Geierfonds« untersucht.

Das zweite Kapitel ist persönlicher. Darin versuche ich zu erklären, warum ich, nachdem ich vor fast einem Vierteljahrhundert das stark autobiografisch gefärbte Buch *Wie herrlich, Schweizer zu sein*[1] veröffentlicht habe, heute eine weitere Pause am Wegesrand einlege; ich möchte mir die Kämpfe vergegenwärtigen, die ich ausgefochten habe – die Kämpfe, die ich gewann, die ich verlor, die uns noch erwarten und die wir gemeinsam führen werden. Im Lauf der letzten fünfundzwanzig Jahre, insbesondere seit meiner Ernennung zum Ersten Sonderberichterstatter der Vereinten Nationen für das Recht auf Nahrung im Jahr 2000, finden diese Kämpfe im Wesentlichen auf den Schlachtfeldern der UNO statt.

Im dritten und vierten Kapitel erinnere ich an die Gründungsprinzipien der UNO und ihre Entstehungsgeschichte. Zwei im weitesten Sinne politische Strategien dominieren den Planeten und bekämpfen sich: die (von den USA ausgehende) imperiale Strategie und die – bescheidenere und geduldigere – multilaterale Diplomatie, wie sie von der UNO propagiert wird. Im fünften Kapitel geht es darum, die imperiale Strategie und ihre ideologische Rechtfertigung zu beschreiben.

Im sechsten und siebten Kapitel versuche ich, unter den Überschriften »Krieg und Frieden« und »Die universelle Gerechtigkeit« zu zeigen, wie die Blauhelme der UNO auf drei Kontinenten bemüht sind, den Frieden zu bewahren beziehungsweise zu schaffen, und wie die Richter an den verschiedenen internationalen Gerichtshöfen der UNO Recht sprechen.

Ein Gespenst geht um in der multilateralen Diplomatie der Gegenwart: das tragische Geschick des Völkerbunds, der am

---

1 Jean Ziegler, *Wie herrlich, Schweizer zu sein*, München und Zürich 1993; Vollst. überarb. und mit einem aktuellen Nachw. vers. Taschenbuchausg., München 1999. In unveränderter Textfassung seit 2017 wieder lieferbar.

Ende des Ersten Weltkriegs im Rahmen des Versailler Vertrags gegründet wurde, das heißt, von den Mächten der Entente auf Initiative des amerikanischen Präsidenten Thomas Woodrow Wilson (und in geringerem Maße des französischen Politikers Léon Bourgeois, der auch der erste Präsident des Völkerbundrats war). Die Gründung des Völkerbunds wurde insgesamt von 63 Staaten ratifiziert (allerdings nie von den Vereinigten Staaten, nachdem der amerikanische Senat, der gegen die Ratifizierung des Versailler Vertrags war, auch gegen den Beitritt zum Völkerbund gestimmt hatte). Der Ausbruch des Zweiten Weltkriegs besiegelte das Schicksal des Völkerbunds. Das achte Kapitel ist ihm gewidmet, dessen Scheitern heute die Vertreter der UNO – einschließlich meiner Person – heimsucht.

Als ehemaliger Sonderberichterstatter und gegenwärtiger Vizepräsident des Beratenden Ausschusses des Menschenrechtsrats der Vereinten Nationen ist meine Arbeit heftiger Kritik durch die Regierungen in Washington und Tel Aviv ausgesetzt, aber auch durch zahlreiche sogenannte »Nichtregierungsorganisationen«, die auf Initiative der genannten Regierungen gegründet wurden. Deren Diffamierungskampagnen begegne ich in einem neunten Kapitel mit dem Titel »Palästina«.

Wo ist Hoffnung? Unter anderem im Wiedererstarken der UNO und in der Wiederverwendung jener Instrumente, die sie uns für unseren Kampf zur Verfügung stellt. In den *Brüdern Karamasow* schreibt Fjodor Dostojewski: »Jeder ist verantwortlich für alles vor allen.« Wie ich im Schlusskapitel darlege, ist das die Aufgabe jedes Einzelnen.

Im Sommer 1961 kam es in Rom zur ersten Begegnung von Jean-Paul Sartre und Frantz Fanon, einem von den Antillen stammenden Psychiater, der in der algerischen Revolution eine entscheidende Rolle spielte. Danach schrieb Sartre über Fanon: »Wir haben den Wind gesät, er ist der Sturm.«[1]

Den Feind erkennen, den Feind bekämpfen.

Ein Buch kann dazu beitragen, den Feind zu demaskieren, das Bewusstsein zu befreien und den Wind zu säen. Doch morgen wird es an den Völkern sein, die mörderische Weltordnung niederzureißen und jene Hoffnung wiederauferstehen zu lassen, deren Keim 1941 auf der USS *Augusta* gelegt worden war.

1 Jean-Paul Sartre, »Vorwort«, in: Frantz Fanon, *Die Verdammten dieser Erde*, Frankfurt a. M. 1966, S. 20.

KAPITEL EINS

Die Reichen gegen die Völker

Von dem amerikanischen Wirtschaftsmagazin *Forbes* wird Warren Buffett als einer der reichsten Menschen der Welt bezeichnet. Vor einigen Jahren erklärte er dem Sender CNN: »There's class warfare, all right, but it's my class, the rich class, that's making war, and we're winning.« (»Klar herrscht ein Klassenkampf, aber es ist meine Klasse, die reiche Klasse, die den Krieg führt, und wir sind im Begriff, ihn zu gewinnen.«)[1]

Die Präambel der Charta der Vereinten Nationen beginnt mit den Worten: »*We the Peoples of the United Nations…*« (»Wir, die Völker der Vereinten Nationen…«). Es obliegt der UNO – oder genauer, den Signatarstaaten vom 26. Juni 1945 in San Francisco –, die kollektiven Interessen der Völker, das internationale Gemeinwohl, zu schützen.

Doch heute werden diese Interessen in jeder Hinsicht von der Klasse der Reichen, der Klasse der Warren Buffets, attackiert. Die Staaten haben ihre Kraft und Handlungsfähigkeit weitgehend eingebüßt und sich in gewisser Weise von den – ihrerseits höchst dynamischen und schlagkräftigen – Beutejägern des globalisierten Finanzkapitals außer Gefecht setzen lassen.

1 Warren Buffett, Interview bei CNN, 25. Mai 2005, zitiert in der *New York Times*, 26. November 2006.

Mein jüngster Kampf – der gegen die »Geierfonds« – ist ein Musterbeispiel dieser Bedingungen, wenn auch auf einem relativ eingeschränkten Schlachtfeld.

Gemeint ist der Menschenrechtsrat der Vereinten Nationen. Er umfasst 47 Mitgliedstaaten, die von der Generalversammlung proportional zur Gesamtzahl der Staaten auf den fünf Kontinenten gewählt werden, und ist, nach der Generalversammlung (dem Parlament der Vereinten Nationen) und dem Sicherheitsrat (ihrer Regierung), die drittwichtigste Instanz der UNO. Er hat eine Doppelfunktion: Erstens überprüft er regelmäßig die Menschenrechtspolitik der 193 UN-Mitgliedstaaten, und zweitens legt er neue völkerrechtliche Normen fest, wenn bislang nicht berücksichtigte Situationen es verlangen.

Der Menschenrechtsrat besitzt ein Unterorgan in Gestalt des Beratenden Ausschusses, der aus achtzehn Experten besteht (davon drei aus der Gruppe der westlichen Staaten). Die Experten erarbeiten die Unterlagen und formulieren Vorschläge für den Rat. Der Beratende Ausschuss hat keine Entscheidungsgewalt, aber sein Einfluss ist beträchtlich, da die Botschafter und Botschafterinnen bei den Vereinten Nationen, aus denen sich der Menschenrechtsrat zusammensetzt, nur selten Spezialisten auf dem Gebiet der Menschenrechte sind. Die Mitglieder des Ausschusses werden auf Vorschlag ihrer Herkunftsstaaten ernannt, aber ihr Mandat ist nicht bindend und ihr Handeln vollkommen frei. Nach den Satzungen des Ausschusses sind sie zu Neutralität und Unabhängigkeit verpflichtet.

Als Mitglied, das dem Ausschuss seit 2008 angehört, bekenne ich, dass ich in meiner Arbeit nicht einen Augenblick »neutral« bin. Die Menschenrechte sind eine mächtige Waffe in den Händen derer, die die Welt verändern, das Leid der Menschen lindern und die Opfer aus dem Würgegriff der Finanzmarodeure befreien wollen. Um in diesem Kampf Erfolg zu haben, muss man Bündnisse schließen. Unabhängigkeit bedeutet Vereinzelung. Auf sich allein gestellt, gewinnt man keinen Kampf. Allianzen mit den Mitgliedstaaten des Rates, mit diesem oder jenem Kollegen im Ausschuss sind Vorbedingungen des Sieges.

In dem globalen Klassenkampf – dem Krieg der Reichen gegen die Völker, der von Warren Buffett und seinesgleichen geführt wird – muss man sich für ein Lager entscheiden.

Die Menschen in den armen Ländern arbeiten sich zu Tode, um die Entwicklung der reichen Länder zu finanzieren. Der Süden finanziert den Norden – vor allem die herrschenden Klassen in den Ländern des Nordens. Das wirksamste Herrschaftsinstrument, das dem Norden heute zur Unterdrückung des Südens zur Verfügung steht, ist der Schuldendienst.

Die Kapitalflüsse von Süd nach Nord übertreffen diejenigen von Nord nach Süd bei Weitem. Pro Jahr zahlen die armen Länder an die reichen Länder viel mehr Geld, als sie von diesen in Form von Investitionen, Kooperationskrediten, humanitärer Hilfe oder sogenannter Entwicklungshilfe bekommen.

Bei der Auslandsverschuldung eines Landes unterscheidet man die Staatsverschuldung – die, wie der Name sagt, vom Staat verantwortet wird – und die Gesamtverschuldung. Letztere ist eine Zusammenfassung der Staatsverschuldung und der Verschuldung, die auf das Konto von Privatunternehmen des betreffenden Landes geht.

Alle Entwicklungsländer – ausgenommen die BRICS-Staaten (nach den Anfangsbuchstaben von *Brasilien, Russland, Indien, China, Südafrika*)[1] – hatten am 31. Dezember 2015 eine Staats-

1 China, Indien und Brasilien gelten gegenwärtig als aufstrebende Wirtschaftsgroßmächte. Russland ist im Begriff, seinen einstigen Großmachtstatus wiederherzustellen, während Südafrika eher eine wirtschaftliche Regionalmacht ist.

verschuldung von 1539 Milliarden Dollar und eine Gesamtverschuldung von 3170 Milliarden Dollar.[1]

Der Schuldendienst versklavt die Völker der südlichen Hemisphäre.

Von Zeit zu Zeit geht das eine oder andere überschuldete Land bankrott. Solche Länder sind zahlungsunfähig und daher außerstande, ihren Gläubigern die Zins- und Tilgungsraten zu zahlen, die sie ihnen schulden. Die Währungsreserven ihrer Zentralbanken schwinden. Die Länder werden für »zahlungsunfähig« erklärt. An den Börsen der Welt stürzen die Kurse ihrer Staatsanleihen ab. Sie können kein Geld mehr aufnehmen, nichts mehr importieren. Es kommt zur Krise, die Exporte brechen ein, Devisen bleiben aus, die Arbeitslosigkeit explodiert, und die Landeswährung fällt ins Bodenlose.

Im Hinblick auf Verschuldung und Bankrott sehen die nationalen Rechtsvorschriften genaue Regelungen vor und bieten eine Vielzahl von Lösungen – von Moratorien bis hin zu geordneten Konkursverfahren (mit Bevorzugung der Arbeitnehmer usw.). Nichts dergleichen auf der internationalen Bühne. Hier zählen die reinen Machtverhältnisse, die in der Beziehung zwischen Schuldnerländern und internationalen Bankiers herrschen.

In den letzten Jahrzehnten sind auf diesem Gebiet neue Akteure in Erscheinung getreten: die Geierfonds, die sich ihren Namen verdient haben, weil sie sich als Räuber und Aasfresser betätigen. Geierfonds sind spekulative Investitionsfonds mit Sitz in Steuerparadiesen, die sich vor allem mit dem Ankauf von Schuldtiteln auf dem Sekundärmarkt[2] weit unter Nennwert be-

---

1   Eric Toussaint, *Les chiffres de la dette*, Lüttich, Éditions CADTM, 2016.
2   Markt für den Handel mit bereits emittierten Wertpapieren.

fassen, mit dem Ziel, maximale Profite einzuheimsen. Sie sind jeglicher öffentlicher Kontrolle entzogen.

Wie gehen die Betreiber dieser Geierfonds vor?

Staaten, die von ihren Schulden erdrückt werden, müssen regelmäßig eine Herabstufung der von ihnen emittierten Staatsanleihen aushandeln. Praktisch führen diese Verhandlungen – wenn sie ihren Zweck erfüllen – zur Ausgabe neuer, sogenannter »umstrukturierter«, Schuldtitel. Der Wert dieser Titel kann beispielsweise um 70 Prozent herabgesetzt sein: In diesem Fall erhält der Bankier eine neue Schuldverschreibung, deren Wert 30 Prozent des ursprünglichen Schuldtitels entspricht. Aber die alten Schuldtitel verschwinden nicht. Sie zirkulieren auf dem Sekundärmarkt.

Die Geierfonds gehören ungeheuer reichen Individuen und verfügen daher über extrem gut gefüllte Kriegskassen, oft in Höhe vieler Milliarden Dollar. Sie gebieten über ein Heer von Anwälten, die in der Lage sind, auf allen Kontinenten Prozesse über zehn oder fünfzehn Jahre zu führen, wenn es denn sein muss. Wie machen sie das? Nun, sie kaufen auf dem Sekundärmarkt zu Niedrigstpreisen alte Schuldverschreibungen auf. Dann verklagen sie die Schuldnerländer vor ausländischen Gerichten auf hundertprozentige Begleichung der Schuldtitel.

2015 wurden von 26 Geierfonds 227 Prozesse in 48 verschiedenen Rechtssystemen gegen 32 Schuldnerländer geführt. Der Anteil der Prozesse, die von den Geierfonds in dem Jahrzehnt von 2005 bis 2015 gewonnen wurden, beläuft sich auf 77 Prozent. Dabei liegt die Gewinnspanne, die sie in dem genannten Zeitraum mittels dieser Vorgehensweise erzielten, zwischen 33 und 1600 Prozent.

Besonders beliebt sind englische und amerikanische Gerichte bei den Aasgeiern. Nach einer Studie des *Wall Street Journal* sind von 1976 bis 2010 120 Prozesse vor Gerichten dieser beiden Länder gegen 26 Schuldnerländer geführt worden. 89 Prozent dieser Verfahren endeten mit einem juristischen Sieg der Geier.

Die Geierfonds töten Menschen. Ein Beispiel: Nach einer entsetzlichen Dürreperiode forderte 2002 eine Hungersnot Zehntausende von Opfern in Malawi. Von den elf Millionen Einwohnern dieses im Südosten Afrikas gelegenen Landes waren sieben Millionen akut unterernährt. Der Staat konnte den Opfern nicht helfen, weil er einige Monate zuvor die Maisvorräte (40 000 Tonnen!) seiner *National Food Reserve Agency* auf dem freien Markt hatte verkaufen müssen. Ein Geierfonds hatte vor einem britischen Gericht die Verurteilung Malawis zur Zahlung mehrerer Zehnmillionen Dollar erstritten...

Martin Wolf, der Mitherausgeber der *Financial Times,* ist wahrlich kein Revolutionär, trotzdem schreibt er: »It is unfair to the real vultures to name the holdouts such since at least the real vultures perform a valuable task.« (»Man beleidigt die echten Geier, wenn man diese Holdout-Fonds als ›Geierfonds‹ bezeichnet, denn erstere spielen gelegentlich eine nützliche Rolle!«)[1]. Er hat recht: Geier säubern die Gerippe von Tierkadavern in der Savanne und verhindern auf diese Weise die Ausbreitung von Epidemien.

Die Eigentümer der Geierfonds gehören zu den schlimmsten Beutejägern des kapitalistischen Systems.

Schauen wir uns einige Exemplare an.

Michael F. Sheehan, den seine Kollegen in der City of London »Goldfinger« nennen (in Anspielung auf den goldbesessenen Bösewicht einer James-Bond-Episode), ist Eigentümer von

---

1 Zitiert in: Martin Khor, »The Battle to curb vulture funds«, in: *South-Bulletin* (Genf), 12. Februar 2015.

Donegal International mit Sitz auf den Jungferninseln. 1979 führte Sambia landwirtschaftliche Geräte im Wert von 30 Millionen Dollar aus Rumänien ein. 1984 wurde Sambia zahlungsunfähig. Donegal International erwarb von Rumänien die sambischen Schuldverschreibungen für 3 Millionen Dollar. Anschließend verklagte Goldfinger Sambia vor einem Londoner Gericht auf Zahlung von 30 Millionen Dollar. Er gewann den Prozess, woraufhin er überall auf dem Globus sambische Vermögenswerte beschlagnahmen ließ: Kupferausfuhren, Immobilien, die dem sambischen Staat gehörten, sambische Lastwagen in Südafrika und so fort. Schließlich gab die Regierung in Lusaka nach. Im Rahmen eines außergerichtlichen Vergleichs verpflichtete sich das Land, 15,5 Millionen Dollar an Goldfinger zu zahlen.

Peter Grossmann, Eigentümer von FG Capital Management, mit Sitz in der amerikanischen Steueroase Delaware, hat die Demokratische Republik Kongo in die Knie gezwungen. Energo-Invest ist ein Konzern in Ex-Jugoslawien, der der DR Kongo (dem damaligen Zaire) die elektrischen Anlagen für den Bau eines Staudamms im Fluss Kongo lieferte. Ende 1980 stellte die Regierung in Kinshasa ihre Zahlungen ein. Grossmann kaufte EnergoInvest, gegenwärtig im Besitz der bosnischen Regierung, alle Schuldtitel für 2,5 Millionen Dollar ab. Anschließend legte er der Regierung in Kinshasa eine Zahlungsaufforderung in Höhe von 100 Millionen Dollar vor. Die Internationale Handelskammer in Paris erkannte den Schuldentitel an. Seither beschlagnahmt Grossmann überall auf der Welt Erzlieferungen aus dem Kongo, Auslandskonten kongolesischer Unternehmen und so fort.

Paul Singer, ein Mann mit einem runden kahlen Schädel und blassen, kurzsichtigen Fischaugen, ist Chef von Elliott Management und NML Capital und besitzt ein Privatvermögen, das auf 17 Milliarden Dollar geschätzt wird.[1] 1995 wurde Peru von einer Wirtschaftskrise erschüttert. Banken gingen in Konkurs. Für elf Millionen Dollar kaufte Singer deren »*distressed debts*« (notleidende Schuldtitel). Die peruanische Regierung hatte Garantien für die Bankschulden übernommen. Daher strengte Singer in New York eine Klage gegen den peruanischen Staat an. Im Jahr 2000 erhielt er 58 Millionen Dollar von der Regierung in Lima.

2001 musste Argentinien, die drittgrößte Volkswirtschaft Lateinamerikas nach Brasilien und Mexiko, den Staatsbankrott erklären. Daraufhin stellte es die Zahlung der Tilgungsraten und Zinsen auf seine Staatsverschuldung ein, die sich auf 81 Milliarden Dollar belief. Die Arbeitslosigkeit lag in der arbeitsfähigen Bevölkerung bei über 20 Prozent. Gegenüber dem Dollar büßte die Landeswährung rund 75 Prozent ihres Wertes ein. Die Währungsreserven der Zentralbank schmolzen zusammen. 47 Prozent der Bevölkerung gerieten in extreme Armut. In erster Linie war die Militärdiktatur an dieser Katastrophe schuld, denn sie hatte Argentinien die größte Auslandsschuld seiner Geschichte hinterlassen.

Daraufhin rief die argentinische Regierung die Gläubigerbanker zusammen. Die Verhandlungen dauerten zwei Jahre. Bestrebt, wenigstens einen Teil ihrer Außenstände einzutreiben, erklärten sich die Banker schließlich mit einem 70-prozentigen Wertverlust ihrer Schuldtitel einverstanden.

Infolgedessen emittierte der argentinische Staat restrukturierte Schuldtitel, die sich auf 30 Prozent des ursprünglichen Wertes beliefen. Aber die alten Titel zirkulierten noch auf dem Sekundärmarkt. Die Geierfonds, insbesondere die von Paul Singer, er-

---

1 *The Guardian*, 15. Juli 2015.

warben die ursprünglichen Schuldverschreibungen weit unter ihrem Nominalwert.

Das 2003 geschlossene Abkommen ermöglichte Argentinien, ein wenig Luft zu holen. Präsident Nestor Kirchner von der *Partido Justicialista,* der peronistischen Partei, nahm den Kampf gegen die extreme Not auf. Bereits 2004 fiel der Bevölkerungsanteil der »extrem Armen« von 47 auf 16 Prozent. Vor 2003 hatte die Regierung 9,5 Prozent des Bruttosozialprodukts in Sozialprogramme investiert (Gesundheit, Schulen, Subventionen für Grundnahrungsmittel usw.). Nach dem massiven Schuldenabbau stiegen diese Investitionen auf 15,6 Prozent.

Aber im Kampf gegen die Geierfonds reihte sich eine Niederlage an die andere. Einige Beispiele:

Das Bundesbezirksgericht in New York verurteilte die Regierung in Buenos Aires zur Zahlung einer Summe von 1,33 Milliarden Dollar an Paul Singer für einen Schuldtitel, den dieser für einen Bruchteil dieser Summe erworben hatte. Auf diese Weise machte Singer mit einem Schlag einen Profit von 1600 Prozent! Aus dem Präsidentenpalast Casa Rosada schickte Nestor Kirchner einen Brief nach New York, in dem er erklärte, er werde das Urteil nicht anerkennen. Weitere Niederlagen folgten: Immer und immer wieder entschieden die amerikanischen Richter für die Geierfonds.

Trotzdem blieb Argentinien bei seiner Ablehnung der Urteile.

Die New Yorker Urteile waren natürlich rechtskräftig. Und die Schatzsuche begann. Singer versuchte, in den Vereinigten Staaten die dort deponierten Goldreserven der Zentralbank von Argentinien zu beschlagnahmen. Im Golf von Guinea kreuzte das Segelschulschiff »La Libertad« der argentinischen Kriegsmarine. Als die Fregatte im Hafen von Accra vor Anker ging, ließ die Regierung von Ghana sie auf Weisung eines New Yorker

Richters beschlagnahmen. Weltweit veranlassten die Anwälte der Geierfonds die Pfändung von Vermögenswerten des argentinischen Staates: Getreideschiffe im Hamburger Hafen, Flugzeuge, die in Miami landeten. Überall versuchten die Anwälte im Sold der Geierfonds, solche Beschlagnahmungen durchzuführen, in den meisten Fällen mit Erfolg. Beispielsweise kam es 2015 allein in Frankreich zu vierzig derartigen Beitreibungsverfahren.[1]

2007 endete die Amtszeit von Nestor Kirchner. Ihm folgte seine Frau Cristina Fernández de Kirchner, die ebenfalls der peronistischen Linken angehörte. Aber sie änderte die Strategie. Zwar dachte auch sie nicht daran, in der Auseinandersetzung mit den Geierfonds klein beizugeben, aber sie beschloss, die Frage vor den Menschenrechtsrat der UNO zu bringen. Ihr Ziel: eine neue völkerrechtliche Norm durchzusetzen, die dem Treiben der Finanzhaie ein für alle Mal einen Riegel vorschob.

Mit Alberto Pedro D'Alotto schickte die Präsidentin einen ihrer angesehensten Diplomaten nach Genf. Zuvor war er stellvertretender Außenminister und dann Botschafter in New York gewesen. Elegant, zurückhaltend, hochgewachsen, immer mit einem etwas ironischen Blick hinter seiner randlosen Brille, war er ein typischer *Porteño*-Intellektueller vom Schlage Jorge Luis Borges'. Rasch stieg er zum Chefkoordinator der lateinamerikanischen Staaten im Menschenrechtsrat auf und wurde wenig später zum Vizepräsidenten des Rats gewählt.

2013 bewarb ich mich um ein zweites Mandat im Beratenden Ausschuss des Menschenrechtsrats. Die amerikanische und die israelische Regierung führten eine heftige Diffamierungskampagne gegen mich. Auf die Gründe werde ich in Kapitel 9 genauer eingehen.

---

1 *Le Monde*, 8. Juni 2016.

Damals war Alexander Fasel, ein scharfsinniger und äußerst fähiger Diplomat, der Schweizer Botschafter in Genf. Er beurteilte meine Arbeit äußerst kritisch und warf mir einen Mangel an »diplomatischer« Zurückhaltung vor. Trotzdem war er ein verlässlicher Freund. Eines Abends sagte er zu mir: »Der argentinische Botschafter setzt sich für deine Wahl äußerst engagiert und geschickt ein. Niemand begreift, warum.« Ich war dem argentinischen Botschafter auf einigen Empfängen und manchmal in den Fluren des Palais des Nations über den Weg gelaufen, aber ich kannte ihn nicht wirklich.

Dennoch trug Alberto D'Alotto entscheidend zu meiner Wiederwahl bei.

Ein Jahr später sollte ich erfahren, warum er sich so für mich einsetzte. Da er einen Angriff gegen die Geierfonds vorbereitete, brauchte er im Ausschuss einen Berichterstatter, auf den er sich verlassen konnte. Er hatte die spanischen Ausgaben meiner Bücher *Das Imperium der Schande*[1] und *Der Hass auf den Westen*[2] gelesen.

Mit seiner Resolution 27/30 vom 26. September 2014 verlangte der Menschenrechtsrat von seinem Beratenden Ausschuss einen analytischen Bericht zur folgenden Doppelfrage: »In welchem Maße und auf welche Weise verletzen die Aktivitäten der Geierfonds die wirtschaftlichen, sozialen und kulturellen Rechte der angegriffenen Völker? Welche neuen Völkerrechtsnormen müssen gegebenenfalls geschaffen werden, um diesen Aktivitäten ein Ende zu setzen?«

Ich wurde zum Berichterstatter des Ausschusses bestimmt und hatte in dieser Eigenschaft die Doppelfrage zu beantworten und, wenn nötig, neue Rechtsnormen vorzuschlagen.

1 München 2005.
2 München 2009.

Ein Abend im Restaurant Tiffany in Genf. Miguel Àngel Estrella, ein argentinischer Pianist von Weltruf, hatte ein Konzert in der Victoria Hall gegeben. Botschafter D'Alotto und seine Frau waren ebenso wie Erica und ich zum anschließenden Abendessen eingeladen. Wir saßen alle am selben Tisch. Dieses Diner werde ich nie vergessen.

Nachdem Estrella der Diktatur des durch einen Putsch an die Macht gekommenen Generals Videla entflohen war, wurde er 1976 in Montevideo von Agenten der Operation Condor gefasst, die die mörderischen Aktivitäten von Geheimdienstlern der Militärdiktaturen in Chile, Argentinien, Bolivien, Brasilien und Uruguay koordinierte. In einer weltweiten, von Yehudi Menuhin und anderen Künstlern organisierten Kampagne gelang es 1980, Estrella das Leben zu retten und seine Freilassung zu erzwingen. Er konnte nach Frankreich emigrieren.

Ich fragte Estrella nach der Zeit seiner Gefangenschaft. Alberto D'Alotto lauschte schweigend, dann begann er, einige Bemerkungen einzuwerfen, die Estrellas Bericht präzisierten... Auch er gehörte zu den Überlebenden. Als Student an der Universität von Buenos Aires war er nach dem Putsch mit einem Dutzend Kommilitonen in den Widerstand gegangen. Aber das Überleben im Untergrund wurde rasch unmöglich. Nach und nach »verschwanden« seine Kameraden.

»Verschwinden« bedeutete Gefangenschaft, Folter und schließlich Tod, indem man etwa hoch über den Fluten des Rio de la Plata aus einem Hubschrauber gestoßen wurde. Alberto gelang es, seinem Vater, einem Arzt in Buenos Aires, eine Botschaft zu übermitteln. Dieser hatte der Frau eines Polizeikommissars, der in dem Regime eine wichtige Position innehatte, durch eine Operation das Leben gerettet. Der Kommissar war ihm unendlich dankbar. Der Vater arrangierte ein Treffen mit ihm. Nachdem der

Vater feierlich versichert hatte, dass der Sohn kein »Terrorist« sei, verschaffte der Kommissar Alberto einen Pass und begleitete ihn persönlich zur Gangway der Air-France-Maschine.

Seit diesem Abend im Restaurant Tiffany verbinden uns tiefe Solidarität, gegenseitige Bewunderung und eine enge Freundschaft. Der Schlachtplan, den wir sehr rasch ausarbeiteten, war kompliziert. Die Vereinigten Staaten, Deutschland, Großbritannien, Kanada und Australien leisteten erbitterten Widerstand gegen alle Versuche, die Aktivitäten der Geierfonds einzuschränken. Paul Singer, der Eigentümer von NML Capital, soll der großzügigste Spender der Republikanischen Partei sein. Daher hatte er keine Mühe, das amerikanische Finanz- und Außenministerium gegen D'Alotto zu mobilisieren. Das Argument der Wall Street ließ keine Einwände zu: Die Geierfonds sind ein Instrument des freien Marktes, und die Freiheit des Marktes ist unantastbar.

Selten habe ich in meinem Leben so hart gearbeitet wie in diesen beiden Jahren 2014 und 2015: eine Unzahl von Arbeitssitzungen mit meiner Mitarbeiterin Milena Costas Trascasas, einer jungen hochbegabten Juristin aus Spanien, von Diskussionen mit den Diplomaten betroffener Länder, von Treffen mit den Wirtschaftswissenschaftlern der Welthandels- und Entwicklungskonferenz (*United Nations Conference on Trade and Development*, UNCTAD), von Informationsgesprächen mit Marcelo Kohen und Marc Chesney, Kollegen von der Universität, die international bekannte Spezialisten für Finanzmärkte sind, und vieles mehr. Eine faszinierende, aber äußerst anstrengende Arbeit.

Am 15. Februar 2016 legte ich meinen Bericht vor.[1] Darin erklärte ich, dass die Aktivitäten der Geierfonds definitionsgemäß

---

1 *Draft Progress Report on the Activities of Vulture Funds and the Impact on Human Rights*, Human Rights Council, Advisory Committee, A/HRC/AC/16/CRP.1, 15. Februar 2016.

gegen das Prinzip von Treu und Glauben verstoßen, wie es in den Rechtssystemen fast aller Staaten zu finden ist. Nehmen wir als Beispiel das *Schweizerische Zivilgesetzbuch*: »Jedermann hat in der Ausübung seiner Rechte und in der Erfüllung seiner Pflichten nach Treu und Glauben zu handeln. Der offenbare Missbrauch eines Rechtes findet keinen Rechtsschutz.« Und: »Wer bei der Aufmerksamkeit, wie sie nach den Umständen von ihm verlangt werden darf, nicht gutgläubig sein konnte, ist nicht berechtigt, sich auf den guten Glauben zu berufen.« (Art. 2B, Abs. 1 und 2). Wenn also die Restrukturierung einer Staatsschuld abgeschlossen ist und die restrukturierten Schuldtitel emittiert sind, verstößt die Aktivität der Geierfonds gegen Treu und Glauben. Daher empfahl ich die Einführung einer neuen Völkerrechtsnorm. Ihr Wortlaut:

»Wenn ein Gläubiger mit dem Rückkauf der Anleihe oder des Schuldtitels eines Staates einen unbilligen Vorteil verfolgt, beschränken sich seine Ansprüche an den Schuldnerstaat auf den Preis, den er für den Rückkauf der Anleihe oder des Schuldtitels bezahlt hat. Folglich dürfen keine Urteile gesprochen beziehungsweise keine Schiedssprüche oder ausländischen Urteile vollstreckt werden, die eine Rückzahlung von Staatsanleihen oder staatlich garantierten Schuldtiteln über die durch die vorliegende Norm festgesetzte Grenze hinaus vorsehen.

Ein unbilliger Vorteil zeigt sich an einem offensichtlichen Missverhältnis zwischen dem Wert des Rückkaufs der Anleihe oder des Schuldtitels durch den Gläubiger und dem Nennwert[1] der Anleihe oder des Schuldtitels oder auch zwischen dem Wert des Rückkaufs und der Geldsumme, auf die sich die Forderung des Gläubigers beläuft.«[2]

1 Der angegebene Wert einer Aktie, Anleihe usw.
2 *Draft Progress Report on the Activities of Vulture Funds and the Impact on Human Rights*, a. a. O., S. 13.

Der Palais des Nations in Genf und die UNO im Allgemeinen sind mit Spionen gespickt. Alle Nachrichtendienste der Welt, vor allem die der Großmächte – also die amerikanischen, chinesischen, russischen (mit Einschränkungen auch französischen) Dienste –, hören vermeintlich absolut sichere Gespräche ab, fotokopieren Dokumente, bezahlen Beamte und agieren häufig unter der Maske der akkreditierten Diplomatie. Insofern war es vollkommen normal, dass die Agenten der westlichen (und anderen) Dienste über jedes Detail meiner Gespräche mit Alberto D'Alotto und den Fortgang aller meiner Arbeitssitzungen informiert waren.

Die Abstimmung im Menschenrechtsrat war für die September-Session 2016 vorgesehen. Im festungsartigen Gebäude der US-Botschaft in Pregny, wenige Hundert Meter vom Palais des Nations entfernt, herrschte Alarmstimmung. Unsere Feinde waren sich vollkommen im Klaren darüber, dass ihnen eine Niederlage drohte. Sie kannten meine Empfehlungen und wussten höchstwahrscheinlich, dass Alberto D'Alotto die erforderlichen Stimmen für ihre Annahme durch den Rat mobilisiert hatte.

Daraufhin änderten unsere Feinde ihre Taktik. Sie gaben das Terrain der UNO auf und verlegten sich stattdessen auf eine Taktik, die zwar uralt, weniger kompliziert, aber durchaus bewährt ist: die Korruption. Im Dezember 2015 fanden in Argentinien Präsidentschaftswahlen statt. Der von der Linkskoalition aufgestellte und von Cristina Kirchner unterstützte Kandidat, der den Kampf gegen die Geierfonds fortführen sollte, wurde praktisch von allen Meinungsforschungsinstituten vorne gesehen. Am Ende verlor er jedoch gegen einen Lokalpolitiker der Rechten, der für seinen Erfolg astronomische Summen ausgegeben hatte.

Sobald Mauricio Macri im Amt war, verkündete er, alle Forderungen der Geierfonds unverzüglich erfüllen zu wollen. Und das tat er auch! Im Lauf der ersten sechs Monate seiner Amtszeit zahlte er 12,5 Milliarden Dollar an diese Fonds – eine Summe, die er durch eine massive Kürzung der von seinen Vorgängern begonnenen Sozialprogramme aufbrachte. Fast augenblicklich öffneten sich die internationalen Finanzmärkte für Argentinien. Das Land verschuldete sich erneut. Im März 2016 verfügte es über 15 Milliarden Dollar aus internationalen Krediten. Im Handumdrehen verwandelte sich Argentinien aus einem Paria in ein Lieblingskind der internationalen Finanzhaie.

Innenpolitisch verfolgte Macri seit 2016 die ultraliberale Politik, die seine ausländischen Gönner von ihm verlangten. Er hob die Zölle auf landwirtschaftliche Ausfuhren auf und befreite die multinationalen Bergbaugesellschaften von allen Steuern. Der Energieminister Juan José Aranguren – bis 2015 Generaldirektor von Shell Argentinien – unterzeichnete während der ersten sechs Monate der neuen Präsidentschaft acht wichtige Energieverträge im Namen Argentiniens, davon sieben zugunsten von Shell.

Für die Arbeiterklasse sind die Folgen von Macris Programm schon jetzt katastrophal: 28 Prozent Inflation, Hunderttausende von Entlassungen, astronomische Preissteigerungen: beim Strom um 500 Prozent, beim Gas um 400 Prozent, bei den öffentlichen Verkehrsmitteln um 100 Prozent, beim Benzin um 5 Prozent.[1]

Im April 2016 kam der Skandal um die Panama Papers ans Licht, nachdem die Liste der Offshore-Gesellschaften veröffentlicht worden war, die die Kanzlei Mossack Fonseca gegründet

---

1 Roberto Parradal, Chef des argentinischen Gewerkschaftsverbands CTA (Zentrale der argentinischen Arbeiter), in: *Tribune de Genève*, 6. Juni 2016.

hatte, um ihren Klienten die Möglichkeit zur Steuerflucht oder zur Geldwäsche zu geben. Fassungslos nahm die argentinische Öffentlichkeit zur Kenntnis, dass Mauricio Macri auf den Bahamas ein Konto mit einem Guthaben von 1,2 Millionen Dollar besaß. Am 31. Mai 2016 räumte der neue Präsident gegenüber der Zeitung *La Nación* die Existenz dieses Kontos ein.

In einem Interview mit Alice Pouyat, das in der Zeitschrift *Politique Internationale* erschien, nennt Macri seine politischen Vorbilder. An erster Stelle: Álvaro Uribe, Ex-Präsident von Kolumbien und ehemaliger Chef der paramilitärischen Kommandos im Dienst der Großgrundbesitzer, der *Latifundistas* …[1]

Am Montag, dem 23. Mai 2016, arbeitete ich in Russin an dem vorliegenden Buch. Gegen Mittag läutet das Telefon. Am Apparat ist der Sekretär der ständigen Vertretung Argentiniens bei der UNO.

»Der Botschafter möchte Sie sprechen.«

Albertos Stimme ist fest, aber traurig: »Ich reise ab.«

Ich: »Und wohin?«

Er: »Buenos Aires, ich werde abberufen.«

Ich »Was wirst du tun?«

Er: »Keine Ahnung.«

Ich: »Kaltstellung?«

Er: »Kaltstellung.«

Ich weiß nicht, ob ich Alberto D'Alotto je wiedersehen werde. Aber er wird mir immer im Gedächtnis bleiben als Musterbeispiel eines Diplomaten, der mit Intelligenz und Überzeugung, mit unbezähmbarer Energie und persönlichem Mut die Interessen seines Volkes verteidigt hat.

---

1 »Mauricio Macri. Argentine – une nouvelle ère«. Interview mit Alice Pouyat, in: *Politique Internationale*, Mai 2016.

Die Hochkonjunktur der Geierfonds führt uns die ins Groteske gesteigerte Macht der Reichen und die Schwäche der Staaten vor Augen. Nach dem Scheitern der *Millennium goals (Millenniumsziele)* und angesichts der Arroganz der das globalisierte Finanzkapital beherrschenden Oligarchien, ihrer Verbündeten und Söldner in den einzelnen Ländern – Ursache für grenzenloses Leid und Elend – hat die UNO, wie erwähnt, die »Agenda 2030« ausgearbeitet. Diese schlägt zweifellos einen neuen Ton an. Beim Hunger geht es beispielsweise nicht mehr darum, »die Zahl der Opfer zu verringern«, sondern schlicht und einfach darum, dem Massaker ein Ende zu setzen. Das Ziel Nummer zwei der »Agenda 2030« trägt die Überschrift: *»End Hunger«* (»Den Hunger beenden«).

Aber auch in diesem 29-seitigen Dokument wird wieder keine konkrete und tatsächlich wirksame Maßnahme genannt, mit der die Mitgliedstaaten in die Lage versetzt werden könnten, dem Hunger ein Ende zu machen – etwa ein Verbot der Börsenspekulation auf Grundnahrungsmittel, des Aufkaufs von landwirtschaftlichen Flächen in der Südhemisphäre durch Hedgefonds, der Agrarkraftstoffe, des europäischen Dumpings auf den afrikanischen Lebensmittelmärkten, der Geierfonds und so fort.

Die Staats- und Regierungschefs der westlichen Länder haben viel zu große Furcht vor den wütenden Reaktionen und den wirtschaftlichen und politischen Drohungen jener ein knappes Dutzend umfassenden transkontinentalen Privatkonzerne, die 85 Prozent des Welthandels mit Lebensmitteln kontrollieren.[1]

Allerdings können die Autoren der »Agenda 2030« mildernde Umstände geltend machen.

---

1 Vgl. Jean Ziegler, *Wir lassen sie verhungern. Die Massenvernichtung in der Dritten Welt*, München 2012.

Die Vereinten Nationen sind eine Staatenorganisation. Der Sicherheitsrat, der 15 Mitglieder aufweist, davon fünf mit ständigem Sitz, übt die Exekutivgewalt aus. 193 Mitgliedstaaten bilden die Generalversammlung – das Parlament der UNO. Dieses Parlament wählt die 47 Staaten, aus deren Botschaftern sich der Menschenrechtsrat zusammensetzt, proportional zur Zahl der Staaten auf den fünf Kontinenten.[1] Wie beschrieben, prüft diese Instanz in regelmäßigen Abständen, inwieweit sich die Nationalstaaten an die Normen der Allgemeinen Erklärung der Menschenrechte halten.

Doch seit 1948, vor allem während der letzten fünfundzwanzig Jahre, hat sich die Welt radikal verändert. 1945 noch auf der Höhe ihrer Macht, haben die Nationalstaaten inzwischen viel von ihren Souveränitätsrechten verloren – ein Prozess, der sich Jahr für Jahr ungebremst fortsetzt. Unmerklich geht die Entscheidungsgewalt von den Staatsregierungen (egal, ob demokratisch gewählt oder nicht) in die Hände beinahe allmächtiger Oligarchien über, die das globalisierte transkontinentale Kapital besitzen.

Das Drohpotenzial dieser Oligarchien ist mittlerweile beträchtlich. Ein Beispiel:

Im Oktober 2011 hatte Frankreich die Staatschefs des G-7-Gipfels zu Gast. Zu Beginn des Monats verkündete Nicolas Sarkozy in der französischen Tagesschau (*Journal de 20 heures*, TF1), seine Regierung werde auf dem G-7-Gipfel den Antrag stellen, in Zukunft alle Spekulationen auf Grundnahrungsmittel zu verbieten, wenn sie von Finanzakteuren vorgenommen würden, die weder die Produzenten noch die Konsumenten dieser Lebensmittel seien. Die Finanzialisierung der Märkte für land-

---

1 Bis 2006: UN-Menschenrechtskommission.

wirtschaftliche Rohstoffe sei einer der Hauptgründe für die Preisexplosion.

Der Gipfel fand Ende des Monats in Cannes statt. Aber Frankreich zog seinen Vorschlag zurück. Inzwischen hatten die transkontinentalen Nahrungsmittelkonzerne mobil gemacht und massiv in Washington, London, Berlin und sogar Paris interveniert. Die Sünde des Präsidenten Sarkozy: Er hatte sich gegen das sakrosankte Dogma des »Freien Marktes« vergangen. Die Oligarchien des Handels mit landwirtschaftlichen Rohstoffen hatten Frankreich in die Knie gezwungen und seinen Präsidenten gedemütigt.

Egal, wie man zu Nicolas Sarkozy steht, 2011 war er der demokratisch gewählte Präsident der Französischen Republik – eines Staates, der einen ständigen Sitz im Sicherheitsrat hat und zweitstärkste Wirtschaftsmacht des Kontinents ist.

An der Wende zum dritten Jahrtausend hatte der Philosoph und Sozialwissenschaftler Jürgen Habermas Alarm geschlagen: »Die Entwicklungstrends, die heute unter dem Stichwort ›Globalisierung‹ die Aufmerksamkeit auf sich ziehen, verändern eine historische Konstellation, die sich dadurch ausgezeichnet hat, daß sich Staat, Gesellschaft und Wirtschaft gewissermaßen koextensiv innerhalb derselben nationalen Grenzen ausdehnen. Das *internationale* Wirtschaftssystem, in dem Staaten die Grenzen zwischen Binnenwirtschaften und Außenhandelsbeziehungen festlegen, verwandelt sich im Zuge der Globalisierung der Märkte in eine *transnationale* Wirtschaft. Relevant sind in erster Linie die Beschleunigung der weltweiten Kapitalbewegungen und die imperative Bewertung nationaler Standorte durch die global vernetzten Finanzmärkte. Diese Tatsachen erklären, warum die staatlichen Akteure heute nicht länger die Knoten bilden, die dem globalen Netz von Tauschbeziehungen die Struktur von zwischenstaatlichen oder internationalen Beziehungen verliehen haben. Heute sind eher die Staaten in Märkte als die Volkswirtschaften in staatliche Grenzen eingebettet.«[1]

Weiter erläutert Habermas: »Unter Bedingungen eines globalen, zur ›Standortkonkurrenz‹ verschärften Wettbewerbs sehen sich die Unternehmen mehr denn je genötigt, die Arbeitsproduktivität zu steigern und den Arbeitsablauf insgesamt so zu rationalisieren, daß der langfristige technologische Trend zur Freisetzung von Arbeitskräften noch beschleunigt wird. Massenentlassungen unterstreichen das wachsende Drohpotential beweglicher Unternehmen gegenüber einer insgesamt geschwächten Position von ortsgebunden operierenden Gewerkschaften. In dieser Situation, wo der Teufelskreis aus wachsender Arbeitslosigkeit, überbeanspruchten Sicherungssystemen und schrumpfenden Beiträgen die Finanzkraft des Staates erschöpft, sind wachstumsstimulierende Maßnahmen umso nötiger, je weniger sie möglich sind. Inzwischen haben nämlich die internationalen Börsen die ›Bewertung‹ nationaler Wirtschaftspolitiken übernommen.«[2]

Hier ist nicht der Ort, um auf die historischen Prozesse einzugehen – die technologischen Revolutionen, die politischen Kämpfe und Entscheidungen, die die menschlichen Gesellschaften mit den fiebrigen Exzessen des globalisierten Finanzkapitalismus kon-

---

1 Jürgen Habermas, »Der europäische Nationalstaat unter dem Druck der Globalisierung«, in: *Blätter für deutsche und internationale Politik*, https://www.blaetter.de/sites/default/files/downloads/ebook/Der_Aufklaerer_%20Juergen_Habermas.pdf (abgerufen am 08.09. 2016); vgl. auch: Jean Ziegler, *Die neuen Herrscher der Welt und ihre globalen Widersacher*, München 2003.
2 Jürgen Habermas, *Die postnationale Konstellation. Politische Essays*, Frankfurt a.M. 1998, S. 120.

frontiert haben.[1] Die Oligarchien, die ihn lenken, besitzen eine Macht, die kein Kaiser, Papst oder König in der Geschichte der Menschheit jemals innegehabt hat. Sie entzieht sich jeder staatlichen, zwischenstaatlichen, internationalen, parlamentarischen, gewerkschaftlichen oder wie auch immer gearteten Kontrolle. Ihre Strategie gehorcht einem einzigen Prinzip: der Profitmaximierung in möglichst kurzer Zeit.

Laut Weltbank kontrollierten 2015 die 500 mächtigsten transkontinentalen Privatkonzerne – alle Wirtschaftssektoren zusammengenommen – mehr als 53 Prozent des weltweiten Sozialprodukts, mit anderen Worten, des in einem Jahr produzierten Reichtums an Waren, Dienstleistungen, Kapital, Patenten usw.

Für sie gibt es nur ein Gesetz: das Gesetz des Dschungels, der rücksichtslosen Konkurrenz durch Fusion, Zerschlagung oder Aufkauf von Unternehmen.

Unter diesen Umständen wäre es natürlich absurd, irgendwelche moralischen Forderungen zu stellen oder an die ethische Verantwortung der Akteure zu appellieren. Nestlé, Unilever, Cargill sehen ihre Aufgabe nicht darin, den Hunger in der Welt zu bekämpfen, sondern maximale Profite zu erzielen.

Ich empfinde Respekt – fast Sympathie – für Peter Brabeck-Letmathe, den Präsidenten des weltweit größten Lebensmittelgiganten Nestlé. Brabeck ist ein kultivierter Mensch und ausgezeichneter Skifahrer. Doch wenn er nicht jedes Jahr den Kurswert der Nestlé-Aktie um so und so viel Prozent in die Höhe treibt, ist er drei Monate später nicht mehr Präsident von Nestlé.

Wir haben es mit einem Universum struktureller Gewalt zu tun.

---

1 Diesen Prozess habe ich in früheren Büchern untersucht, vor allem in *Die neuen Herrscher der Welt*, a. a. O.

Die folgende Anekdote stammt von einem Journalisten der *New York Times*. 2001 erschien im Verlag Yale University Press das Buch *Corporate Irresponsability* von Lawrence E. Mitchell. Der Professor der George Washington University formuliert darin eine beißende, schlüssige und hervorragend dokumentierte Kritik an der faktischen Allmacht und Arroganz der großen transkontinentalen Konzerne amerikanischen Ursprungs. In den Vereinigten Staaten, aber auch in Europa und Asien, wurden die Thesen des viel beachteten Buchs leidenschaftlich diskutiert.

Gegen Ende seiner zweiten Amtszeit (2001) wurde der amerikanische Präsident Bill Clinton auf dem Weg nach Uganda von einem Journalisten in der Präsidentenmaschine gefragt: »Haben Sie das Buch von Mitchell gelesen, Mister President? Welche Schlüsse ziehen Sie daraus? Was werden Sie jetzt tun?«

Clinton schwieg einen Augenblick, dann erwiderte er: »Nichts Besonderes… Ich bin ja nur der Präsident der Vereinigten Staaten.«

2015 besaßen 1 Prozent der reichsten Personen der Erde mehr Vermögenswerte als die 99 Prozent der restlichen Menschheit.[1] Das Eigentum der 62 reichsten Multimilliardäre des Planeten übertraf den Besitz der ärmeren 50 Prozent seiner Bewohner.

2015 gab es 1826 US-Dollar-Milliardäre. Im letzten Jahr mussten nahezu 3 Milliarden der 7,3 Milliarden Menschen, die gegenwärtig auf der Erde leben, zusehen, dass sie mit einem Tageseinkommen von weniger als 2 US-Dollar überlebten. Und oft mit noch weniger. Die Bürokraten der Weltbank nennen diese Verdammten der Erde schamhaft *the extremely poor* (»die extrem Armen«).

Unter den Herren der Welt gibt es einige, deren Vermögen das

---

1 Oxfam-Bericht, London, Dezember 2015.

des Bruttosozialprodukts der meisten afrikanischen und latein-amerikanischen Staaten übersteigen. Zum Beispiel besitzen Bill Gates und seine Frau, die Gründer von Microsoft, ein Vermögen, das auf 81 Milliarden Dollar geschätzt wird; der Besitz des Mexi-kaners Carlos Slim beläuft sich auf 79 Milliarden und Warren Buffett hat mehr als 73 Milliarden.

Die Welt befindet sich in einer Teufelsspirale.

Zwischen den extrem Reichen und der anonymen Masse der Ärmsten wächst die Ungleichheit unaufhaltsam an. Die Finanz- und Wirtschaftskraft der 562 reichsten Personen der Welt ist zwischen 2010 und 2015 um 41 Prozent angewachsen, während die der 3 Milliarden ärmsten Menschen um 44 Prozent abge-nommen hat.

Die Hälfte der unvorstellbar Reichen kommt aus den USA, die anderen kommen aus Europa, eine Handvoll aus China, Japan, Saudi-Arabien, Mexiko und Brasilien.

Die meisten Bewohner unseres Planeten können sich nicht im Entferntesten vorstellen, welche finanzielle, wirtschaftliche, politische und ideologische Macht sich hinter den genannten Zahlen verbirgt. Bekanntlich entsprechen 1 Milliarde US-Dollar 1000 Millionen US-Dollar, einer Summe, die, wenn man auf die Idee käme, eine Dollarnote an die andere zu legen, dreimal um die Erde reichen würde.

Neoliberale Ökonomen vertreten heute eine höchst anfecht-bare These, die ich hier mit aller Entschiedenheit zurückweisen möchte. Die Ungleichheit könne sicherlich ein abstraktes Ge-rechtigkeitsgefühl verletzen, erklären sie, sie sei aber keineswegs verantwortlich für die Not, die die Bewohner der Elendsviertel von Karachi, Manila oder São Paulo heimsuche. Dabei berufen sie sich auf eine These von Adam Smith, die später von David Ricardo übernommen wurde: »*Richness like health is taken from nobody*«. (»Der Reichtum wird, wie die Gesundheit, niemandem genommen.«).[1]

Diese Behauptung ist natürlich absurd. Mein Freund und Kollege Manfred Nowak kann erklären, warum. Nowak, der heute Professor an der Universität Wien ist, war lange Jahre kompromissloser UN-Sonderberichterstatter über Folter und andere unmenschliche Behandlung. Unermüdlich ist er in der Welt umhergereist, hat Gefängnisse besucht, sich Zutritt zu Folterkammern verschafft und angehört, was die verstümmelten Opfer oder ihre Angehörigen zu berichten hatten. Er kennt die ruinierten Leben, die Leiden, die marode Staaten ihren Bürgern zumuten.

Tausende von Menschen auf allen fünf Erdteilen verdanken ihr Leben Manfred Nowak und seiner Hartnäckigkeit.

Die Anhäufung außerordentlicher Reichtümer in den Händen weniger und die daraus resultierende Ungleichheit sind seiner Meinung nach nur möglich infolge der Aufhebung staatlicher Normativität, Abschaffung von Bankenkontrollen, Entstehung privater Monopole, ungehemmter Ausbreitung von Steueroasen und so fort.

Diese Ungleichheit führt unvermeidlich zum Abbau der Sozialleistungen für die schwächsten Mitglieder der Gesellschaft, zur Korruption und damit zur Zerstörung des Vertrauens zwischen Bürgern und Politikern. Diesen für die menschlichen Gesellschaften so schädlichen Prozess bezeichnet Nowak äußerst treffend als »Aushöhlung«. Die Ungleichheit befällt die Strukturen des demokratischen Staates »von innen«. Sie bedroht die Men-

---

1 *Inquiry in the Nature and Causes of the Wealth of Nations*, 1776 (*Der Wohlstand der Nationen, Eine Untersuchung seiner Natur und seiner Ursachen*, München 1978).

schenrechte wie ein Krebsgeschwür, das unaufhaltsam den Sozialkörper verschlingt.[1]

Wenn die Staaten versagen und die Oligarchien ohne Glauben und Gesetz den Planeten beherrschen, wenn eine mörderische Ordnung den Rechtsstaat verdrängt, wer kann da noch von sich behaupten, er schütze das Gemeinwohl und das allgemeine Interesse?

Hören wir noch einmal Jürgen Habermas: »Die Verdrängung der Politik durch den Markt zeigt sich also daran, daß der Nationalstaat seine Fähigkeit, Steuern abzuschöpfen, Wachstum zu stimulieren und damit wesentliche Grundlagen seiner Legitimität zu sichern, zunehmend verliert, ohne daß funktionale Äquivalente entstehen… Statt dessen lassen sich die nationalen Regierungen schon angesichts implizit angedrohter Kapitalabwanderung in einen kostensenkenden Deregulierungswettlauf verstricken, der zu obszönen Gewinnen und drastischen Einkommensdisparitäten, zu steigender Arbeitslosigkeit und zur sozialen Marginalisierung einer wachsenden Armutsbevölkerung führt.

In dem Maße, wie die sozialen Voraussetzungen für eine breite politische Teilnahme zerstört werden, verlieren auch formal korrekt getroffene demokratische Entscheidungen an Glaubwürdigkeit.«[2]

Gleich darauf fragt Habermas nach der Möglichkeit einer Übertragung der Hoheitsbefugnisse: Gibt es zwischenstaatliche, übernationale Institutionen, die die Nachfolge der hinfälligen Nationalstaaten antreten und den Schutz des Gemeinwohls übernehmen können?

---

1 Manfred Nowak, *Menschenrechte, eine Antwort auf die wachsende ökonomische Ungleichheit*, Wien und Hamburg, 2015.
2 Jürgen Habermas, *Die postnationale Konstellation*, S. 120 f.

Habermas denkt vor allem an Europa. Doch in dem Punkt bin ich anderer Meinung. Ich glaube, es ist offensichtlich, dass die Europäische Union (EU) nicht die Rolle einer »kontinentalen Demokratie« übernehmen kann. So, wie sie heute organisiert ist – und damit die Intentionen ihrer Gründer auf den Kopf stellt –, ist die Europäische Union im Wesentlichen eine Clearingstelle, eine Instanz, die die Interessen transnationaler Privatkonzerne koordinieren und unterstützen soll.

Dafür gibt es zahlreiche Hinweise.

Präsident der EU-Kommission ist gegenwärtig Jean-Claude Juncker, der seine Rolle als treuer Diener des transkontinentalen Kapitals so perfekt verkörpert, dass er fast wie eine Karikatur wirkt. Von 2002 bis 2010 war der Mann in Personalunion luxemburgischer Premierminister, luxemburgischer Finanzminister und Vorsitzender der Euro-Gruppe, eines informellen Gremiums der Finanzminister der Eurozone. Im Rahmen dieser Funktionen hat er 548 geheime Steuerdeals, sogenannte *Advance Tax Rulings* (verbindliche Steuervorbescheide), mit zahlreichen multinationalen Banken, Handelsunternehmen, Industriekonzernen und Dienstleistern ausgehandelt. Diese luxemburgischen *Tax Rulings*, wie sie euphemistisch genannt werden, dienten dazu, der Klientel die Steuervermeidung zu erleichtern.

Antoine Deltour, einem mutigen Ex-Mitarbeiter der internationalen Wirtschaftsprüfungsgesellschaft PwC (Pricewaterhouse-Cooper), verdanken wir die Offenlegung des Systems Juncker. Dank der hervorragenden Arbeit des Internationalen Konsortiums investigativer Journalisten sind die *Tax Rulings* aufgedeckt und unter der Bezeichnung *Lux Leaks* veröffentlicht worden.

Zum jetzigen Zeitpunkt ist Jean-Claude Juncker noch immer Präsident der EU-Kommission, während Antoine Deltour in einem Prozess, den die luxemburgische Justiz wegen Verletzung des Bankgeheimnisses gegen ihn anstrengte, Ende Juni 2016 zu zwölf Monaten Gefängnis auf Bewährung und einer Geldstrafe verurteilt wurde.[1]

Anderes Beispiel: Seit über drei Jahren verhandelt die Kommission unter dem Vorsitz von Jean-Claude Juncker mit den Vereinigten Staaten über ein Freihandelsabkommen. Sein Name: *Transatlantic Trade and Investment Pact (TTIP)* – Transatlantische Handels- und Investitionspartnerschaft. Das geschieht auf Betreiben von 41 multinationalen Unternehmen mit Sitz in der EU. Das Abkommen soll bestimmte Praktiken »harmonisieren«, das heißt, Vorschriften lockern in Bereichen wie Verbraucherschutz auf dem Lebensmittelsektor, Kontrolle des Finanzmarkts, Umweltschutz und so fort. Außerdem sieht es ein privates Schiedsgericht vor. Multinationale Konzerne, deren Gewinne durch Einführung bestimmter Gesetze oder Verwaltungsakte eines Staates eingeschränkt würden, könnten vor diesem Gericht ihre Schadenersatzforderungen geltend machen.

Das *TTIP*-Abkommen wird unter absoluter Geheimhaltung ausgehandelt. Keine Regierung kennt den Auftrag der Unterhändler. Sobald es unterzeichnet ist, hat kein Parlament mehr das Recht, es zur Diskussion zu stellen und seine Ratifizierung zu verweigern …

Aber das ist noch nicht alles.

Ich habe das Buch im Frühjahr 2016 abgeschlossen, als Hunderttausende von Flüchtlingen vor den blutigen Kriegen in Syrien, dem Irak und Afghanistan flohen. Am 28. Juli 1951

---

1 Vgl. Michel Pinçon und Monique Pinçon-Charlot, »Une évasion fiscale au-dessus des lois«, in *Le Monde*, 6. April 2016.

hatten die Staaten der Welt das Abkommen über die Rechts-
stellung der Flüchtlinge, die sogenannte Genfer Flüchtlingskon-
vention, ratifiziert, die ein neues universelles Menschenrecht geschaffen hat, das Asylrecht.

Jeder, der in seinem Herkunftsland wegen seiner ethnischen
Zugehörigkeit, Religion oder politischen Überzeugung verfolgt wird, hat das unveräußerliche Recht, die Grenzen zu über-
schreiten und in einem fremden Staat um Schutz und Asyl zu
ersuchen.

Doch die Europäische Union ist im Begriff, dieses Recht aufzuheben. Sie errichtet Mauern, Barrieren und Stacheldrahtzäune,
um Männer, Frauen und Kinder, die vor Folter, Verstümmelung
und Tod geflohen sind, daran zu hindern, einen Asylantrag zu
stellen.

Wenn die schäbigen Bürokraten in Brüssel auf diese Weise
Hunderttausende verfolgter Menschen in Elend und Verzweif-
lung zurückstoßen, zerstören sie die Grundlagen, auf denen die
Europäische Union errichtet wurde: Rechtsstaatlichkeit und
Solidaritätsgebot.

Nein, ich kann den Optimismus von Habermas nicht teilen.
Als staatenübergreifende Hüterin des Gemeinwohls kommt die
Europäische Union – zumindest derzeit – sicherlich nicht in-
frage.

Und wie steht es mit der UNO? Ist sie der Aufgabe eher gewachsen? Ist sie im Sinne ihrer Gründer fähig, die Aufgaben
einer transnationalen Hüterin des Allgemeinwohls und des
öffentlichen Interesses zufriedenstellend wahrzunehmen? In
dieser Frage möchte ich mich auf Antonio Gramsci und seinen
»Optimismus des Willens« berufen. Gewiss, der Zustand der
UNO ist desolat. Die internationale Organisation leidet unter

den Auflösungserscheinungen einer großen Zahl ihrer Mitgliedstaaten.

Richtig ist auch, dass man in der UNO ständig bösartigen, widerwärtigen und korrupten Figuren begegnet. Und schließlich gibt es noch die tristen Bürokraten, die Heerschar skandalös überbezahlter Parasiten – gesichtslos, furchtsam und ewig unentschlossen. Daneben ist aber auch eine beträchtliche Anzahl ehrenhafter, mutiger und unbeirrbarer Menschen in der UNO tätig – Männer und Frauen wie Mohamed Siad Doualeh, Guy Ryder, Laurence Boisson de Chazournes, Milena Costas Trascasas, Paulo Sérgio Pinheiro, Präsident der Untersuchungskommission zu den Verbrechen gegen die Menschlichkeit und den Kriegsverbrechen in Syrien, Jean-Marie Ehouzou, Botschafter der Afrikanischen Union, Eric Tistounet, Generalsekretär des Menschenrechtsrats, oder Michael Møller, Generaldirektor des UN-Sitzes in Genf, und einige andere mehr.

Die UNO bleibt die einzige potenzielle Quelle internationaler Normsetzung. In seinen Predigten verkündete der Dominikaner Henri Lacordaire häufig in Anlehnung an den *Gesellschaftsvertrag* von Jean-Jacques Rousseau: »Zwischen dem Schwachen und dem Starken ist es die Freiheit, die unterdrückt, und das Gesetz, das befreit.« Kein Zweifel, die in der Charta und in der Allgemeinen Erklärung der Menschenrechte niedergelegten Grundsätze bilden den Horizont unserer Geschichte, die konkrete Utopie, die uns den Weg weist.

Ein letztes Wort zu der Niederlage, die ich im Kampf gegen die Geierfonds hinnehmen musste. Von José Marti stammt der Satz: *»La verdad, una vez despierta, no vuelve a dormirse jamas.«* (»Einmal aufgeweckt, schläft die Wahrheit nie wieder ein.«). Paul Singer hat zweifellos gegen das argentinische Volk gewonnen und gegen zahlreiche andere Völker in Afrika, Asien und der Karibik. Aber er und seinesgleichen sind der Dunkelheit entrissen und ins Licht des öffentlichen Bewusstseins gezogen worden. Unter der Asche schlummert die Glut. Eines Tages werden andere den Kampf fortführen.

KAPITEL ZWEI

Eine Pause am Wegesrand

1993 schrieb ich in der Vorrede zu meinem ersten autobiografischen Buch *Wie herrlich, Schweizer zu sein*: »Wie Roger Bastide in seinem Werk *Anthropologie appliquée* fordere auch ich das Recht, ›eine Pause am Wegesrand‹ einzulegen, die Lektionen meiner verlorenen Kämpfe zu überdenken und sorgenvoll die mir noch verbleibende kurze Zeit erkunden zu dürfen.«[1]

Seither sind fast fünfundzwanzig Jahre vergangen. In *Wie herrlich, Schweizer zu sein* berichtete ich von meiner Kindheit, meinen politischen Entscheidungen, den mich prägenden Jahren im Kongo und in Brasilien, meiner Radikalkritik am Schweizer Banken-Banditismus.

Mit dem vorliegenden Buch nehme ich mir neuerlich Zeit für ein Innehalten, für eine Inventur des verflossenen Vierteljahrhunderts. Im Mittelpunkt dieser neuen Gedächtnisarbeit stehen die übertriebenen Hoffnungen, die ich in die Vereinten Nationen gesetzt habe, die Analyse ihrer Misserfolge, ihrer flüchtigen Siege und mein Bemühen, den bescheidenen Anteil zu bestimmen, den ich an ihnen gehabt habe.

Von 2000–2008 war ich Sonderberichterstatter der Vereinten Nationen für das Recht auf Nahrung und ab 2009 Vizepräsident

---

1 Jean Ziegler, *Wie herrlich, Schweizer zu sein*, op. cit., S. 25

des Beratenden Ausschusses des Menschenrechtsrats – ein Mandat, das 2016 um drei Jahre verlängert wurde.

Wie den meisten Menschen jagt mir der Gedanke an den eigenen Tod Furcht und Schrecken ein und zieht mir von Zeit zu Zeit den Boden unter den Füßen weg. Er sucht mich heim wie wahrscheinlich Milliarden andere Menschen in allen Kulturen der Welt.

Vor allem in so fortgeschrittenen Jahren wie den meinen.

»Jeder Tod ist ein Mord«, lautet eine eindringliche Formulierung von Jean-Paul Sartre.

Mein Körper befindet sich natürlich auf dem Weg zum Tod. Normalerweise erneuert sich die Zellstruktur eines Menschen alle sieben Jahre. Mit zunehmendem Alter verlangsamt sich diese Erneuerung. Eines Tages hört sie ganz auf. »*Feriunt omnes, ultima necat.*« (»Alle [Stunden] verletzen, die letzte tötet.«)[1] Das Bewusstsein hat ein ganz anderes Schicksal. Es funktioniert kumulativ. Seine Inhalte sind einem Prozess der Vervielfältigung, Akkumulation, fortwährender Anreicherung unterworfen. Sein Bezugssystem ist die Unendlichkeit. Vor allem kann ich mir die lange Geschichte vergegenwärtigen, die meine eigene Endlichkeit überschreitet.

Der Mensch trägt die Idee der Ewigkeit in sich. Er will leben, nicht sterben.

Um in meinen Gedanken, meinen Worten und meinen Handlungen Gestalt annehmen zu können, braucht mein Bewusstsein ein Gerüst, ein physiologisches Substrat, einen Körper, Sinnesorgane und ein Nervensystem.

---

1 Eine Mahnung, die einst in Brasilien auf den Uhrenrahmen von Kirchen und öffentlichen Gebäuden geschrieben stand, wie etwa auf denen des alten Klosters São Francisco im Zentrum von Salvador de Bahia, wo der Seewind die Goldbuchstaben teilweise gelöscht hat.

Wenn mein Körper in das Nichts zurücksinkt, schaltet sich auch mein Bewusstsein ab. Stirbt es ebenfalls? Verschwindet es ein für alle Mal? Ich glaube nicht. Wir sind aus der Unendlichkeit von Zeit und Universum gebildet. Ich glaube an die Auferstehung. Niemand vermag sich auf den Tod »vorzubereiten«. Man kann das wilde Tier ein wenig zähmen, mehr nicht. Daher gilt es, jeden Tag ein Maximum an Sinn, Gedanken, Wörtern und Handlungen hervorzubringen, damit das Bewusstsein dem Nichts im Augenblick des Todes ein Höchstmaß an Sinn entgegenzusetzen hat.

Sartre hat recht, wenn er sagt, kein Tod sei »natürlich«. Jeder Tod ist Mord, Trennung, Bruch.

Mit meiner Frau Erica wohne ich in einem kleinen Weinbauerndorf auf einem sonnenbeschienenen Moränenhügel im äußersten Westen der Republik und des Kantons Genf, dort, wo die Schweiz endet. Die Rhone verlässt die Schweiz und wälzt sich majestätisch in Richtung Frankreich – Seyssel, Culoz, Lyon – und mündet schließlich ins Mittelmeer. An jedem Tag, zu jeder Jahreszeit, wenn ich aufwache und sehe, wie sich die Sonne über dem Montblanc-Massiv und seinen schimmernden Gipfeln erhebt, überkommt mich ein Gefühl tiefer Dankbarkeit. Für das Leben, das mir bislang Krankheit, Hass, Einsamkeit, Not und Erniedrigung erspart und so viel Glück beschert hat.

In den ersten Jahrhunderten unserer Zeitrechnung sind die Völker dieses Teils des Römischen Reiches christianisiert worden. Dann kamen die germanischen Eroberer an die Reihe. Wir wohnen im Chemin de la Croix-de-Plomb (Weg der Bleikreuze). Dort hat man einst Gräber gefunden, auf denen Bleikreuze erhalten geblieben waren. Die Ackerbauern und Viehzüchter jener Zeit waren praktisch denkende Leute: Es galt, Gott am Jüngsten Tag zu helfen, zwischen den Getauften und den Heiden zu unterscheiden. Die Toten, auf deren Gebeinen jeweils ein Kreuz lag, waren für den Himmel, die anderen für das Nichts bestimmt.

Wie werde ich sterben? Wann und unter welchem Himmel? Elend und allein, oder in den Armen eines geliebten Menschen?

Niemand kennt Ort und Stunde der Katastrophe.

So bleibt im Augenblick nur eine Gewissheit: ich lebe, zwar sehr vorläufig, aber ich lebe, ich atme, ich staune und bin voller Dankbarkeit.

Mir kommt das Gedicht in den Sinn, das Dylan Thomas für seinen sterbenden Vater geschrieben hat: »*Do not go gentle into that good night, / Rage, rage against the dying of the light.*«[1] (»Geh nicht gelassen in die gute Nacht, / Brenn, Alter, rase, wenn die Dämmerung lauert.«)

Ich erinnere mich noch genau an den Tag, als ich mit fünfzehn Jahren am offenen Grab eines Schulkameraden meine Endlichkeit entdeckte. Aber auch das Wunder, das jeder neue Tag bedeutet. Seither beherrscht mich die panische Furcht vor der Vergänglichkeit. Kein erlebter Augenblick wird jemals zurückkehren. Die Erfahrung der gebrochenen Zeit verleiht jedem Augenblick unserer Existenz Erhabenheit und unschätzbaren Wert.

Der Tod schenkt mir das Leben. Denn der Tod zwingt mir das Bewusstsein von der Endlichkeit meiner Existenz auf. Ihm verdankt jede meiner Handlungen ihre unvergleichliche Würde, jeder Augenblick, der verstreicht, seine Einzigartigkeit. Er hebt mich aus der amorphen Dauer heraus. Ohne ihn wäre ich im buchstäblichen Sinn des Wortes niemand.[2]

---

1 Erste Veröffentlichung 1951 in der Literaturzeitschrift *Botteghe Oscure,* dann in der Gedichtsammlung *In Country Sleep and Other Poems,* 1952.
2 Siehe auch mein Buch *Die Lebenden und der Tod.* Kpl. überarb. Neuauflage, Salzburg 2011.

Ich lebe von Tag zu Tag. Erfüllt von Dankbarkeit, vermischt mit Ängsten. Um mich und die Meinen.

Halb bewundernd und halb besorgt meinte mein Sohn Dominique, ein brillanter Dramatiker und Theaterregisseur, kürzlich zu mir: »Im Grunde bist du ein ziemlich primitiver Charakter.«

Gegen Ende des zweiten Jahrtausends vor unserer Zeitrechnung hielt ein anonymer ägyptischer Schreiber des Zweiten Reichs auf einem Papyrus einige Sätze fest, die ich mir zu eigen mache:

> »Der Mensch geht zugrunde, sein Leib wird wieder zu Staub,
> alle, die seinesgleichen sind, kehren zur Erde zurück,
> aber das Buch sorgt dafür, dass die Erinnerung an ihn von Mund zu Mund wandert.
> Größeren Wert hat ein Buch als ein festes Haus
> Oder als eine Stele, in einem Heiligtum errichtet.
> […] sie haben die Lehren der weisen Propheten weitergetragen,
> Hätten die Schriften nicht ihr Gedächtnis bewahrt,
> wären ihre Namen längst vergessen.«[1]

Ein Buch ist eine mächtige Waffe gegen den Tod.

Natürlich bin ich kein »weiser Prophet«. Nur ein Genfer Kleinbürger, ein weißer Intellektueller, der, bislang von den mörderischen Heimsuchungen unseres Planeten verschont, frei und glücklich inmitten einer liebevollen Familie lebt. Wenn ich hier von meinen Kämpfen berichte, verschaffe ich mir die Hoffnung, meinem Leben einen Sinn zu geben und gegen den Tod zu kämpfen.

---

1 Auszug aus dem Papyrus Chester Beatty IX., British Museum, hg. V. Alan H. Gardiner, *Chester Beatty Gift*, London, British Museum, 1935, Bd. 1, S. 78–113.

Karl Marx war knapp fünfundsechzig Jahre alt, als er am frühen Nachmittag des 14. März 1883 in seiner bescheidenen Londoner Wohnung in der Maitland Park Road 41 friedlich starb. Auf dem Friedhof Highgate fand er seine letzte Ruhestätte.

Bis zum letzten Atemzug hat er geglaubt, dass das verdammte Paar des Herren und des Knechts und dessen Kampf um die Güter, die nicht ausreichten, um die Bedürfnisse aller zu befriedigen, die Menschheit noch jahrhundertelang begleiten würden, dass der Mensch auf lange Zeit in seiner »Vorgeschichte« gefangen bleibe und dass die von seinen Vorfahren, den Primaten, ererbten gewalttätigen Instinkte während dieser Periode das Verhalten der Menschen und ihre Beziehungen untereinander bestimmen würden. Dieser Pessimismus wurde übrigens von zahlreichen Intellektuellen geteilt, die ihm vorausgegangen waren – und ihn sicherlich beeinflusst hatten.

Wenn ich die Welt betrachte, wie sie ist – von den Folterkammern des Regimes des Baschar al-Assad in Syrien bis zum blutrünstigen Irrsinn der Dschihadisten in Europa, in Libyen und dem Irak, vom täglichen Massaker des Hungers bis zum maßlosen Zynismus und der ungerührten Arroganz jener Handvoll Menschen, die die wahren Herren der Welt sind –, kann ich Marx natürlich nicht widersprechen. Dennoch bin ich im tiefsten Inneren davon überzeugt, dass die Geschichte einen Sinn hat. Ich glaube an die fortschreitende Menschwerdung des Menschen. Im Laufe meines Lebens habe ich so viel Liebe erfahren, dass es mir unmöglich ist, nicht an das Werk Gottes zu glauben. Allerdings möchte ich hier nur festhalten, was mir offensichtlich erscheint: Wir sind nicht zufällig auf dieser Welt, und der Horizont unserer Geschichte ist das Glück aller.

Einige Tage vor seiner Ermordung im Café du Croissant, an der Ecke Rue Montmartre und Rue du Croissant in Paris am 31. Juli 1914, schrieb Jean Jaurès: »Der Weg ist gesäumt mit Leichen, aber er führt zur Gerechtigkeit.«

KAPITEL DREI

Die sanfte Gewalt der Vernunft

Die Überschrift dieses Kapitels stammt von Bertolt Brecht: »Ja, ich glaube an die sanfte Gewalt der Vernunft über die Menschen. Sie können ihr auf die Dauer nicht widerstehen. Kein Mensch kann lange zusehen, wie ich einen Stein fallen lasse und dazu sage: er fällt nicht. Dazu ist kein Mensch imstande. Die Verführung, die von einem Beweis ausgeht, ist zu groß. Ihr erliegen die meisten, auf die Dauer alle.«[1]

Die Vereinten Nationen verkörpern die sanfte Gewalt der Vernunft. Es ist gar nicht so einfach, die Vorzüge ihrer Prinzipien zu beschreiben.

Lassen Sie mich mit einem Paradox beginnen: 1941 hatten Franklin D. Roosevelt und Winston Churchill auf dem Kreuzer USS *Augusta* den Plan einer vernünftig gegliederten, mit schlüssigen Statuten versehenen und garantiert homogenen, weltumspannenden Organisation entworfen. Ihr Geist sollte in der Charta der Vereinten Nationen und der Allgemeinen Erklärung der Menschenrechte zum Ausdruck kommen. Tatsächlich aber gibt es in der UNO bis heute keine eindeutige Hierarchie, während ihre verschiedenen, häufig miteinander konkurrierenden Instanzen dafür anfällig sind, äußerst vielfäl-

---

1 Bertolt Brecht, »Das Leben des Galilei«, *Werke*, Bd. 5, Frankfurt 1988, S. 31.

tige und manchmal sogar widersprüchliche Strategien zu entwickeln.

Die UNO ist also keineswegs ein straff strukturiertes Gebilde, sondern ähnelt eher einer Galaxie, in der sich – neben der Zentralverwaltung – 23 Sonderorganisationen, Hochkommissariate, Agenturen, UNO-Fonds und -Programme tummeln. Die meisten dieser Instanzen sind administrativ unabhängig voneinander und verfügen über eigene Budgets.

Täglich sind Erfolge zu verzeichnen, die wir der multilateralen Diplomatie und damit der UNO verdanken. Egal, ob es sich um die großen Impfkampagnen der Weltgesundheitsorganisation (WHO) handelt, mit denen man die wichtigsten globalen Epidemien in den Griff bekommen hat, oder um internationale Arbeitsabkommen zum Schutz der Arbeitnehmer vor Ausbeutung – diese Erfolge sind das Ergebnis geduldiger, hartnäckiger und häufig im Verborgenen geleisteter Arbeit von Mitarbeitern der UN-Sonderorganisationen.

Die Arbeit, die mir zweifellos am meisten am Herzen liegt, ist jene des Welternährungsprogramms (*World Food Programme*, WFP). 2015 gelang es dank seiner, 91 Millionen Menschen weltweit mit Nahrung zu versorgen.

Der Auftrag des Welternährungsprogramms, wie ihn die Generalversammlung festgelegt hat, lautet: Es solle »Hunger und Armut in der Welt beseitigen, indem es auf dringende Notfälle reagiert und die wirtschaftliche und gesellschaftliche Entwicklung fördert. Insbesondere muss es die Säuglingssterblichkeit verringern, die Schwangerschaftsvorsorge verbessern und gegen den Mikronährstoffmangel kämpfen.«

Im Westsudan, im Norden von Kenia, in Somalia, Afghanistan und Westpakistan werden die Lastwagen des WFP (wie die der anderen Nothilfeorganisationen) immer wieder von bewaffneten Banden angegriffen. Die Ladungen werden geplündert, die Fahrzeuge in Brand gesteckt und die Fahrer gelegentlich ermordet. Alle Männer und Frauen im Dienst des WFP (des IKRK[1], der ACF[2], von Oxfam[3] oder anderen NGOs mit gleichen Aufgabenstellungen) verdienen unsere Hochachtung. Mit jeder Fahrt setzen sie ihr Leben aufs Spiel.

Das WFP ist eine äußerst weit verzweigte Organisation. Auf allen fünf Kontinenten unterhält es Soforthilfe-Depots (UN-Logistikzentren für humanitäre Hilfe). Wenn die Preise für Grundnahrungsmittel auf dem Weltmarkt niedrig sind, lagert das WFP Tausende von Tonnen an Vorräten ein.

Es verfügt über einen Fuhrpark von 5000 Lastwagen und beschäftigt nur handverlesene Fahrer.

Außerdem unterhält die Logistikdivision des WFP in Rom eine Luftflotte. Im Südsudan sind Hunderttausende hungernder Menschen weder auf dem Land- noch auf dem Wasserweg zu erreichen. Deshalb werden von Frachtflugzeugen Lebensmittelkisten an Fallschirmen abgeworfen. Diese Luftflotte des WFP erfreut sich in der UNO großer Beliebtheit. Zahlreiche Abteilungen nehmen sie in Anspruch, weil man ihren Flugzeugen große Zuverlässigkeit und ihren Piloten akrobatische Fähigkeiten attestiert.

Ich möchte hier meine Bewunderung für Daly Belgasmi zum Ausdruck bringen, einen tunesischen Biologen, der aus

---

1 Internationales Komitee vom Roten Kreuz, die älteste der modernen humanitären Organisationen, 1863 in Genf gegründet.

2 *Action contre la faim* (ACF International), anlässlich des Kriegs in Afghanistan 1979 von französischen Intellektuellen ins Leben gerufen; die deutsche Sektion heißt Aktion gegen den Hunger.

3 *Oxford Committee for Famine Relief*, 1942 in England gegründet, um den durch die deutsche Blockade hervorgerufenen Hunger zu lindern. Die Abkürzung stammt aus dem Jahr 1965.

Sidi Bouzid[1] stammte und dreißig Jahre lang einer der wichtigsten Leiter des Programms war. 2015 starb er, krank und erschöpft.

Daly war ein fröhlicher, ungewöhnlich vitaler Mensch mit einem tiefen Hass auf alle Not und, vielleicht noch ausgeprägter, auf die UN-Bürokratie.

Ich hatte versprochen, ihm das Skilaufen beizubringen. Dafür wollte er mich in der Kunst des Kamelreitens unterweisen. Ein paar Wochenenden in Grand-Bornand (Haute-Savoie) reichten Daly, um die Pisten wie ein Blitz hinabzuschießen. Mir hingegen ist es nie gelungen, ein Kamel auch nur zu besteigen.

Ich möchte hier von einem Ereignis berichten, von dem schon in dem Buch *Wir lassen sie verhungern*[2] die Rede war, weil es zeigt, mit welcher Furchtlosigkeit, politischen Intelligenz, aber auch Energie sich Daly Belgasmi für die Menschen einsetzte.

Im Jahr 2002 war er Exekutivdirektor in Islamabad. Eine Hungersnot wütete in Süd- und Zentralafghanistan. Zu Tausenden raffte sie Kinder, Frauen und Männer dahin. Damals traf Belgasmi eine kühne Entscheidung: Er stellte in Peschawar eine Kolonne von dreißig »27-Tonnern« des WFP zusammen, bis oben hin beladen mit Reis und Weizen, Milchpulverkisten und Wasserkanistern.

Dem amerikanischen Oberst, seinem üblichen Kontaktmann im operativen Hauptquartier in Kabul, schickte er folgende Nachricht: »Unsere Lastwagen fahren morgen früh um 7 Uhr vom Khyberpass kommend auf afghanisches Gebiet und nehmen die Straße nach Jalalabad. Bitte um Information an das

---

1 Von Sidi Bouzid ging am 17. Dezember 2010 die Revolution aus, die unter dem Namen Arabischer Frühling bekannt wurde.
2 Jean Ziegler, *Wir lassen sie verhungern*, a. a. O.

operative Einsatzkommando der Luftwaffe. Ich verlange für die Route, deren Koordinaten beigefügt sind, bis morgen Abend, bis zum Einbruch der Dunkelheit, einen absoluten Bombardierungsstopp.«

Bei Anbruch des bezeichneten Tages gab Belgasmi das Signal zum Aufbruch. Die Antwort des amerikanischen Obersts erreichte ihn erst jenseits von Torkham Gate, als sich die Kolonne schon auf afghanischem Territorium befand. Der Amerikaner forderte ihn auf, die Fahrt augenblicklich abzubrechen. Doch die Lastwagen des WFP setzten ihre Fahrt auf der kurvenreichen Straße vom Pass hinab nach Jalalabad fort. Daly Belgasmi saß in der Fahrerkabine des ersten Lastwagens.

Jahre später berichtete mir ein Kollege, der beim WFP arbeitete, von diesem Vorfall. Ich rief aus: »Aber Daly hätte dabei umkommen können!« Er erwiderte: »Sicher … aber was willst du, so war er nun mal, unser Daly!«

Gewiss, in meiner achtjährigen Tätigkeit als Sonderberichterstatter für das Recht auf Nahrung habe ich viele Augenblicke der Entmutigung und sogar der Verzweiflung erlebt, aber es gab auch Ereignisse, die mich stolz und glücklich machten.

Beispielsweise erinnere ich mich an einen Besuch in der Stadt Jessore in Bangladesch.[1] Mit lediglich 25 US-Cent pro Kopf gelang es dem WFP, täglich mehrere Hundert Schüler mit einer Schüssel voll Reis, Getreidebrei und Hülsenfrüchten zu ernähren. Das schüchterne Lächeln der Kinder, als wir uns kennenlernten, und ihre Freudenschreie, als die Lebensmittel eintrafen, werde ich nie vergessen.

Für 50 Dollar können die Mitarbeiter des WFP ein Kind ein ganzes Jahr lang ernähren.

---

1 Vgl. Jean Ziegler, *Wir lassen sie verhungern*, a. a. O.

Nach unserem Besuch in Jessore kämpften meine Assistenten Sally-Anne Way und Christophe Golay im Büro des Erziehungsministers in Dhaka wie die Löwen darum, dass die Schulspeisung während der Ferien nicht ausgesetzt wurde. Und sie hatten Erfolg.

Wie eine der Inseln aus Schwemmböden, ineinander verflochtenen Baumstämmen, Pflanzen und Blüten, die langsam kreisend den Kongofluss hinuntertreiben, ist die UNO im Laufe der Jahre durch Anlagerung unzähliger neuer Elemente stetig angewachsen. Dabei hat fast jede der verschiedenen Institutionen, die das Universum der Vereinten Nationen bilden, eine eigene Geschichte.

Die Internationale Arbeitsorganisation (*International Labour Organization*, ILO) wurde 1919 wie der Völkerbund im Rahmen des Versailler Vertrags gegründet. Beide Projekte werden in der Präambel des Vertrags genannt, weil ihre Gründer davon überzeugt waren, dass es für einen universellen und dauerhaften Frieden unbedingt erforderlich sei, die Lebensverhältnisse der arbeitenden Menschen zu verbessern und für soziale Gerechtigkeit zu sorgen.

Zu den Männern, die unmittelbar an der Gründung der ILO beteiligt waren, gehörten etliche französische Sozialisten, vielfach ehemalige Mitstreiter von Jean Jaurès, so der sozialistische Abgeordnete Albert Thomas, der während des Ersten Weltkriegs Minister für Rüstung und Kriegsproduktion war. Nach Gründung der ILO wurde er der erste Direktor des Internationalen Arbeitsbüros (*Bureau international du travail*, BIT) mit Sitz in Genf; oder auch der Wirtschaftswissenschaftler Edgard Milhaud, ehemaliger Sekretär von Jaurès, Professor an der Universität Genf, der 1925 zum Chef der Sektion des BIT ernannt wurde, das die

Aufgabe hatte, »die Beziehungen zwischen Wirtschaft und Problemen der Arbeitswelt zu untersuchen«.[1]

Jean Jaurès wurde am 31. Juli 1914, am Vorabend des Ersten Weltkriegs, in Paris ermordet. Sein Vermächtnis – internationale Solidarität und Kampf gegen soziale Ungerechtigkeit – hat dank des leidenschaftlichen Engagements von Albert Thomas, Edgard Milhaud und ihrer Genossen von der ILO überlebt.

Die ILO-Inspektoren reisen kreuz und quer über den Planeten, um die Einhaltung der 191 von den Mitgliedstaaten unterzeichneten internationalen ILO-Übereinkommen zu überprüfen – all diese Texte, in denen die Freiheit der Gewerkschaften, der Schutz von Gesundheit und Ruhezeiten der Arbeiter, die Anwendung von Arbeitsschutzvorschriften in Fabriken, Plantagen und Bergwerken garantiert werden. Dabei ist eine vordringliche Aufgabe dieser Inspektionen der Kampf gegen Kinderarbeit. Von den Plantagen in Kambodscha bis zu den Goldminen in Peru oder in Burkina Faso verdanken Hunderttausende von Kindern und Jugendlichen diesen Inspektoren ihre Freiheit und ihre Würde.

Wie erwähnt verfügen die 23 Sonderorganisationen fast alle über eine Generalversammlung und ein eigenes Budget. Ein zwischenstaatlicher Verwaltungsrat kontrolliert sie. Mit einer Ausnahme: Für die ILO ist ein Verwaltungsrat zuständig, in dem zu gleichen Teilen Gewerkschafter, Arbeitgeber und staatliche Repräsentanten vertreten sind.

Der Name »Hochkommissariat« bezeichnet eine besonders angesehene Institution.

Das einflussreiche UN-Hochkommissariat für Flüchtlinge (UNHCR), das gegenwärtig mehr als 60 Millionen Flüchtlingen

---

1 Vgl. Denis Guérin, *Albert Thomas au BIT, 1920–1932. De l'internationalisme à l'Europe*, Euryopa, Institut européen de l'Université de Genève, 1996. https://www.unige.ch/gsi/index.php/download-file/view/19/256/

67

und Vertriebenen Hilfe leistet, ist unmittelbar aus dem Völkerbund hervorgegangen. Ursprünglich hieß es *Centre d'aide aux réfugiés* (Zentralstelle für Flüchtlingshilfe) und war in das Generalsekretariat des Völkerbundes in Genf eingebunden.

Als die Nazis im Januar 1933 in Berlin an die Macht kamen, gehörte Deutschland zum Völkerbund.[1] Sobald Hitler Reichskanzler war, begann er Kommunisten, Sozialisten und Juden zu verfolgen.

Eines der Bücher, die mich in meiner Jugend am stärksten geprägt haben, war *Die Moorsoldaten* des bedeutenden kommunistischen Schauspielers und Regisseurs Wolfgang Langhoff. 1933 wurde Langhoff von einer Bande SS-Schergen in seinem Düsseldorfer Theater gekidnappt. Daraufhin verlor sich seine Spur im Lager Börgermoor.

Trotz Nazi-Herrschaft bewahrten einige Gesetze aus der Weimarer Republik Reste ihrer Geltung, sodass die alte Rechtsstaatlichkeit bis zu einem gewissen Punkt erhalten blieb. Beispielsweise konnten mehrere Zeitungen Wolfgang Langhoff betreffende Suchmeldungen veröffentlichen. Der Düsseldorfer Polizeipräsident war voller Mitleid für Langhoffs Familie, vermochte aber gegen die SS natürlich nichts auszurichten. Für die Opfer wurde die Situation in Deutschland immer unhaltbarer. Im Rahmen einer »Osteramnestie« wurde Langhoff nach dreizehn Monaten aus dem Lager Lichtenburg entlassen, in das man ihn verlegt hatte. Schon bald danach emigrierte er in die Schweiz, nach Zürich, wo er rasch eines der beliebtesten Ensemblemitglieder des Schauspielhauses wurde.[2]

---

1 Deutschland war dem Völkerbund 1926 beigetreten.
2 *Die Moorsoldaten. 13 Monate Konzentrationslager* sind 1935 in Zürich (Schweizer Spiegel Verlag) erschienen. 1945 ging Langhoff nach Berlin, wo er die Leitung des Deutschen Theaters übernahm.

Schon im Frühjahr 1933 mussten sich zahlreiche gefährdete Bürger dazu entschließen, Deutschland zu verlassen. Die Flüchtlingszentrale des Völkerbundes half ihnen zu fliehen und – oft mehr schlecht als recht – eine Bleibe in Europa oder Amerika zu finden.

Hitler schäumte vor Wut. Er verlangte vom Völkerbund, dass er seine Unterstützung der deutschen Flüchtlinge augenblicklich einstelle. Sir Eric Drummond, der junge schottische Generalsekretär des Völkerbunds, zauderte, schickte Abgesandte nach Berlin und versuchte, den Diktator zu besänftigen. Ohne Erfolg. Drummond, der den universellen Charakter des Völkerbundes unbedingt bewahren wollte, fand schließlich eine Lösung: Das Zentrum für Flüchtlingshilfe in Genf wurde aufgelöst.

Sechzig Kilometer von Genf entfernt, in Lausanne, gründete Drummond eine neue, offiziell vom Völkerbund unabhängige Organisation, das Hochkommissariat für Flüchtlinge. Hitler gab eine Zeit lang Ruhe. Doch als er herausfand, mit welchem Erfolg das Hochkommissariat Flüchtlinge ausschleuste, schützte und für ihre Aufnahme in anderen Ländern sorgte, verließ er erbost den Völkerbund.[1]

Heute sind nur zwei Instanzen der UNO Hochkommissariate: das Hochkommissariat für Flüchtlinge, wie erwähnt, und das Hochkommissariat für Menschenrechte. Letzteres hat aber weder ein eigenes Budget noch einen unabhängigen zwischenstaatlichen Verwaltungsrat. Tatsächlich liegt hier eine Art Etikettenschwindel vor. Administrativ ist es lediglich eine Abteilung des Generalsekretariats der UNO in New York.

---

1 Der Austritt aus dem Völkerbund (Oktober 1933) hing auch mit der Genfer Abrüstungskonferenz zusammen.

Schauen wir uns den Gang der Ereignisse etwas genauer an.

Während der sechs Jahre, in denen der Zweite Weltkrieg tobte, hatten die Menschen fast überall auf der Erde unvorstellbare Leiden erduldet und viele Millionen Tote zu beklagen. Doch bei der Gründungsversammlung der Vereinten Nationen in San Francisco im Juni 1945 konnten sich die Delegierten der zugelassenen Staaten[1] nicht auf die Liste der zu berücksichtigenden Rechte einigen. Deshalb beauftragte die Versammlung eine Kommission – unter einer französisch-amerikanischen Doppelspitze –, in drei Jahren eine Allgemeine Erklärung der Menschenrechte auszuarbeiten.

Welche Gründe hatte dieses Scheitern?

Den Delegierten der kommunistischen Staaten ging es vor allem um die wirtschaftlichen, sozialen und kulturellen Rechte, insbesondere um das Recht auf Nahrung, das wie folgt definiert wird: »Das Recht auf Nahrung ist das Recht, unmittelbar oder durch finanzielle Mittel einen regelmäßigen, dauerhaften und freien Zugang zu einer qualitativ und quantitativ ausreichenden Nahrung zu haben, die den kulturellen Traditionen des Volkes entspricht, dem der Verbraucher angehört, und die ein physisches und psychisches, individuelles und kollektives, befriedigendes und menschenwürdiges Leben ermöglicht, das frei ist von Angst.«

Diese Forderung löste in San Francisco eine wütende Debatte aus. Der britische Botschafter griff den Botschafter der Ukraine an (Stalin war es gelungen, die Aufnahme der Ukraine und Weißrusslands als »unabhängige Staaten« durchzusetzen, um den sowjetischen Einfluss in der Versammlung zu vergrößern):

---

1 Zugelassen waren die Staaten, die Deutschland und/oder Japan vor dem 8. Mai 1945, dem Datum der deutschen Kapitulation, den Krieg erklärt hatten.

»We don't want any well nourished slaves!« (»Wir wollen keine gut genährten Sklaven!«). Woraufhin der Ukrainer erwiderte: »Selbst freie Menschen können verhungern.«

Der Gegensatz zwischen dem Westen und der kommunistischen Welt erwies sich als unüberwindlich. Kein Kompromiss war möglich. Die Vertreter des Westens warfen den Kommunisten vor, die bürgerlichen und politischen Rechte zu torpedieren (Freiheit der Versammlung, der Meinung, des Gewissens, der Religion, der Selbstbestimmung usw.), um die Diktatur des Proletariats aufrechtzuerhalten und ihren Völkern jeglichen Zugang zur Demokratie zu verwehren. Die Kommunisten beschuldigten ihrerseits die kapitalistischen Mächte, die wirtschaftlichen, sozialen und kulturellen Rechte aus einem einfachen Grund zu blockieren: um soziale Gerechtigkeit zu verhindern.

Aus dieser Auseinandersetzung ging Stalin als Verlierer hervor. Die Allgemeine Erklärung der Menschenrechte, die am 10. Dezember 1948 im Palais de Chaillot in Paris verabschiedet wurde, deckt sich fast wörtlich mit den vorhergehenden Erklärungen, jener der amerikanischen Rebellen von 1776 und derjenigen der französischen Revolutionäre von 1789. Nur in einem einzigen Artikel werden die wirtschaftlichen, sozialen und kulturellen Rechte erwähnt – und dort auch nur ziemlich vage.

Im August 1991 brach die Sowjetunion zusammen. Die Gerontokraten im Kreml hatten den Völkern der UdSSR eine korrupte Polizeidiktatur aufgezwungen, die Lichtjahre von dem entfernt war, was Karl Marx gewollt und was im Kommunistischen Manifest von 1848 beschworen worden war. Im 38. Stock des UNO-Wolkenkratzers in New York residierte ab 1992 ein außergewöhnlicher Mann: Boutros Boutros-Ghali, ein brillanter französischsprachiger Intellektueller und ägyptischer Diplomat mit langjähriger ministerieller Erfahrung. Der scharfsinnige und hochgebildete Jurist erfasste die Situation sofort. In seiner Eigenschaft als Generalsekretär (1990–1996) entschloss er sich zu einem historischen Schritt, ohne die Generalversammlung oder den Sicherheitsrat einzuschalten.

1993 berief er in Wien die zweite Menschenrechtskonferenz seit der Pariser Generalversammlung von 1948 ein. Ihm ging es darum, die fünfzigjährige Vereisung der Beziehungen zwischen Ost und West zu beenden und die zivilen und politischen Rechte einerseits sowie die wirtschaftlichen, sozialen und kulturellen Rechte andererseits in einer einzigen, neuen Erklärung zu vereinigen.

In Wien legte Boutros-Ghali eine höchst bemerkenswerte Erklärung der Menschenrechte vor:

»Als Bezugssystem konstituieren die Menschenrechte die gemeinsame Sprache der Humanität, dank derer die Völker gleichzeitig die anderen verstehen und ihre eigene Geschichte schreiben können. Die Menschenrechte sind definitionsgemäß die letztgültige Norm aller Politik... Sie sind ihrem Wesen nach Rechte in Bewegung. Damit will ich sagen: Sie sprechen unwandelbare Gebote aus und bringen zugleich einen Augenblick des geschichtlichen Bewusstseins zum Ausdruck. Sie sind also zugleich absolut und situationsbedingt... Die Menschenrechte sind nicht der kleinste gemeinsame Nenner aller Nationen, sondern, ganz im Gegenteil, das, was ich den Wesenskern des Menschlichen nennen möchte, die Quintessenz der Werte, durch die wir gemeinsam bekunden, dass wir eine einzige menschliche Gemeinschaft sind.«[1]

---

1 Zitiert von Hervé Cassan, »La vie quotidienne à l'ONU du temps de Boutros Boutros-Ghali«, in *Mélanges offerts à M. Thierry*, Paris, Pédone, 1998, S. 8.

Lassen Sie mich in Anlehnung an Hegel hinzufügen, dass nach meiner Lebenserfahrung die Menschenrechte – die bürgerlichen und politischen wie die wirtschaftlichen, sozialen und kulturellen Rechte – das relativ Absolute, das konkret Universelle darstellen. Sie bilden tatsächlich den Horizont unserer Geschichte.

Doch ein Recht, das keine Macht hat, sich Geltung zu verschaffen, ist zum Dasein eines Phantoms verurteilt. Daher liegt die einzige Realität der Menschenrechte auf der internationalen Bühne in der Überzeugungskraft, die ihr zugeschrieben wird, und die hängt ihrerseits von der Glaubwürdigkeit derer ab, die die Menschenrechte verkünden.

Die Aufrichtigkeit, die Ernsthaftigkeit dessen, der spricht, sind von entscheidender Bedeutung.

Diese Glaubwürdigkeit besaß Boutros Boutros-Ghali. Der Resolutionsentwurf, den er den Repräsentanten von 171 Staaten unter dem Titel »Erklärung von Wien« in diesem historischen Moment vorlegte, wurde am 25. Juni 1993 verabschiedet. Seither gelten alle Menschenrechte (bürgerliche und politische; wirtschaftliche, soziale und kulturelle) als universell, unteilbar und abhängig voneinander.

In Wien blieben die Amerikaner, die nicht offen gegen Boutros-Ghali Partei ergreifen wollten, der Abstimmung fern. Bis heute weigern sie sich, die wirtschaftlichen, sozialen und kulturellen Rechte anzuerkennen – was besonders für das Recht auf Nahrung gilt.

Aber der Ägypter verzeichnete in Wien noch einen weiteren Sieg. Bis zu diesem Zeitpunkt hatte die UNO nur über ein einziges Menschenrechtszentrum verfügt – und zwar im Palais Wilson in Genf. Boutros-Ghali erhielt die Zustimmung der Konferenz zur Einrichtung einer neuen Instanz, des Hochkommissariats für Menschenrechte. Ein geschicktes Manöver:

Dadurch wurde das bescheidene Zentrum in Genf außerordentlich aufgewertet. Leider erwies sich diese Hochstufung als weitgehend fiktiv. Um die Amerikaner zu besänftigen, musste Boutros-Ghali schließlich akzeptieren, dass die neue Institution lediglich eine Abteilung des UN-Generalsekretariats wurde. Daher ist das Hochkommissariat für Menschenrechte eigentlich ein »falsches« Hochkommissariat – ohne die erforderliche administrative, politische und budgetäre Unabhängigkeit und einen eigenen Verwaltungsrat …

Die Beziehungen zwischen dem Hochkommissariat für Menschenrechte und dem Menschenrechtsrat sind kompliziert und konfliktträchtig. Vorrang hat der Rat, der, wie im vorigen Kapitel berichtet, eine doppelte Aufgabe hat: erstens, die Menschenrechtspolitik der 193 Mitgliedstaaten der UNO zu kontrollieren, und zweitens, Rechtsnormen aufzustellen, wenn es durch eine neue Situation notwendig wird.

Der Rat verfügt über eine Reihe von Sonderberichterstattern. Dreimal im Jahr tagt er jeweils drei Wochen lang (die außerordentlichen Sitzungen nicht mitgezählt).

Da das Hochkommissariat nur eine Abteilung des Generalsekretariats der UNO ist, hat es selbst keine Gesetzgebungskompetenz. Es unterstützt das Sekretariat des Rates, leistet den Sonderberichterstattern wissenschaftliche und administrative Hilfe, hat Büros auf allen fünf Kontinenten, unter anderem in Tunis, Amman, Bogota, Kathmandu, etc. berät nationale Menschenrechtskommissionen und vermittelt Militärs und Polizisten Grundkenntnisse in Menschenrechtsfragen. Außerdem berät es Opfer von Rechtsbrüchen und hilft ihnen, sich auf internationaler Ebene Recht zu verschaffen (*plaint procedures*).

Der Rat, der von einer großen Mehrheit von Staaten aus der Südhemisphäre dominiert wird, wirft dem Hochkommissariat häufig vor, in erster Linie die Politik der westlichen Staaten zu vertreten, da sie aufgrund ihrer »freiwilligen Beiträge« die Hauptgeldgeber sind. Vergessen wir nicht, dass nur 40 Prozent des Finanzbedarfs des Hochkommissariats vom normalen UNO-Budget abgedeckt sind.

Am 16. Februar 2016 starb Boutros Boutros-Ghali in Kairo. Ich gedenke seiner mit großer Zuneigung.

Unter der Präsidentschaft von Marschall Abd al-Fattah al-Sisi befindet sich Ägypten heute, von Korruption und Willkür gepeinigt, in einem Zustand fortschreitenden Verfalls. Jedes Jahr foltert al-Sisis Polizei Zehntausende von Demokraten, Studenten, Gewerkschaftern – Männer und Frauen. Andere werden auf offener Straße verhaftet und verschwinden spurlos.

Beduinendörfer, die der Dissidenz verdächtigt werden, lässt Al-Sisi mit Napalm bombardieren. Die Grenze bei Rafah, zwischen dem Getto von Gaza und der Sinai-Halbinsel, hält er geschlossen und trägt damit zu den körperlichen Leiden und der Verzweiflung von 1,8 Millionen Palästinensern bei, die seit 2006 der Wirtschaftsblockade Israels unterworfen sind.

Die Beziehungen zwischen der Diktatur von al-Sisi und dem Menschenrechtsrat könnten schlechter nicht sein. Frej Fenniche, dem unverdrossenen Direktor der Abteilung »Arabische Staaten« des Hochkommissariats, ist jede List recht, den Dialog mit der Regierung in Kairo, so spärlich er auch sein mag, aufrechtzuerhalten. Denn Abd al-Fattah al-Sisi ist der Prototyp des stumpfsinnigen, grausamen, zynischen und verlogenen Militärdiktators – und als solcher ein nützliches Werkzeug des Westens.

Die Heuchelei der westlichen Staaten, besonders Frankreichs, in Bezug auf seine Person ist höchst beeindruckend. Anlässlich seiner Reise nach Kairo am 17. April 2016 hat François

Hollande die »besondere Beziehung« hervorgehoben, die Ägypten und Frankreich verbinde.[1] Bei dieser Gelegenheit wurden achtzehn Verträge unterzeichnet, die im Wesentlichen Waffenlieferungen betrafen.

Boutros Boutros-Ghali hat sein Leben lang das andere Ägypten repräsentiert – das stolze, tolerante und das zutiefst zivilisierte Ägypten. Lea, die Liebe seines Lebens, stammt aus einer in Alexandria ansässigen jüdischen Familie, er selbst aus einer Familie koptischer Christen. Sein Großvater, Boutros Pascha Nerous Ghali, war ein überzeugter Nationalist. Als Premierminister unter osmanischer Herrschaft wurde er 1910 von einem britischen Agenten ermordet.[2] Boutros junior hat seinen Doktor in internationalem Recht an der Sorbonne gemacht. Er liebte Frankreich.

Boutros war der erste Generalsekretär der UNO, der auf dem afrikanischen Kontinent geboren wurde.

Ich erinnere mich an seine häufigen Reisen nach Genf. Schwer bewaffnete Beamte der Kantonspolizei empfingen ihn, von UN-Wachsoldaten begleitet, am interkontinentalen Flughafen Genf-Cointrin. Den Haupteingang des Palais des Nations meidend, hielt die Armada schwarzer Limousinen vor dem Kücheneingang im Erdgeschoss des Mittelflügels, nicht weit von dem Ort entfernt, an dem sich die Mülltonnen stapeln.

Gelegentlich sagte Boutros-Ghali lächelnd zu mir: »Sie Glücklicher, Sie dürfen den Palast durch das große Tor betreten!«

Als Außenminister hatte Boutros-Ghali 1977 den Präsidenten

---

1 Hélène Saillon, »Hollande et Sissi soignent leur ›relation spéciale‹«, *Le Monde*, 20. April 2016.

2 Nach dem Zusammenbruch des Osmanischen Reichs wurde Ägypten 1922 unabhängig, blieb aber unter britischer Kontrolle, bis die Monarchie 1952 von Nasser und seinen Freien Offizieren gestürzt wurde.

Anwar al-Sadat auf die damals sehr überraschende Reise nach Jerusalem begleitet. Es gibt Gerüchte, nach denen Boutros-Ghali sogar die Versöhnungsrede des ägyptischen Präsidenten vor der Knesset geschrieben hat …

Am 6. Oktober 1981 wurde Sadat bei einer Militärparade in Kairo von Dschihadisten ermordet. Sie schworen, auch Boutros-Ghali umzubringen.

In Genf hatte der Generalsekretär einen engen Freund und Vertrauten in Georges Abi-Saab, einem angesehenen Professor für Völkerrecht an der Genfer Universität. In der schönen Villa von Abi-Saab und seiner Frau Rosemarie in Montreux fanden Abendgesellschaften statt, auf denen leidenschaftlich diskutiert und debattiert wurde. Gelegentlich nahmen Erica und ich daran teil. Boutros-Ghali war unglaublich gebildet, aber auch außerordentlich humorvoll und ironisch. Sein bescheidenes Auftreten ließ keinerlei Befangenheit aufkommen. Er war schlank und schmal und trug eine unverhältnismäßig große Brille, die seine freundlichen braunen Augen gut zur Geltung kommen ließ. Seine Darlegungen im kleinen Kreis waren intellektuelle Feuerwerke.

1996 fiel die israelische Armee im Südlibanon ein. In dem biblischen Ort Kana[1] war ein Posten der UNIFIL, der UN-Blauhelmtruppe im Libanon, eingerichtet. Israelische Kampfflugzeuge bombardierten die Dörfer. Daraufhin flohen mehrere Hundert Bauernfamilien nach Kana. Die israelische Artillerie nahm die Ortschaft unter Beschuss. Sie tötete und verstümmelte mehr als hundert Männer, Kinder und Frauen.

Boutros-Ghali setzte eine internationale Untersuchungskom-

---

1 Wo nach dem Johannesevangelium das erste der sieben Wunder oder »Zeichen« Jesu stattfand.

mission unter Leitung eines niederländischen Generals ein. Die amerikanische Außenministerin Madeleine Albright verlangte die Auflösung der Kommission. Boutros weigerte sich.

Generalsekretäre bekleiden ihren Posten gewöhnlich während zweier jeweils fünfjähriger Amtszeiten. Ende 1996 setzte die Regierung Clinton die Ablösung des widerspenstigen Boutros-Ghali durch, als dessen erste Amtszeit zu Ende ging.

Die Geburt mancher Planeten der Galaxie UNO ist dem Zufall zu verdanken. Das gilt zum Beispiel für den Internationalen Fonds für landwirtschaftliche Entwicklung (*International Fund for Agricultural Development*, IFAD). Genauso wie für die Ernährungs- und Landwirtschaftsorganisation der Vereinten Nationen (*Food and Agriculture Organization of the United Nations*, FAO) ist ihr Sitz in Rom. Ihre besondere Aufgabe: Kleinbauern (Landwirten, die weniger als zwei Hektar bebauen) dabei zu helfen, ihre ausgelaugten Böden zu sanieren, für Biodiversität zu sorgen, die Produktion zu steigern und die Bewässerung zu überwachen. Lange Zeit wurde die FAO von Idriss Jazairy geleitet, einem bemerkenswerten algerischen Botschafter, der vom Emir Abd el-Kader abstammt.

Im Oktober 1973, zur Zeit des jüdischen Fastenfestes Jom Kippur, überquerte die ägyptische Armee den Suezkanal und rückte bis zu den Hügeln im Zentrum der Sinai-Halbinsel vor. Die israelischen Besatzer wurden überrascht. Doch sie brauchten nicht lange, um die Gegenoffensive zu organisieren. Die war vernichtend. Die Panzer von Ariel Sharon überquerten ihrerseits den Kanal und rollten auf der großen Wüstenstraße auf Kairo zu. Daraufhin stoppte Henry Kissinger die Kolonne bei Kilometer 110 im Norden Kairos und ordnete einen Waffenstillstand an.

Während der folgenden Verhandlungen schlug Kissinger den

arabischen Staaten – vor allem den Golfstaaten – den folgenden Handel vor: »Ich rette Kairo, seine Al-Azhar-Universität, sein glanzvolles Image in der Welt, aber ihr kommt jetzt den Kleinbauern in Afrika zu Hilfe.« Saudi-Arabien und die Emirate spendierten einige Hundert Millionen Dollar. Das Projekt war sicherlich nicht frei von strategischen Überlegungen: Einfluss ausüben und die Marktwirtschaft in Afrika stärken, das noch weitgehend von der Kooperation mit dem Ostblock und China abhängig war. Aber die IFAD war geboren!

Andere Organisationen, die aus dem UNO-Universum hervorgegangen sind, haben eher technische Aufgaben, wenn auch bedeutsam für viele weltweite Abläufe. So verteilt die Internationale Fernmeldeunion (*International Telecommunication Union*, ITU) die Frequenzen für Fernsehen und Rundfunk, regelt die vielfältigen Probleme des Internets, des Fernsprechwesens und aller anderen Instrumente der digitalen Telekommunikation. Der Sitz der Organisation ist Genf.

WIPO ist die Abkürzung für *World Intellectual Property Organization* (Weltorganisation für geistiges Eigentum). Ihre Vertreter sorgen für den Schutz des geistigen Eigentums in all seinen Erscheinungsformen: Sie wachen über die Rechte der Urheber von literarischen und künstlerischen Werken, der Inhaber von Patenten, von Marken, von gewerblichen Mustern und Modellen, und sie sind zuständig für die außergerichtliche Einigung bei Streitfällen, die geistiges Eigentum oder technologische Entwicklungen betreffen. Die WIPO ist die bei Weitem reichste Institution im Universum der multilateralen Diplomatie, denn sie erhebt (beträchtliche) Steuern auf jedes der von ihr registrierten Patente. Majestätisch beherrscht ihr blau verglaster Sitz die Place des Nations in Genf.

Ein Stück weiter, an der Ecke Avenue de la Paix und Rue de Lausanne, erhebt sich ein weiterer moderner Bau mit bläulichen Glasfronten, der Sitz der Welt-Meteorologie-Anstalt (*World Meteorological Organization*, WMO). In der Eingangshalle befindet sich eine Dauerausstellung mit Fotografien, bei deren Anblick mir jedes Mal der Atem stockt: riesige Feuersäulen, die sich quer über den Himmel erstrecken, zehn Meter hohe Tsunamiwellen, die Küstenstädte überrollen, Stürme, die sich am Himmel zusammenbrauen, Orkane, die ihre zerstörerischen Gewalten zu Lande und zu Wasser entfesseln. Bestürzende Fotostrecken dokumentieren die Spuren der Vernichtung, welche Zyklonwirbel in den Tropen hinterlassen.

Wahrscheinlich haben mir die Mitarbeiter der WMO das Leben gerettet.

Es war ein wolkiger, heißer Tag Anfang November 2007 auf Kuba. Meine Mitarbeiter und ich hatten in der Provinz Las Tunas im Osten des Landes landwirtschaftliche Genossenschaften und Staatsgüter besichtigt. Wir hatten den nächstgelegenen Flugplatz in Holguín aufgesucht, um nach Havanna zurückzukehren.

Am Nachmittag kündigte sich der Sturm an. Der Wind wurde immer heftiger. Tief beugte er die Königspalmen, die das Flugfeld säumten. Der Himmel war schwarz. In den Ortschaften ringsum liefen die Menschen durch die Straßen, um möglichst rasch in ihre Häuser zu gelangen – und vermutlich ihre Fenster mit Brettern zu vernageln.

Ich hatte Angst. Immer stärkere Angst. Meine Mitarbeiter genauso. Alle suchten wir Schutz in einer Flugzeughalle am Fuß des Kontrollturms. Der Pilot der vor dem Hangar abgestellten zehnsitzigen Piper, ein mürrischer, schnurrbärtiger Mensch, war von olympischer Ruhe und trug sogar eine gewisse Herablassung zur Schau.

Die Piloten der *Cubana de Aviación* sind hartgesottene Burschen. Die Besorgnis, ja, selbst die Panik ihrer Passagiere lässt sie vollkommen kalt. »Wir starten pünktlich … Ich kenne die Route … *Los Nortes*, die Winde … Keine Sorge.«

Selbst die beiden Genossen vom Protokolldienst, die uns begleiteten, vermochten nichts auszurichten. Sie versuchten zu protestieren, verstummten aber, als der Schnurrbärtige sie anschnauzte. Das Heulen des Sturms wurde ohrenbetäubend, die Blätter der Palmen berührten jetzt fast den Boden. Streifen ockerfarbener Wolken überzogen den Himmel.

Plötzlich geschah das Wunder. Vom Turm stieg der Telegrafist herab und rief dem Piloten zu: »Nachricht aus Havanna, Meldung vom Karibikbüro der WMO … Jede Minute ist mit einem Orkan der Stärke 1 zu rechnen … kommt vom Meer … von Osten. Alle Maschinen haben auf dem nächstgelegenen Flugplatz zu landen.«

Wir brachen in lauten Jubel aus und priesen die Meteorologen des karibischen WMO-Büros. Am übernächsten Tag begaben wir uns mit einem Jeep auf die siebzehnstündige Fahrt nach Havanna. An zahlreichen Stellen blockierten die Verwüstungen des Sturms die Straße.

Aber kehren wir zurück zu den Menschenrechten und der sanften Gewalt der Vernunft, die ihnen Respekt und Realität verschaffen soll.

Fünfzehn Mal werden die Menschenrechte in der Charta der Vereinten Nationen erwähnt, aber nicht ein einziges Mal in Kapitel VII, in dem die Zwangsmaßnahmen aufgezählt werden, zu denen die UNO berechtigt ist (militärisches Vorgehen, Wirtschaftssanktionen usw.). Das hat einen einfachen Grund: Die Menschenrechte können nicht mit Gewalt durchgesetzt werden.

Es gibt auch keinen internationalen Gerichtshof, vor dem die Opfer von Menschenrechtsverletzungen klagen und Schadenersatzforderungen stellen könnten.

Folglich lassen sich die Menschenrechte nur durch Überzeugungsarbeit voranbringen. Gewiss, die Generalversammlung und der Sicherheitsrat haben seit 1945 in Menschenrechtsfragen Dutzende und Aberdutzende mit Zwangsmaßnahmen bewehrte Resolutionen verabschiedet. Auch der Menschenrechtsrat verabschiedet auf jeder seiner Sitzungen Resolutionen, doch im Gegensatz zum Sicherheitsrat bleibt ihm – es sei noch einmal gesagt – zur Umsetzung seiner Beschlüsse nur die Überzeugungskraft.

Folgt daraus, dass eine Resolution des Menschenrechtsrats nur eine rhetorische Figur ist? Dass der Rat nur ein Debattierclub ist, in dem sich mehr oder minder gefällig formulierende Redner auseinandersetzen und ihre Argumente austauschen?

Natürlich nicht.

Um die Wirksamkeit einer Menschenrechtsresolution zu bezeichnen, verwenden die Angelsachsen einen fast unübersetzbaren Begriff: »*Naming and shaming*«. Die Resolution benennt das Verbrechen und stellt den oder die Täter öffentlich bloß.

Jean-Paul Sartre schreibt: Ein schlechtes Gewissen ist ein lebendiger Feind.

Höchst treffend hat der palästinensische Dichter Mahmoud Darwich gesagt: »Ich wehre mich gegen die brutale Wirklichkeit, indem ich auf ihrem Gegenteil bestehe.«[1]

Der Menschenrechtsrat ist die einzige Instanz der UNO, in der sich die Zivilgesellschaft neben den Mitgliedstaaten zu Wort melden darf. In New York gibt es ein spezielles Verfahren

---

1 *Poèmes*, Arles, Actes Sud, 2016.

(»Status B«), bei dem ein Komitee der UNO die Zusammensetzung, den Ursprung und die Kompetenz der betreffenden NGOs – oder sozialen und religiösen Organisationen – überprüft und dann entscheidet, ob ihnen Zugang zum Beratungssaal zu gewähren ist oder nicht.

Auch auf diesem Gebiet hat die Korruption verheerend gewütet. Bestimmte Staaten stampfen nach Belieben sogenannte »Gongos« *(Government Organized Nongovernmental Organizations)* aus dem Boden, das heißt, staatlich gelenkte und finanzierte »Nichtregierungsorganisationen«, die den betreffenden Ländern dazu dienen, ihre Verbrechen zu maskieren. Ein Beispiel: Seit den neunziger Jahren verfolgt die Volksrepublik China eine religiöse Bewegung namens *Falun Gong*[1] und hat seit 2012 Tausende ihrer Mitglieder hinrichten oder zu Tode foltern lassen. Westliche NGOs, der (beim Rat akkreditierte) Apostolische Nuntius und der Ökumenische Rat der Kirchen haben diese Verbrechen vor den Menschenrechtsrat gebracht. Woraufhin plötzlich chinesische NGOs wie Pilze aus dem Boden schossen – »Chinesische Bewegung für die Freiheit der Religion«, »Liga für Meinungsfreiheit in China« und so fort –, die alle den Status B erworben hatten und nun im Rat bezeugten, dass in China absolute »Religionsfreiheit« herrsche.

Ein anderes Beispiel: Der Rat ist einem Kontrollverfahren unterworfen, das als Allgemeine Überprüfung bezeichnet wird. Im Abstand von fünf Jahren müssen sich alle Mitgliedstaaten der UNO einer sogenannten *Peer Review* stellen – einer Überprüfung durch Gleichrangige. Aus diesem Grund haben ein paar Schlaumeier in Genf käufliche NGOs gegründet, die den Status B

---

1 Falun Gong ist eine Disziplin des Qi Gong, die langsame Gymnastikübungen und Meditation mit einer Moralphilosophie verbindet, die sich an den Prinzipien von Wahrheit, Mitgefühl und Toleranz orientiert.

genießen. Diese bieten ihre Dienste korrupten und verkommenen Staaten gegen klingende Münze an. Betrachten wir einen Fall jüngeren Datums: Bei der Allgemeinen Überprüfung Saudi-Arabiens sind solche NGO-Söldner vor dem Menschenrechtsrat erschienen, um zu beteuern, dass Hinrichtungen, gerichtlich verfügte Verstümmelungen, Auspeitschungen und Erniedrigungen von Frauen lauter rechtmäßige, vom Koran »vorgeschriebene« Maßnahmen seien.

Noch ein Wort zur Wirksamkeit der vom Rat verabschiedeten Resolutionen. Ein kollektives Bewusstsein wird im Angesicht eines Verbrechens zu einer Kraft, die eine Unruhe auslösen und einen gewissen Druck auf die staatlichen Gewalten ausüben kann. Die öffentliche Meinung wird mobilisiert, Bürgerbewegungen stellen ihrer Regierung unbequeme Fragen.

Daraufhin beginnen auch Journalisten Fragen zu stellen.

Reicht das? Sicherlich nicht. Daher müssen noch andere Mechanismen wirksam werden, um Resolutionen mit Leben zu erfüllen.

Wenn ein Staat ein neues Mitglied der Vereinten Nationen wird, muss er sowohl die Charta wie die Allgemeine Erklärung unterzeichnen.

Aber neben den Gründungsdokumenten gibt es noch eine Vielzahl von Übereinkommen, die kein statuarisches Recht, sondern vertragsmäßiges Recht schaffen. Diese Unterscheidung verlangt eine Erklärung. Die in der Erklärung niedergelegten Normen müssen von allen Staaten befolgt werden, die durch Übereinkommen definierten Rechte nur von den Signatarstaaten.

Betrachten wir einige Beispiele: Das Übereinkommen gegen Folter und andere grausame, unmenschliche oder erniedrigende Behandlung, das Übereinkommen gegen das Verschwindenlassen von Personen, das Übereinkommen über die Rechte des Kindes, das Übereinkommens zur Beseitigung aller Formen von Diskriminierung der Frau – jedes solche Abkommen wird von einem Expertenausschuss überwacht. Alle fünf Jahre müssen die Repräsentanten der Signatarstaaten Rechenschaft über die Maßnahmen ablegen, die sie getroffen haben, um die aus den Übereinkommen erwachsenden Verpflichtungen zu erfüllen. Die Ausschüsse, die mit namhaften internationalen Experten besetzt sind (18 pro Übereinkommen), unterziehen die von den einzelnen Staaten vorgelegten Berichte einer kritischen, häufig strengen Prüfung.

Die zivilgesellschaftlichen Bewegungen der betreffenden Länder können dem Expertenausschuss einen anderslautenden oder gegensätzlichen Bericht vorlegen. Der Expertenausschuss akzeptiert den Regierungsbericht oder lehnt ihn ab, verlangt weitergehende Informationen oder unterbreitet verbindliche Vorschläge. Er handelt wie ein Staatsanwalt oder ein Untersuchungsrichter. Seine Urteile werden im Internet veröffentlicht. Außerdem enthalten die meisten Übereinkünfte noch sogenannte »Zusatzprotokolle«, die den Eltern der Opfer oder den Opfern selbst das Recht einräumen, wegen der Verletzung des einen oder anderen Artikels Klage zu erheben.

Einige Expertenausschüsse verfügen über eigene Ermittler. Das gilt besonders für den Kampf gegen die Folter. Die Abgesandten dieses Expertenausschusses haben das Recht, Untersuchungsgefängnisse, Haftanstalten und Polizeistationen zu besichtigen sowie Zeugenaussagen von Gefangenen und ihren Angehörigen zu sammeln.

Neben den Expertenausschüssen und ihren Ermittlern gibt es noch eine weitere besondere Instanz: die Arbeitsgruppe zur Problematik der willkürlichen Verhaftung. Trotz ihres spröden

Namens ist sie außerordentlich wirkungsvoll. Lange Zeit wurde sie von Louis Joinet geleitet, einem ungewöhnlich mutigen Juristen, der früher Generalstaatsanwalt des Pariser Kassationsgerichtshofs war. Hunderte von »vergessenen« Gefangenen haben Louis Joinet und seine Kollegen und Kolleginnen unter anderem aus iranischen, honduranischen, kamerunischen und tschetschenischen Kerkern befreit.

Doch die wirksamste Sanktion, die durch die sanfte Gewalt der Vernunft ausgeübt wird, ist weder juristisch noch politisch, sondern finanziell. Häufig herrschen die kriminellsten Regime über die ärmsten Länder. Um zu überleben, sind diese Regime auf Kredite der Weltbank angewiesen, und, was ihre Auslandsschulden betrifft, auf das Wohlwollen des Internationalen Währungsfonds (IWF). In der Vergangenheit habe ich diese beiden mächtigen Institutionen äußerst kritisch beurteilt, weil sie im Sold der Oligarchien des globalisierten Finanzkapitals stehen. Doch ich muss zugeben, dass es einen Hoffnungsschimmer am Horizont gibt.

Die Statuten der beiden Institutionen verbieten es, die Kreditvergabe an irgendwelche Bedingungen zu knüpfen. Sie gewähren oder verweigern Kredite ausschließlich nach banküblichen Kriterien (Kreditwürdigkeit des Kandidaten, Zustand seiner Volkswirtschaft usw.). Doch ich meine, ein gewisses Beben zu verspüren. Langsam, ganz allmählich, wird in den beiden Gebäuden aus Beton und Glas in der Washingtoner H-Street-Northwest 1818 eine veränderte Einstellung erkennbar. Immer häufiger berücksichtigt die Führungsspitze bei der Kreditvergabe die Frage, inwieweit ihre potenziellen Klienten die Menschenrechte respektieren oder verletzen.

Weitgehend ist diese Veränderung dem neuen Führungsstil und den moralischen Grundsätzen von Michel Camdessus zu verdanken, einem außergewöhnlichen Mann, der den IWF dreizehn Jahre lang geleitet hat. In seinem höchst lesenswerten Buch *La scène de ce drame est le monde*[1] berichtet der renommierte Bankier und gläubige Christ Camdessus von den Veränderungen, die er auf den Weg gebracht hat.

Die Ausarbeitung einer Resolution durch den Menschenrechtsrat ist ein langer und schwieriger Prozess. Der Entschließungsausschuss tritt zu Beginn der Sitzungsperiode zusammen und tagt mehrfach während der drei folgenden Wochen.

Im Allgemeinen sind die Verhandlungen hinter verschlossenen Türen zäh und mühsam. Es kommt zu harten Auseinandersetzungen zwischen den Diplomaten. Änderungsanträge, Unterbrechungen, Einigungen lösen einander ab.

Genf ist ein besonderes Universum. Die Stadt ist klein, hat nicht mehr als 187 000 Einwohner. Der Palais des Nations ist ein Ameisenhaufen. In Restaurants, Hotels und Bars trifft man sich, vor neugierigen Blicken geschützt, zu diskreten Gesprächen. Beispielsweise ist die Bar du Serpent und ihre Terrasse im Erdgeschoss des Palais des Nations, mit Blick auf den schönen Park, in dem Pfauen gelassen umherspazieren, ein Brennpunkt informeller Verhandlungen. Jeder kennt jeden, aber nicht alle sprechen miteinander. Beispielsweise haben die amerikanischen Botschafter, die unter der Regierung Bush ernannt wurden, außerhalb der offiziellen Sitzungen nie ein Wort an mich gerichtet!

Eines Abends im März 2016 – es war die letzte Woche der 31. Sitzungsperiode des Menschenrechtsrats – sprach mich der palästinensische Botschafter Ibrahim Kraishi in der Bar du Serpent an:

---

1 Michel Camdessus, *La scène de ce drame est le monde*, Paris, Les Arènes, 2015.

»*Professor, I need your help*… Die Schweizer wollen nicht für unsere Resolution über die israelischen und ausländischen Gesellschaften stimmen, die in den israelischen Kolonien der besetzten Gebiete arbeiten. *Please*, Sprechen Sie mit ihnen.«[1]

Kurze Zeit später begegnete ich Barbara Fontana, der Leiterin der Sektion Menschenrechte an der Schweizer Vertretung, im Flur. Ich sagte:

»Offenbar wollt Ihr nicht für die palästinensische Resolution stimmen? …Die sind verrückt in Bern… Sogar die Europäische Union unterstützt den Text von Kraishi. Ihr werdet euch die ganze Dritte Welt zum Feind machen!«

Barbara Fontana ist eine junge Frau, die wegen ihrer Fähigkeiten und absoluten Eigenständigkeit allgemein geschätzt wird. Der Mann, der in der Lage wäre, ihr zu sagen, was sie zu tun und zu lassen hat, ist noch nicht geboren. Sie hat ihren eigenen Kopf, und so fuhr sie mir über den Mund: »Was mischst du dich ein? Bern hat seine Gründe… Kümmere dich um deinen eigenen Kram!«

Am 23. März 2016 stimmte der Schweizer Botschafter im Menschenrechtsrat für die palästinensische Resolution. In Bern musste ein Wunder geschehen sein!

Ich bin zwar eitel, aber doch nicht so sehr, dass ich mir einbildete, der Schweiz vorschreiben zu können, wie sie stimmen soll. Im Übrigen habe ich als Vizepräsident des Beratenden Ausschusses die Erfahrung gemacht, dass meine Vermittlungsversuche in der Regel scheitern. Ein einfaches Beispiel:

Zwei Jahre lang hatte sich die Schweiz um die Ausarbeitung einer Resolution bemüht, die von den Staaten die Zusage verlangte, die physische Unversehrtheit der Teilnehmer an fried-

---

1 Zu dieser Resolution vgl. S. 139 f.

lichen Demonstrationen zu garantieren. Von Kinshasa bis Dhaka und von Riad bis Ulan Bator werden Demonstranten von der Polizei zusammengeknüppelt, wenn sie eines der grundlegenden Menschenrechte ausüben, das Recht auf Versammlung und friedlichen Protest. In manchen Hauptstädten wie Kairo oder Tegucigalpa (Honduras) kommt es auch vor, dass solche Demonstranten einfach getötet werden.

Die Schweizer Diplomaten hofften, eine einstimmige Verabschiedung zu erreichen, was ihrer Resolution besonderen Nachdruck verliehen hätte.

Im September 2015, in einer Nachtsitzung der dreißigsten Session, stand ich an die Hinterwand des großen Saals gelehnt. Unauffällig stellte sich Barbara Fontana neben mich. Ziemlich ungehalten flüsterte sie mir zu: »Deine venezolanischen Kumpane sabotieren unsere Resolution … Sie wollen sich nicht nur der Stimme enthalten, sondern die Resolution auch im Plenum bekämpfen. Ich wäre dir sehr verbunden, wenn du mit ihnen reden würdest.«

Am nächsten Tag rief ich in der Vertretung der Bolivarischen Republik Venezuela im Chemin François-Lehmann in Genf an. Der junge Botschaftsrat Edgardo Toro Carreño, zu dessen Aufgabenbereich die Menschenrechte gehörten, meldete sich augenblicklich: »*Hola, compañero! ¿ Qué tal?*

Ich nannte Fontanas Begehren und fügte meine persönlichen Argumente hinzu: Gerade seien militante Umweltschützer in Honduras von der Polizei niedergeschossen worden. Auf offener Straße. In Kairo hätten Anti-Aufruhr-Einheiten ein Dutzend Studenten ermordet. Es gelte, möglichst rasch eine Norm zu entwickeln, die für die Sicherheit, den Schutz und das Leben von Demonstranten sorge.

Edgardo ist ein junger, fröhlicher Diplomat, sehr temperamentvoll und intelligent. Er ist ein glühender Vertreter der bolivarischen Revolution. Die Antwort kam wie aus der Pistole geschossen: »*Compañero*, wir überdenken gar nichts! Meine Anweisungen aus Caracas sind eindeutig. Wir haben die Faschisten im Land. Nicolás Maduro ist unser demokratisch gewählter Präsident… Henrique Capriles erkennt diese Wahl nicht an. Er schickt lieber seine Schläger auf die Straße – fast täglich. Er will Chaos schaffen. Angeblich sind seine Gefolgsleute friedlich, aber wir wissen es besser, viele seiner Schläger sind bewaffnet. Wir werden nicht nur nicht für diese Resolution stimmen, wir werden sie auch bekämpfen. Wir mobilisieren unsere Freunde. Sie kommt niemals durch!«

Nach einer stürmischen Debatte wurde die Schweizer Resolution zwar angenommen, aber gegen den Widerstand eines großen Teils des Plenums. Was ihre Bedeutung beträchtlich schmälerte.

Mein Vermittlungsversuch war gescheitert.

Auf Einladung von Audrey Pulvar sollte ich am 20. April 2016 in der Sendung »18 H politique« des französischen Nachrichtensenders I-Télé über meine Arbeit bei der UNO berichten. Audrey Pulvar ist eine schöne und intelligente Frau mit vernünftigen Ansichten. Doch plötzlich hatte ich den Eindruck, dass sie die Fassung völlig verloren hatte.

»Wie können Sie, der sich immer gegen solche Instanzen empört hat, einen Sitz in ihnen annehmen? Wie können Sie, der so leidenschaftlich gegen Banken und Ungerechtigkeit gekämpft hat, in Gremien sitzen, denen so verabscheuungswürdige Regime wie etwa Saudi-Arabien angehören?«

Seine Exzellenz Faisal bin Hassan Trad, der saudische Botschafter, spielt eine wichtige Rolle im Menschenrechtsrat. Seine Regierung praktiziert die Scharia, das heißt, sie lässt Dissidenten bis aufs Blut auspeitschen, foltert ihre Kritiker zu Tode, erniedrigt Frauen und lässt Personen die Hände abschlagen, die des Diebstahls verdächtigt werden.

Dabei wird Saudi-Arabien von Frankreich geschützt, das ihm 2016 für 15 Milliarden Euro Bomber, Raketen und Geschütze liefert, die Riad dazu verwendet, Männer, Frauen und Kinder im Jemen und in Bahrain zu töten.

Bei den Sitzungen des Beratenden Ausschusses des Menschenrechtsrats sitzt der Chinese Zhang Yishan neben mir, ein Mann, der sehr charmant, höflich und humorvoll ist. Zuvor war er Botschafter Chinas im Sicherheitsrat. Als junger Diplomat hatte er das Massaker an den Studenten auf dem Platz des Himmlischen Friedens verteidigt. Im Beratenden Ausschuss preist er die Einheitspartei. Außerdem ist er Anhänger der Todesstrafe.

Ein weiteres Hilfsorgan des Menschenrechtsrats ist der Ausschuss, der die Sonderberichterstatter bestimmt. Dessen Vorsitz hatte eine Zeitlang der honduranische Botschafter Roberto Flores inne, eine abscheuliche Figur. Er gehörte zu den Drahtziehern des Staatsstreichs im Jahr 2009, bei dem der demokratisch gewählte Präsident Manuel Zelaya aus dem Amt gejagt und durch eine mörderische Polizeidiktatur ersetzt wurde, die 2016 noch immer an der Macht ist.

Audrey Pulvar hat also recht. Ich befinde mich häufig in fragwürdiger Gesellschaft. Trotzdem mache ich weiter. Ich praktiziere etwas, das ich subversive Integration nennen möchte.

Nikolai Bucharin – im Zuge der Stalinschen Schauprozesse 1938 erschossen und 1988 rehabilitiert – schrieb: »Revolutionäre sind Opportunisten, die Prinzipien haben.«

Ein Intellektueller an sich ist nichts. Historische Existenz gewinnt er erst, indem er sich sozialen Bewegungen anschließt. Kurzum, indem er als Intellektueller ein organisches Element der Volkskräfte wird. Der Intellektuelle ist ein Produzent von symbolischen Gütern, von Bewusstseinsinhalten. In dem Maße, wie seine symbolischen Güter (Begriffe, Theorien, Analysen) den Volksbewegungen dienen, gewinnt er eine gewisse Nützlichkeit.

Das Problem der Inkarnation von Ideen treibt uns alle um. Unter welchen Bedingungen wird eine Idee zur materiellen Gewalt, fähig, die Wirklichkeit zu verändern? Niemand kann das mit Gewissheit sagen. Doch die Inkarnation bleibt das Bestreben eines jeden Produzenten von Bewusstseinsinhalten. Folglich auch das meine.

Hoederer, eine der Hauptfiguren in Jean-Paul Sartres Stück *Die schmutzigen Hände*, bringt das Problem auf den Punkt, wenn er zu Hugo, dem von Zweifeln geplagten Humanisten, dessen Haltung charakterisierend, sagt: »Nichts zu tun, euch nicht von der Stelle zu rühren, die Arme hängen zu lassen und Handschuhe zu tragen. Ich habe schmutzige Hände.«[1]

Die Alternative zu den schmutzigen Händen ist die Reinheit, die Untätigkeit, die passive Betrachtung der vor unseren Augen stattfindenden Geschichte – mag sie auch noch so entsetzlich sein.

1   Jean-Paul Sartre, *Die schmutzigen Hände*, Reinbek 1961, S. 114.

KAPITEL VIER

»Vorwärts zu unseren Wurzeln«[1]

Ich erinnere mich an einen Sommerabend in Galiläa: Die ganze Region war in das goldene Licht des Sonnenuntergangs getaucht.

Auf jeder meiner Missionen als Sonderberichterstatter für das Recht auf Nahrung musste ich Gefängnisse, Haftanstalten und Polizeistationen besichtigen, um zu überprüfen, ob die Häftlinge vorschriftsmäßig ernährt wurden. Dabei stellte ich fest, dass in zahlreichen repressiven Staaten der partielle oder vollständige Nahrungsentzug über längere Zeiträume als zusätzliche Strafe eingesetzt wurde.

Meine Mitarbeiter und ich hatten eines der zahlreichen Militärgefängnisse im Norden Israels besichtigt. Der Direktor, der einst Soziologie studiert hatte, übte versteckte Kritik an der Okkupationspolitik seiner Regierung, an den verheerenden wirtschaftlichen, gesellschaftlichen und psychologischen Folgen dieser Politik und an der Verzweiflung, in die sie die palästinensischen Familien stürzte. Wir saßen auf der Terrasse der ehemaligen englischen Kaserne.

Plötzlich sagte der junge, sympathische Offizier zu mir: »Sehen

---

1 Aufforderung des deutschen Philosophen Ernst Bloch in *Prinzip Hoffnung*, Frankfurt 1959.

93

Sie diese dunkle Linie am Horizont? Das ist der Berg Armageddon.«

Ich vermeide es, die Bibel zu lesen – von den Evangelien und der Apostelgeschichte einmal abgesehen. Zu viel Androhung göttlicher Strafen im Alten Testament, zu viel Pastoralpoesie in den Psalmen. Und was soll die kaum verständliche Apokalypse mit ihren seltsamen Totemtieren? Doch an Armageddon erinnerte ich mich, den Ort, an dem laut Apokalypse die letzte, die Entscheidungsschlacht zwischen den Mächten des Guten und des Bösen stattfinden soll. Heute spricht alles dafür, dass wir in die finale Phase des globalen Klassenkampfes eintreten. Ich kann mich des Gedankens nicht erwehren, dass Armageddon nahe ist!

Die großen Gründungstexte der Vereinten Nationen beschreiben den Horizont unserer Geschichte.

Das schrecklichste Blutbad, das unser Planet bislang erlebt hat, fand während des Zweiten Weltkriegs statt, ein absurdes und grauenhaftes Massaker, das von den Nazis und den japanischen Imperialisten angestiftet wurde und dessen Bilanz sich in sechs Jahren auf 57 Millionen tote Zivilisten und Soldaten und mehrere Hundert Millionen verwundete, verstümmelte und vermisste Menschen beläuft.

Aus diesem Gemetzel gingen die Vereinten Nationen hervor.

Tatsächlich sind die beiden Gründungstexte der UNO – die Charta der Vereinten Nationen und die Allgemeine Erklärung der Menschenrechte – tief durchdrungen von der Erinnerung an diese Katastrophe. Ihre Verfasser versuchten unter allen Umständen, die Wiederkehr der Monster zu verhindern, indem sie globale transnationale Institutionen schufen und universellen Werten zentrale Bedeutung verliehen.

Lassen wir die Präambel der Charta auf uns wirken:

Wir, die Völker der Vereinten Nationen – fest entschlossen,

– künftige Geschlechter vor der Geißel des Krieges zu bewahren, die zweimal zu unseren Lebzeiten unsagbares Leid über die Menschheit gebracht hat,

– unseren Glauben an die Grundrechte des Menschen, an Würde und Wert der menschlichen Persönlichkeit, an die Gleichberechtigung von Mann und Frau sowie von allen Nationen, ob groß oder klein, erneut zu bekräftigen,

– Bedingungen zu schaffen, unter denen Gerechtigkeit und die Achtung vor den Verpflichtungen aus Verträgen und anderen Quellen des Völkerrechts gewahrt werden können,

– den sozialen Fortschritt und einen besseren Lebensstandard in größerer Freiheit zu fördern,

– (…)

haben beschlossen, in unserem Bemühen um die Erreichung dieser Ziele zusammenzuwirken.

– Dementsprechend haben unsere Regierungen durch ihre in der Stadt San Franzisko versammelten Vertreter, deren Vollmachten vorgelegt und in guter und gehöriger Form befunden wurden, diese Charta der Vereinten Nationen angenommen und errichten hiermit eine internationale Organisation, die den Namen »Vereinte Nationen« führen soll.

Artikel 1 nennt die Ziele und Grundsätze der Organisation:

Die Vereinten Nationen setzen sich folgende Ziele:

1. den Weltfrieden und die internationale Sicherheit zu wahren und zu diesem Zweck wirksame Kollektivmaßnahmen zu treffen, um Bedrohungen des Friedens zu verhüten und zu beseitigen, Angriffshandlungen und andere Friedensbrüche zu

unterdrücken und internationale Streitigkeiten oder Situationen, die zu einem Friedensbruch führen könnten, durch friedliche Mittel nach den Grundsätzen der Gerechtigkeit und des Völkerrechts beizulegen;

2. freundschaftliche, auf der Achtung vor dem Grundsatz der Gleichberechtigung und Selbstbestimmung der Völker beruhende Beziehungen zwischen den Nationen zu entwickeln und andere geeignete Maßnahmen zur Festigung des Weltfriedens zu treffen;

3. eine internationale Zusammenarbeit herbeizuführen, um internationale Probleme wirtschaftlicher, sozialer, kultureller und humanitärer Art zu lösen und die Achtung vor den Menschenrechten und Grundfreiheiten für alle ohne Unterschied der Rasse, des Geschlechts, der Sprache oder der Religion zu fördern und zu festigen;
(…)

Und hier der Einleitungstext der Allgemeinen Erklärung der Menschenrechte:

Da die Anerkennung der angeborenen Würde und der gleichen und unveräußerlichen Rechte aller Mitglieder der Gemeinschaft der Menschen die Grundlage von Freiheit, Gerechtigkeit und Frieden in der Welt bildet,

da die Nichtanerkennung und Verachtung der Menschenrechte zu Akten der Barbarei geführt haben, die das Gewissen der Menschheit mit Empörung erfüllen, und da verkündet worden ist, daß einer Welt, in der die Menschen Rede- und Glaubensfreiheit und Freiheit von Furcht und Not genießen, das höchste Streben des Menschen gilt,

da es notwendig ist, die Menschenrechte durch die Herrschaft des Rechtes zu schützen, damit der Mensch nicht gezwungen wird, als letztes Mittel zum Aufstand gegen Tyrannei und Unterdrückung zu greifen,

da es notwendig ist, die Entwicklung freundschaftlicher Beziehungen zwischen den Nationen zu fördern,
(…)

da ein gemeinsames Verständnis der Rechte und Freiheiten von größter Wichtigkeit für die volle Erfüllung dieser Verpflichtung ist,

verkündet die Generalversammlung

diese Allgemeine Erklärung der Menschenrechte als das von allen Völkern und Nationen zu erreichende gemeinsame Ideal, damit jeder einzelne und alle Organe der Gesellschaft sich diese Erklärung stets gegenwärtig halten und sich bemühen, durch Unterricht und Erziehung die Achtung vor diesen Rechten und Freiheiten zu fördern und durch fortschreitende nationale und internationale Maßnahmen ihre allgemeine und tatsächliche Anerkennung und Einhaltung durch die Bevölkerung der Mitgliedstaaten selbst wie auch durch die Bevölkerung der ihrer Hoheitsgewalt unterstehenden Gebiete zu gewährleisten.

Hier ist Artikel 1:

Alle Menschen sind frei und gleich an Würde und Rechten geboren. Sie sind mit Vernunft und Gewissen begabt und sollen einander im Geiste der Brüderlichkeit begegnen.

Und Artikel 3:

Jeder hat das Recht auf Leben, Freiheit und Sicherheit seiner Person.

In seinem Vorwort zu den *Carnets* des russischen Revolutionärs Victor Serge schreibt Régis Debray: »Die Menschen brauchen einen Geschichtssinn ähnlich dem Orientierungssinn von Zugvögeln ... Egal, wie die konjunkturellen Umstände sind, der Mensch kann sich nicht mit einer Existenz ohne Obsession und Utopie zufriedengeben.«[1]

Trotz solcher beschämender Scheicha-Auftritte im Palais des Nations in Genf und des Umstands, dass sie auf gewisse Komplizenschaft zwischen diesem Generalsekretär und jenem verabscheuungswürdigen Regime schließen lassen, trotz der empörenden Unfähigkeit des Sicherheitsrats, dem Blutvergießen in Syrien, Irak, Afghanistan, der Zentralafrikanischen Republik und Darfur ein Ende zu bereiten, trotz des Hungers, der Jahr für Jahr Millionen Menschen umbringt (nicht zuletzt durch die Schuld der trägen New Yorker Bürokraten, die Strukturreformen verweigern wie z.B. das Verbot der Börsenspekulation auf Grundnahrungsmittel), will ich feststellen, dass ich mich rückhaltlos zu den

---

1 Victor Serge, *Carnets*, Arles, Actes Sud, 1985 (1952).

Gründungprinzipien der Vereinten Nationen und zu der diese Prinzipien erfüllenden konkreten Solidarität bekenne.

Was zieht mich zu diesen Texten hin? Ich verabscheue Romantik in der Politik. Jeglicher Idealismus ist mir fremd. Nein, meine Vorliebe hat ihren Grund in der eschatologischen Dimension, wie sie von den Marxisten der Frankfurter Schule formuliert wurde – Theodor W. Adorno, Max Horkheimer, Herbert Marcuse, Walter Benjamin.

Der Mensch erlebt ständig eine doppelte Geschichte. Diejenige, die ihm konkret widerfährt, und die andere, die sein Bewusstsein in Gestalt der Utopie verlangt. Adorno spricht von »zugerechnetem Bewusstsein«. Max Horkheimer versteht dieses Bewusstsein als die »Sehnsucht nach dem ganz Anderen«, so der Titel seines 1970 erschienenen Buchs – des letzten, das zu seinen Lebzeiten veröffentlicht wurde und das sein eigentliches Testament ist.

Heute sind Recht und Gerechtigkeit sichtlich im Niedergang begriffen. Nie zuvor sind so viele Flüchtlinge und Vertriebene auf den Meeren und Straßen der Welt umhergeirrt. Filippo Grandi, Hochkommissar der Vereinten Nationen für Flüchtlinge, schätzt ihre Zahl auf mehr als 60 Millionen.

In den Elendsvierteln wütet der Hunger.

Wüsten und Trockensteppen verschlingen die wirtschaftlichen Nutzflächen. In manchen Zonen von Burkina Faso rückt die Sahara um bis zu fünf Kilometer pro Jahr vor.

Fast ein Drittel des afrikanischen Kontinents ist heute von Trockengebieten bedeckt. Als arid wird ein Gebiet bezeichnet, in dem der Niederschlag weniger als 250 Millimeter pro Jahr beträgt und in dem keine Landwirtschaft ohne künstliche Bewässerung möglich ist. Doch im subsaharischen Afrika werden nur 3,8 Prozent des Bodens künstlich bewässert.

In den sieben Ländern der am Südrand der Sahara gelegenen

Sahelzone befindet sich das Grundwasser oft 60 Meter unter der Erdoberfläche. In solcher Tiefe lässt sich das Wasser nicht mehr mit herkömmlichen Techniken fördern. Wenn die Tiere und die anfälligsten Familienmitglieder – Kleinkinder und Greise – sterben, weil die Erde hart wie Beton wird, ziehen die Überlebenden fort. Wohin? In die schmutzigen Elendsviertel der Megastädte an den Küsten – Lomé, Cotonou, Dakar usw. – wo Ratten Babys anfressen, Prostitution Kinder und Jugendliche zugrunde richtet, wo Dauerarbeitslosigkeit, Unterernährung und Epidemien die Familien zerstören.

Und wie steht es mit der Folter? Nach einem Bericht von Amnesty International aus dem Jahr 2015 ist davon auszugehen, dass 67 der 193 UN-Mitgliedstaaten wirkliche oder vermeintliche Regimegegner systematisch und vorsätzlich verstümmeln.

Doch jenseits dieser real erlebten Regression von Recht und Gerechtigkeit gibt es ein eschatologisches Bewusstsein. Die Utopie – das, was das Bewusstsein als gerecht erlebt – ist eine mächtige geschichtliche Kraft.

Sie kommt stetig voran.

Nehmen wir die Sklaverei als Beispiel. Augustinus, der Bischof von Hippo (dem heutigen algerischen Annaba) im nordafrikanischen Ifriqiya, der ehemaligen römischen Provinz Africa, predigte die Evangelien und ihre radikal egalitäre Botschaft.[1]

Eines Abends kam ein Mann zu ihm und sagte: »Du predigst das Evangelium und die Gleichheit aller Menschen ... Nun beobachte ich aber in unseren Landen das grauenhafte Los der Sklaven, ihr unendliches Leid und ihre Erniedrigung. Sind sie nicht auch Menschen wie du und ich?«

---

1 Augustinus, *Der Gottesstaat* (*De Civitate Dei contra paganos – Vom Gottesstaat gegen die Heiden*, geschrieben zwischen 413 und 426 n. Chr.).

Augustinus überlegte lange und sagte dann: »Ohne Sklaven können die Felder des Latifundiums nicht bestellt werden und Früchte tragen … Ohne Latifundium würden wir hungern und sterben … Achte und ehre die Sklaven … behandle sie wie Brüder.«

Die Sklaverei gibt es noch immer – in Katar, Mauretanien und anderen Regionen der Erde. Aber heute wagte kein vernünftiger Mensch mehr, ihre Rechtmäßigkeit zu verteidigen.

Betrachten wir ein weiteres Beispiel: das Menschenrecht auf Nahrung: Während meines achtjährigen Mandats als Sonderberichterstatter der Vereinten Nationen für das Recht auf Nahrung haben mehrere Mitgliedstaaten systematisch und fortwährend jeden meiner Berichte und jede meiner Empfehlungen abgelehnt, die ich entweder dem Menschenrechtsrat in Genf oder der Generalversammlung in New York vorgelegt habe. Das hat einen einfachen Grund: Die Vereinigten Staaten, Großbritannien, Australien und andere Staaten erkennen noch immer nicht die wirtschaftlichen, sozialen und kulturellen Menschenrechte an. Nach ihrer Auffassung gibt es nur die bürgerlichen und politischen Rechte.

Wie viele Tage habe ich damit verbracht, mich mit den wechselnden amerikanischen Botschaftern auseinanderzusetzen! Einige – vor allem diejenigen, die von Präsident George W. Bush geschickt wurden, zumeist engstirnige und arrogante Multimilliardäre – machten aus ihrer Verachtung für den Menschenrechtsrat kein Hehl.

Aber das amerikanische Dogma lautet: Der Hunger kann nur durch die totale Liberalisierung des Weltmarkts besiegt werden. Jeder normative Eingriff in das freie Spiel der Marktkräfte ist ein Sakrileg.

Aber keiner der amerikanischen Botschafter hat es jemals gewagt, sich öffentlich auf die »Rechtfertigungen« von Thomas Malthus zu berufen. Bekanntlich ist dieser englische Pfarrer der Verfasser der erstmals 1798 anonym veröffentlichten Schrift *An Essay on the Principle of Population*[1], in der er Unterernährung und Hungertod der ärmsten Bevölkerungsschichten damit rechtfertigt, dass die Erde vor Überbevölkerung geschützt werden müsse. Selbst die ausgemachten Faschisten unter den Diplomaten würden es nicht mehr wagen, sich heute die Argumentation des schrecklichen Pastors zu eigen zu machen.

Kurzum, angesichts der Schrecken unserer Welt gewinnt das »zugerechnete« Bewusstsein zweifellos an Boden. Eines Tages wird es der erlebten Wirklichkeit der Menschen sein Streben nach Gerechtigkeit, Vernunft und Glück aufzwingen.

Der 1941 von Roosevelt und Churchill auf dem Kreuzer USS *Augusta* gemeinsam aufgesetzten Atlantikcharta, die die Charta der Vereinten Nationen von 1945 weitgehend vorweggenommen und geprägt hatte, waren ihrerseits lange Überlegungen von Roosevelt vorausgegangen. In seiner Rede zur Lage der Nation am 6. Januar 1941 hatte der amerikanische Präsident die Freiheiten genannt, die er »überall auf der Welt« verwirklicht wissen wollte. Diese Rede ist unter dem Namen *Four Freedoms Speech* (»Rede der vier Freiheiten«) weltbekannt geworden: Freiheit der Rede, Freiheit der Religionsausübung, Freiheit von Not, Freiheit von Furcht.[2]

John Boyd Orr, ein schottischer Arzt und Ernährungswissenschaftler, der während des Zweiten Weltkriegs dem *Scientific*

---

1 Ausgabe letzter Hand, London 1833.
2 Die vier Freiheiten bildeten bereits den Kern des *New Deal*, der Roosevelt 1932 ins Weiße Haus gebracht hatte. Ich bin schon in meinem Buch *Wir lassen sie verhungern*, a. a. O., ausführlich auf sie eingegangen, weil sich ohne sie die Entstehung der großen Gründungstexte der UNO nicht verstehen lässt.

Committee on Food Policy der englischen Regierung angehörte und sich auf der USS *Augusta* befand, schrieb:

> Wenn die Achsenmächte vollständig vernichtet sind, werden die Vereinten Nationen die Welt kontrollieren. Aber es wird eine Welt in Trümmern sein. In vielen Ländern werden die politischen, wirtschaftlichen und sozialen Strukturen vollkommen zerstört sein. Selbst in den vom Krieg am wenigsten in Mitleidenschaft gezogenen Ländern werden diese Strukturen stark beschädigt sein. Es liegt auf der Hand, dass diese Welt wieder aufgebaut werden muss… Diese Aufgabe wird nur gelingen, wenn die freien Nationen, die sich einten, als sie sich alle mit der Gefahr einer von den Nazis beherrschten Welt gegenübersahen, versuchen, geeint zu bleiben, um gemeinsam am Bau einer neuen und besseren Welt zu arbeiten.[1]

Einige Monate vor seinem Tod bekräftigte Franklin D. Roosevelt in einer wunderbaren Rede noch einmal die Entscheidungen, die auf der USS *Augusta* getroffen worden:

> Wir waren uns einig, dass es ohne wirtschaftliche Sicherheit und Unabhängigkeit keine echte persönliche Freiheit geben kann. ›Menschen, die Sklaven der Notwendigkeit sind, sind keine freien Menschen. Jene, die hungern und keine Arbeit haben, sind der Stoff, aus dem Diktaturen gemacht werden.
>
> Heute gelten diese ökonomischen Wahrheiten als selbstverständlich. Wir haben gewissermaßen eine zweite Erklärung der Menschenrechte verabschiedet, mit der Sicherheit und Wohl-

---

1 John Boyd Orr, *The Role of Food in Postwar Reconstruction*, Montréal, Bureau international du travail, 1943. 1945 wurde John Boyd Orr erster Generaldirektor der FAO (Ernährungs- und Landwirtschaftsorganisation der Vereinten Nationen).

stand für alle ein neues Fundament bekommen, unabhängig von ihrer Klasse, ethnischen Zugehörigkeit und Religion.«[1]

Ende des Zweiten Weltkriegs lebten noch zwei Drittel der Weltbevölkerung unter dem kolonialen Joch: Lediglich 51 Nationen nahmen im Juni 1945 an der Gründungssitzung der Vereinten Nationen in San Francisco teil. Die Teilnahme eines Landes war an die Bedingung geknüpft, dass seine Regierung den Achsenmächten vor dem 8. Mai 1945 den Krieg erklärt hatte.

An der Generalversammlung der Vereinten Nationen, die am 10. Dezember 1948 in Paris die Allgemeine Erklärung der Menschenrechte verabschiedete, waren lediglich 64 Nationen vertreten.

Max Horkheimer schreibt: »Kein Sklave duldet seine Ketten auf Dauer.«

Infolge der antikolonialen Befreiungskriege, des Aufstands der Gewissen und der geduldigen Oppositionsarbeit im Inneren der herrschenden Kolonialmächte durch Bürger, die sich mit den Kolonisierten solidarisierten, entstand in dem halben Jahrhundert nach der Konferenz von San Francisco eine Vielzahl neuer Staaten. Daher liegt heute das Problem nicht mehr in der mangelnden Universalität der Vereinten Nationen, sondern vielmehr in der Satellisierung der Staaten durch die Oligarchen des globalisierten Finanzkapitals und in der Unfähigkeit der staatenübergreifenden und transnationalen Institutionen, den Beutejägern ihre Normen aufzuzwingen.

---

1 Franklin D. Roosevelt, Rede vom 11. Januar 1944 vor dem Kongress der Vereinigten Staaten.

Postscriptum

Ernst Blochs Aufforderung »Vorwärts zu unseren Wurzeln«, die ich den Gründungstexten der Vereinten Nationen vorangestellt habe, kann nicht auf diese beschränkt bleiben, mag die in ihnen vermittelte Idee der gerechten und befreiten Menschheit auch noch so hochherzig sein.

Oft reichen die Ideen, die diese Texte vermitteln, viel weiter zurück – vor allem zu den visionären Schriften der Aufklärer, insbesondere zu Jean-Jacques Rousseau und seinem *Gesellschaftsvertrag*.

Rousseau trug den Plan, den *Gesellschaftsvertrag* zu schreiben, lange Jahre mit sich herum und träumte von einem Meisterwerk mit dem Titel *Institutions politiques*. Der 1762 veröffentlichte *Gesellschaftsvertrag* beginnt mit den berühmten Sätzen: »Der Mensch wird frei geboren, und überall ist er in Ketten. Mancher hält sich für den Herrn seiner Mitmenschen und ist trotzdem mehr Sklave als sie. Wie hat sich diese Umwandlung zugetragen? Ich weiß es nicht. Was kann ihr Rechtmäßigkeit verleihen? Diese Frage glaube ich beantworten zu können.«[1] Dann entwickelt Rousseau die Prinzipien der Volkssouveränität und der Gleichheit aller Bürger vor dem Gesetz.

Rousseau ist fünfzig. Er ist arm. Kurz hintereinander veröffentlichte er den *Gesellschaftsvertrag* und *Émile*[2]: Das erste dieser Werke wird verboten, das zweite auf Geheiß des Parlaments in Paris durchlöchert und verbrannt. Gegen ihn selbst liegt ein Haftbefehl vor. Als er davon erfährt, flieht er nach Genf. Hat

---

1 Jean-Jacques Rousseau, *Der Gesellschaftsvertrag*, Stuttgart 1977, S. 5 f.
2 Jean-Jacques Rousseau, *Émile oder über die Erziehung*, Stuttgart 1980.

er seinen *Gesellschaftsvertrag* nicht voller Stolz mit »Jean-Jacques Rousseau, Bürger der Republik Genf« unterzeichnet? Es ist nicht das erste Mal, dass er sich seines Vaterlandes rühmt. In der Widmung der *Abhandlung über den Ursprung und die Grundlagen der Ungleichheit unter den Menschen*, die ihm ersten Ruhm einbrachte, wendet er sich »An die Republik Genf« und an die »Erlauchten, Hochverehrten und Souveränen Herren«.[1] Doch in Genf ordnen die »erlauchten Herren« umgehend an, den *Gesellschaftsvertrag* und *Émile* vor dem Rathaus zu durchlöchern und zu verbrennen. Wieder muss Rousseau fliehen, dieses Mal ins Waadtland, ein Untertanengebiet des Stadtstaates Bern. Bis zu seinem Tod wird er zu einem ruhelosen Flüchtlingsleben verurteilt sein.

Die Allgemeine Erklärung der Menschenrechte der UNO ist die (fast) deckungsgleiche Kopie der Erklärung der Menschen- und Bürgerrechte der französischen Revolutionäre von 1789, die ihrerseits weitgehend angelehnt ist an die Präambel der von den amerikanischen Rebellen am 4. Juli 1776 in Philadelphia verkündeten Unabhängigkeitserklärung.

Die beiden Hauptverfasser der amerikanischen Erklärung waren Thomas Jefferson, ein Plantagenbesitzer und Sklavenhalter, und vor allem Benjamin Franklin, der ursprünglich Drucker war, bevor er Journalist, Schriftsteller, Erfinder und Politiker wurde. Franklin war es auch, der, als er von George Washington als Gesandter zum französischen König nach Paris geschickt wurde, um Hilfe und eine Allianz gegen die Engländer zu erbitten, Georges Danton die in der Präambel der Unabhängigkeitserklärung von Philadelphia verkündeten Prinzipien übermittelte.

---

1 Jean-Jacques Rousseau, *Abhandlung über den Ursprung und die Grundlagen der Ungleichheit unter den Menschen*, Stuttgart 2010.

Wie die umfangreiche Korrespondenz mit seinen beiden Enkelsöhnen belegt, war Benjamin Franklin ein begeisterter Bewunderer, Leser und Schüler von Jean-Jacques Rousseau.[1]

Natürlich hat das Feuer, das unsere Kämpfe nährt, auch andere Quellen: die Siege und Niederlagen der Bauernaufstände, der Arbeiterbewegung und der Gewerkschaften, der Befreiungskämpfe der Kolonialvölker und der unzähligen Widerstandsfronten, die sich im Laufe der Zeit dem feudalen und später dem kapitalistischen Raubgesindel entgegenstellten.

---

1 Vgl. H.W. Brands, *The First American. The Life and Times of Benjamin Franklin*, New York 2002.

KAPITEL FÜNF

Die imperiale Strategie

Bei meiner einzigen Begegnung mit Henry Kissinger musste ich – ich gestehe es – gegen ein Gefühl der Sympathie ankämpfen.

Das war an einem heißen Juliabend des Jahres 1998 auf den Genfer Quais, im großen Saal des Untergeschosses des Hotels Président Wilson. Luxuriöses Ambiente, tiefe Teppichböden. Kissinger war von Professor Curt Gasteyger eingeladen worden, dem Direktor des Programms für strategische und sicherheitspolitische Studien des Genfer Hochschulinstituts für internationale Studien. Kissinger kommentierte die Weltsituation, beantwortete Fragen und mischte sich später zwanglos unter die handverlesenen Cocktailgäste, die seinem Vortrag gelauscht hatten.

Der erstaunlich kleine Mann trug einen eleganten maßgeschneiderten Anzug und eine himmelblaue Krawatte. In seinen Augen hinter den dicken Brillengläsern lag ein Ausdruck von wacher Intelligenz und Ironie. Mit spöttischem Lächeln musterte er die gelehrte Versammlung von UNO-Funktionären, Wissenschaftlern und Schweizer Würdenträgern, die sich um ihn versammelt hatten. Er sprach das »Newyorkisch« mit starkem deutschen Akzent. Damals war er fünfundsiebzig und sprühte vor Vitalität, Gesundheit und Lebensfreude.

Seine Analyse der Weltsituation setzte sich aus einer Folge von Anekdoten zusammen, die seine Bravourstücke, seine Begegnungen, seine – natürlich samt und sonders in Erfüllung gegangenen – Prophezeiungen ins beste Licht rückten.

Ausgeschmückt wurden diese Geschichten mit Porträts seiner Gesprächspartner: »*Then I said to Mao Zedong …* (Dann habe ich zu Mao gesagt …)« »Sein Gesicht war aufgedunsen, er war müde, und schon bald fragte ich mich, ob er mir überhaupt zuhörte …«

Seine Zuhörer waren bezaubert, hingerissen, sprachlos vor Bewunderung. An diesem Abend bot Henry Kissinger ein seltsames Schauspiel, eine Mischung aus Überheblichkeit und Humor, aus dem Furor, unbedingt zu überzeugen, und einem Übermaß an Eitelkeit.

Einige Tage vor dem Cocktailempfang im Hotel Président Wilson las ich die folgende Anekdote in der amerikanischen Zeitschrift *The Atlantic*. Dieses Mal war Henry Kissinger in einen Damenclub der New Yorker High Society eingeladen. Am Ende seines geostrategischen Vortrags kam eine makellos frisierte und mit Juwelen behängte Dame zitternd auf ihn zu. Mit einer vor Aufregung erstickten Stimme sagte sie zu ihm: »*Doctor Kissinger, I want to thank you for saving the world* (Doktor Kissinger, ich möchte Ihnen dafür danken, dass Sie die Welt retten).« Der Weltenretter antwortete: »Gern geschehen, Madam.«

Als Gegner einer multilateralen Diplomatie vertritt Kissinger die imperiale Theorie und Strategie. Das belegen seine politische Praxis und sein wissenschaftliches Werk.

1957 veröffentlichte Henry Kissinger, der künftige sechsundfünfzigste Außenminister der Vereinigten Staaten, seine Dissertation unter dem Titel: *A World Restored: Metternich, Castlereagh and the Problems of Peace 1812–1822.*[1] Darin entwickelte er seine

---

1 Boston 1957 (deutsch: *Großmacht Diplomatie. Von der Staatskunst Castlereaghs und Metternichs,* Düsseldorf 1962)

imperiale Theorie, die er in der Folge in die Tat umsetzte, von 1969 bis 1975 zunächst als Mitglied des Nationalen Sicherheitsrats, von 1973 bis 1977 dann als Außenminister. Seine zentrale These: Die multilaterale Diplomatie stiftet nichts als Chaos. Die unbedingte Beachtung der Selbstbestimmung der Völker und der Souveränität der Staaten ist keine Garantie für den Frieden. Nur eine globale Macht besitzt die materiellen Mittel und die Fähigkeit, in Krisenzeiten überall und unverzüglich einzugreifen. Sie allein, so Kissinger, vermag den Frieden zu erzwingen.

Jesse Helms war von 1995 bis 2001 Vorsitzender des einflussreichen außenpolitischen Ausschusses im Senat. Seine Äußerungen erinnern an Kissinger: »Wir stehen im Mittelpunkt und gedenken dort zu bleiben... Die Vereinigten Staaten müssen die Welt mittels Recht und Stärke führen, indem sie die moralische, politische und militärische Fackel vorantragen – ein leuchtendes Beispiel für alle anderen Völker.«[1]

Ganz ähnlich liest es sich auch bei dem Kolumnisten Charles Krauthammer: »Wie ein Koloss umspannt Amerika den Globus... Seit Rom Karthago zerstörte, ist keine Großmacht mehr auf solche Gipfel gelangt, wie wir sie erklommen haben.«[2]

Thomas Friedman, ehemaliger Sonderberater der Außenministerin Madeleine Albright während der Clinton-Administration, wird noch deutlicher: »Die Globalisierung kann nur gelingen, wenn sich Amerika nicht scheut, als die unbesiegbare Supermacht aufzutreten, die sie tatsächlich ist... Die unsichtbare Hand des Marktes wird niemals ohne sichtbare Faust funktionieren. McDonald kann sich nicht ausbreiten ohne McDonnel Douglas, den

---

1 Jesse Helms, »Entering the Pacifie Century«, von der Heritage Foundation veröffentlichte Rede, Washington DC, 1996. Zitiert in: *Le Monde diplomatique*, Juli 2001.
2 Charles Krauthammer, *Time Magazine*, 27, Dezember 1999.

Hersteller der F-15. Und die sichtbare Faust, die für die weltweite Sicherheit der Technologie von Silicon Valley sorgt, heißt Heer, Luftwaffe, Kriegsmarine und Marinecorps.«

Mark Aurel, der das Römische Reich im dritten Viertel des zweiten Jahrhunderts, zur Zeit seiner höchsten Blüte, regierte, brachte den gleichen Gedanken zum Ausdruck: »*Imperium superat regnum*« (»Das Imperium ist dem Königreich überlegen«), mit anderen Worten: Das Imperium steht über allen anderen Mächten.

Diese Hypothese bildet den Kern der imperialen Theorie. Die moralische Kraft des Imperiums, seine Fähigkeit, rasch zu reagieren, sein Streben nach Gerechtigkeit, seine soziale Organisation sind Garanten der Stabilität. Nur das Imperium kann dauerhaft den Frieden zwischen den Staaten, den Völkern und den Kontinenten garantieren.

Die imperiale Theorie ist tief im amerikanischen Bewusstsein verankert. Stolz verkündet die grüne Ein-Dollar-Note: »*In God we trust*« (»Auf Gott vertrauen wir«).

Im Vorwort zur dritten Auflage seines oben zitierten Buchs über Metternich geht Kissinger mehrfach auf den Begriff der »offensichtlichen Bestimmung« der Vereinigten Staaten von Amerika ein. Den Ausdruck *manifest destiny* hat der New Yorker Journalist John O'Sullivan 1845 geprägt, um anlässlich der Annexion von Texas das »göttliche Recht« auf die unumkehrbare Kolonisierung des nordamerikanischen Kontinents durch die von der Ostküste vordringenden Angelsachsen zu bekräftigen.[1]

Diese messianische Ideologie, nach der die amerikanische

---

1 »Es ist unsere offensichtliche Bestimmung, uns auf dem Kontinent auszubreiten, der uns von der Vorsehung zur freien Entfaltung unserer wachsenden Zahl anvertraut wurde.« Aus einem Artikel in: *United States Magazine and Democratic Review*, New York.

Nation den göttlichen Auftrag hat, die Demokratie und die Zivilisation zu verbreiten, hat heute nichts von ihrer Frische verloren. »Offensichtlich« sind die Amerikaner von Gott dazu berufen, den Frieden und die Gerechtigkeit auf Erden zu garantieren – und, falls nötig, auch wiederherzustellen.

Henry Kissinger besitzt immer noch großen Einfluss. 1998 hat eine Mehrheit der Staaten das Rom-Statut des Internationalen Gerichthofs (IGH) unterzeichnet. Aber Kissinger hat sich dem Prinzip dieser Institution entschieden widersetzt. Dabei haben die Vereinigten Staaten die Ratifizierung des dem IGH zugrunde liegenden Statuts nicht nur abgelehnt, sondern führen auch seit fast zwanzig Jahren – von der imperialen Theorie ausgehend – eine heftige Kampagne gegen ihn. Immer wieder versuchen sie – nicht selten mit Erfolg – ihre Satellitenstaaten und die Drittweltländer, die schwach sind – und daher von ihrer Entwicklungshilfe abhängen –, zu veranlassen, den IGH zu boykottieren.

Besonders bei der Lektüre eines der Bücher von Henry Kissinger läuft es mir kalt den Rücken herunter: *Nuclear Weapons and Foreign Policy*, Erstveröffentlichung 1957[1], erweiterte Auflage 1969[2]. Darin erklärt Kissinger, warum die Vereinigten Staaten von Amerika als einziges Land der Welt das Recht haben, die Atombombe nach ihrem Belieben einzusetzen.

2003 besichtigte ich Hiroshima unter einem grau verhangenen Himmel. Tuttle-Mori Agency, meine japanische Literaturagentur, hatte gerade die japanische Ausgabe der *Nouveaux Maîtres du monde* (dt.: *Die neuen Herrscher der Welt und ihre globalen Widersacher*) auf den Weg gebracht.

Ich wurde vom Bürgermeister von Hiroshima empfangen und

---

1 New York, Harper (dt.: *Kernwaffen und auswärtige Politik*, München 1959).
2 Taschenbuch.

durfte den normalerweise geschlossenen Teil des Archivs besichtigen. Dort sah ich Fotografien, die mir nicht aus dem Kopf gehen. Beispielsweise das dieser Mutter und ihrer beiden kleinen Kinder, eines Jungen und eines Mädchens, vor einem Holztisch stehend, an dem ein Polizist in Uniform sitzt. Er nimmt die Namen und Adressen der überlebenden Opfer auf. Bei der Frau hat sich über große Teile des Körpers die Haut gelöst. Wahnsinnig vor Schmerzen umklammert sie Fetzen dieser Haut. Die Gesichter und Arme der Kinder sind teilweise verkohlt. Manchmal werde ich nachts noch heimgesucht von diesem Foto einer Begegnung zwischen einer grauenhaft stupiden Bürokratie und dem unendlichen Leid, das Menschen zugefügt wird.

Hiroshima war kein Marine- oder Luftwaffenstützpunkt, es hatte weder eine Festung noch einen größeren Rüstungsbetrieb, es war eine ganz gewöhnliche Stadt. An diesem Morgen des 6. August 1945 um 8 h:14 min: 2 sec wurden dort mehr als 200 000 Frauen, Männer und Kinder umgebracht und weitere Zehntausende verbrannt, verstümmelt und verwundet.

Drei Tage später, am 9. August, wurde eine weitere Stadt vom nuklearen Feuer verschlungen und verstrahlt: Nagasaki. Rund 100 000 Tote und fast ebenso viele Verwundete.

Der Mann, der diese Massaker angeordnet hatte, hieß Harry Truman, ein blasser, durchschnittlicher ehemaliger Kommunalpolitiker aus Missouri. Als Vizepräsident der Vereinigten Staaten war er kurz zuvor Franklin D. Roosevelt im Amt gefolgt, nachdem dieser am 12. April 1945 gestorben war. Roosevelts Persönlichkeit hatte Truman traumatisiert. Er war entschlossen, aus dem Schatten seines Vorgängers herauszutreten. Unbedingt wollte er seine imperiale Entschlossenheit unter Beweis stellen, indem er durch die Atombombe ganze Städte mit Hunderttausenden von Einwohnern von der Landkarte tilgte.

113

Daraufhin fabrizierten die imperialen amerikanischen Geschichtsschreiber eine Lüge: Der Massenmord an den Bewohnern von Hiroshima und Nagasaki sei notwendig gewesen, um Japan zur Kapitulation zu zwingen. Tatsächlich kapitulierte Japan am 15. August. Doch Dwight D. Eisenhower, der ehemalige Oberkommandierende der alliierten Streitkräfte in Europa, schrieb in seinen Memoiren, Japan sei Ende Juli 1945 militärisch besiegt gewesen, und es habe keinen zwingenden strategischen Grund gegeben, der diesen Massenmord rechtfertige: »Japan suchte zu diesem Zeitpunkt nach einer Möglichkeit, sich zu ergeben, ohne vollkommen das Gesicht zu verlieren... Es war nicht notwendig, diese schreckliche Waffe einzusetzen.«[1]

Ganz ähnlich schreibt Admiral William Leahy, Chef der Vereinigten Stabschefs, in seinen Erinnerungen *I was there* (1950): »Die Japaner waren besiegt und bereit, sich zu ergeben. Der Einsatz dieser barbarischen Waffe in Hiroshima und Nagasaki hatte keinerlei praktischen Wert für unseren Kampf gegen Japan... Indem wir sie als Erste verwendeten, haben wir uns... eine mittelalterliche Barbarenmoral zu eigen gemacht. Uns hat man eine derartige Kriegsführung nicht gelehrt. Man siegt nicht, indem man Frauen und Kinder tötet.«[2]

Albert Einstein, der sich für die Entwicklung der H-Bombe gegen Nazi-Deutschland eingesetzt hatte, verurteilte das tatsächliche Motiv, das der Bombardierung von Hiroshima und Nagasaki zugrunde lag, »den Krieg im Pazifik um jeden Preis vor dem Eingreifen Russlands zu beenden. Ich bin mir sicher, dass nichts dergleichen unter der Präsidentschaft von Roose-

1 Marcel Junod, »Le Désastre de Hiroshima«, Erica Deuber-Ziegler (Hg.), *Soixante ans après*, Genf 2005, S. 22.
2 a. a. O., S. 22 f.

velt möglich gewesen wäre. Er hätte einen solchen Akt verboten.«[1]

Als erster amerikanischer Außenminister hat John Kerry Hiroshima, die Stadt des unsäglichen Martyriums, besichtigt und am 10. April 2016 am Fuß des »Genbaku-Doms«, des einzigen Gebäudes, dessen Grundstrukturen nach dem Abwurf der Bombe erhalten geblieben waren und das heute ein Friedensdenkmal ist, eine Rede gehalten, in der er bewegende Worte fand. Aber er weigerte sich, eine Entschuldigung im Namen der Vereinigten Staaten auszusprechen. Barack Obama, der im Mai 2016 als erster Präsident diesen Ort besichtigte, verhielt sich nicht anders.

Nach allen Kriterien des internationalen Rechts, der Menschenrechte und des Humanitären Völkerrechts ist Henry Kissinger ein Kriegsverbrecher. Einer der schlimmsten seiner Generation.

Während des Jahrzehnts von Ende 1960 bis Ende 1970 war er der Hauptverantwortliche für die militärischen Staatsstreiche in Lateinamerika und der treueste und tüchtigste Beschützer der blutrünstigen Diktaturen, die in dieser Zeit entstanden. Vor allem erwies er sich als ein wichtiger Unterstützer der Operation Condor. Diese Organisation koordinierte die kontinentale Zusammenarbeit zwischen den Geheimdienstagenten und Polizisten der verschiedenen Diktaturen. Tausende von Demokraten, Männer und Frauen, unter ihnen auch mein ehemaliger Student Alexis Jaccard, starben in den Folterkammern der Operation Condor.[2]

Im November 1971 wurde Salvador Allende, Kinderarzt, Sozialist und Chef der *Unidad Popular* (Volkseinheit), einer umfassenden Einheitsfront fortschrittlicher Parteien und Bewegungen, zum Präsidenten Chiles gewählt. Er verstaatlichte die Kupfer-

---

1   a. a. O., S. 23 f.
2   Zu genaueren Angaben über die Rolle von Henry Kissinger vgl. Marie-Monique Robin, *Escadrons de la mort*, Paris 2004.

minen und entwickelte ein detailliertes Programm der Sozial-hilfe für die ärmsten Menschen des Landes. In Abstimmung mit den multinationalen Privatkonzernen, vor allem General Elec-tric, und mithilfe der amerikanischen Geheimdienste betrieb Kissinger die Organisation einer Reihe von flächendeckenden Streiks, um die chilenische Wirtschaft zu sabotieren und, wenn möglich, zu zerstören.

Chile ist ein herrliches Land – »schmal wie ein Schwert«, schrieb Pablo Neruda[1] –, das sich zwischen den Anden und dem Pazifik über eine Länge von mehr als 2000 Kilometern hinzieht. Der Transport auf der Straße ist von entscheidender Bedeutung.

Im April 1973 traten die Lkw-Fahrer sechs Wochen lang in Streik und legten das Land lahm. Im selben Monat fanden die Kommunalwahlen statt. Trotz der dramatischen wirtschaft-lichen Situation, infolge der von Kissinger koordinierten Sabo-tage, wählte die Bevölkerung mit großer Mehrheit die *Unidad Popular*.

Ich erinnere mich an einen kühlen Nachmittag im Mai 1973; wir befanden uns im Salon einer kleinen Villa im Viertel Tomás Moro – dem Privathaus von Salvador Allende. Der Präsident saß in einem Kolonialsessel mit hoher Lehne. Auf dem Teppich neben ihm lag, misstrauisch und wachsam, sein Hund, ein deut-scher Schäferhund. Vor der offenen Tür führten zwei Leibwäch-ter eine halblaute Unterhaltung, junge Männer, die der MIR (*Movimento de la Izquierda Revolucionaria* – Bewegung der re-volutionären Linken) angehörten. Ich war Teil einer vierköpfi-gen Delegation der Sozialistischen Internationalen unter Füh-

---

1   In einer Hommage an den chilenischen Maler José Venturelli, den Illustrator seiner Gedichtbände *Alturas de Macchu Picchu* (1948) und *Canto General* (1949), »Salu-tando a José« in *El Siglo* (Santiago de Chile), 8. April 1956.

rung von Bruno Kreisky, dem österreichischen Bundeskanzler und Vizepräsidenten der Internationalen.

Hinter den hohen Fenstern zeichneten sich die schneebedeckten Andengipfel ab. Die Sonne war in einem rosa Himmel versunken. Allende hatte seine Analyse beendet. Er schwieg. Plötzlich leuchteten seine grauen Augen. Er richtete sich in seinem Sessel auf und sagte: »Wir erleben ein stilles Vietnam.«

Er umarmte Kreisky und schüttelte uns die Hand.

Offensichtlich produzierte das »stille Vietnam« nach Kissingers Ansicht nicht das erhoffte politische Resultat. Was die Aprilwahlen bewiesen. Daraufhin veränderte er seine Strategie und verlegte sich aufs Morden. Am Morgen des 11. September 1973 bombardierte die chilenische Luftwaffe den Präsidentenpalast La Moneda: Allende war eben aus Tomás Moro eingetroffen, begleitet von zwei Fiats voller junger Leute der MIR.

Karabinieri – Militärpolizisten – und Elitetruppen umzingelten den Platz der Verfassung. Ein ganzer Flügel und das halbe Dach des Präsidentenpalastes standen in Flammen. Einen Helm auf dem Kopf und eine Maschinenpistole in der Hand hatte sich Salvador Allende in sein Büro im zweiten Stock zurückgezogen.

Der Mann, der den Angriff befehligte, hieß Augusto Pinochet, ein Infanteriegeneral, der seine militärische Ausbildung in der amerikanischen Zone von Panama absolviert hatte und ein großer Bewunderer Kissingers war. Pinochet schlug Allende sicheres Geleit nach Mexiko und eine beträchtliche Geldsumme vor. Kissinger wollte keinen Märtyrer. Allende lehnte ab. Wenig später, am Dienstag, dem 11. September 1973 um 14 Uhr, war er tot.

Zwei Jahre lang – 1974/75 – untersuchte eine Sonderkommission des amerikanischen Senats die Ereignisse in Chile. Sie gelangte zu dem Schluss, Kissinger sei für den Putsch direkt verantwortlich gewesen.

Ein anderes Beispiel für die imperiale Strategie, wie sie damals von dem furchtbaren Außenminister praktiziert wurde: Osttimor ist eine ehemalige portugiesische Kolonie, die den Ostteil einer Insel des indonesischen Archipels einnimmt. 1974, zur Zeit der Nelkenrevolution in Portugal, verkündete die FRETILIN, die wichtigste Unabhängigkeitsbewegung des Landes, die Souveränität Osttimors. Indonesien, das damals unter der Diktatur von General Suharto lebte, weigerte sich, diese Unabhängigkeit anzuerkennen. Von Kissinger aufgestachelt und militärisch unterstützt, ließ Suharto postwendend seine Truppen in Osttimor einmarschieren und legte damit den Grundstein zu einer langen Phase des Widerstands der FRETILIN und extremer Gewalt vonseiten der Besatzer.

Die Elitetruppen Suhartos begingen entsetzliche Verbrechen. Tausende timoresische Familien, die sich in Kirchen geflüchtet hatten, wurden bei lebendigem Leib verbrannt. Durch Vergiftung der Brunnen dezimierten die Soldaten die Bergbauern. In der Hauptstadt Dili kam es zu Massenmorden. Suharto organisierte umfangreiche Deportationen.

Nach dem Sturz Suhartos im Jahr 1998 fand schließlich am 30. August 1999 ein Referendum unter Aufsicht der UNO statt. Eingliederung in die Republik Indonesien oder Unabhängigkeit? Mit der überwältigenden Mehrheit von 78,5 Prozent der Stimmen entschieden sich die Timorer für die Unabhängigkeit. Augenblicklich häuften sich die Gräueltaten, organisiert und geführt von der indonesischen Armee. Am Ende musste die UNO in Osttimor internationale Truppen stationieren und dann die Verwaltung des Gebietes selbst übernehmen.

Von den knapp eine Million Bewohnern haben die indonesischen Soldaten während dieser Zeit mehr als 200 000 Frauen, Männer und Kinder umgebracht.[1]

Angesichts der Plünderungen, der Deportationen und der Massaker, die kurz nach dem Referendum verübt wurden, schrieb Noam Chomsky: »Weder Bomben noch Sanktionen waren notwendig, um die Massaker zu stoppen: Es hätte genügt, dass Washington und seine Verbündeten ihre aktive Teilnahme an dieser Politik eingestellt und ihren Partnern im indonesischen Oberkommando mitgeteilt hätten, dass die Gräueltaten aufhören müssen … Man kann die Vergangenheit nicht ändern, aber wir müssen zumindest unser Unrecht einsehen, zu unserer moralischen Verantwortung stehen, um zu retten, was zu retten ist, und den Opfern großzügige Entschädigungen anbieten. Natürlich wird eine solche Geste die schrecklichen Verbrechen nicht ungeschehen machen.«[2]

Rufen wir uns schließlich ins Gedächtnis, wie grauenhaft sich die Gewalttätigkeit und Unmenschlichkeit der imperialen Strategie Amerikas in Vietnam offenbart haben. Bei dieser Gelegenheit machte Kissinger sich zum Komplizen der schlimmsten Verbrechen der amerikanischen Politik im 20. Jahrhundert. Das gilt besonders für den ersten Weihnachtstag 1972, als B-52-Bomber in Haiphong und Hanoi Wohnviertel, Krankenhäuser und Schulen in Flammen aufgehen ließen und dadurch den Tod und die Verstümmelung Zehntausender von Menschen verursachten.

Außerdem ist Kissinger der Erfinder der Strategie, die als

---

1 Dank des Widerstands der Bevölkerung und des Drucks, den die UNO ausübte, ist die Demokratische Republik Timor-Leste 2002 unabhängig geworden. Die australischen Blauhelme sind bis 2012 dort geblieben.
2 Noam Chomsky, »Timor oriental, l'horreur et l'amnésie«, *Le Monde diplomatique*, Oktober 1999.

»Operation Ranch Hand« bezeichnet wurde. Da sich die vietnamesischen Widerstandskämpfer vor allem in den dichten Wäldern im Süden und Westen des Landes versteckten, galt es, diese Baumbestände zu zerstören. Zehn Jahre lang versprühten die amerikanischen Flugzeuge Hunderttausende von Tonnen des dioxinhaltigen Herbizids »Agent Orange« und vergifteten damit Boden und Flüsse der Region auf Generationen hinaus. Fünfzig Jahre danach werden in den Dörfern und Städten Vietnams noch immer Kinder mit entsetzlichen Missbildungen, Hirnschäden und weiteren schwersten körperlichen Beeinträchtigungen geboren, dazu verurteilt, am Rand der Gesellschaft zu leben.

Am Ende des Cocktailempfangs, der uns in Genf zusammengeführt hatte, verließ Henry Kissinger – lächelnd und voller Bewunderung für sich selbst – den prachtvollen Saal des Hotels Président Wilson. Auf dem Quai stieg er in ein Fahrzeug des Konvois gepanzerter Cadillacs, das ihn nach Pregny entführte, wo sich hinter einer fünf Meter hohen Mauer, Wachtürmen und Stacheldrahtrollen die Botschaft der Vereinigten Staaten erhebt. Da nie ein internationaler Haftbefehl gegen ihn ausgestellt wurde, hatte natürlich kein Schweizer Bundes- oder Kantonspolizist die Weisung, ihn aufzuhalten.

Ein Teil seines Publikums war ihm auf die Quais gefolgt. Als sich der Cadillac an der Spitze in Bewegung setzte, brachen die Genfer in begeisterten Beifall aus.

2016 ist Henry Kissinger dreiundneunzig Jahre alt. Vermutlich wird er geehrt, reich und friedlich in seinem Bett sterben.

New York ist eine absolut faszinierende Stadt. Ich habe dort Ende der fünfziger Jahre gelebt. Zunächst am Riverside Drive, wo ich der Untermieter von Elie Wiesel war. Aus dieser Nachbarschaft ist eine tiefe Freundschaft geworden. Später habe ich in Greenwich Village gelebt, im Untergeschoss eines roten Ziegelbaus an der Ecke Charles Street und Houston Street. Tagsüber arbeitete ich in der Anwaltskanzlei von Mr. Hafner, abends studierte ich an der Columbia University.

Seit ich im Jahr 2000 in die UNO berufen wurde, kehre ich sehr häufig nach New York zurück. Meine Faszination hat nicht nachgelassen. Die politischen Diskussionen sind dort nicht nur außerordentlich intensiv und lebendig, sondern auch vollkommen frei. Kissinger bleibt die Obsession zahlreicher amerikanischer Linksintellektueller, die seit dem Vietnamkrieg verlangen, dass er wegen Kriegsverbrechen und Verbrechen gegen die Menschlichkeit vor Gericht gestellt werde.

Diese Beschuldigungen sind in zahlreichen Veröffentlichungen erhoben worden. Ich beschränke mich hier auf das jüngste dieser Bücher, das von dem amerikanischen Historiker Greg Grandin stammt und auf die hagiografische Biografie des Briten Niall Ferguson antwortet.

Im Frühjahr 2016 tobte in der amerikanischen Öffentlichkeit eine heftige Kontroverse, der die beiden Thesen zugrunde lagen: Niall Ferguson beschreibt Kissinger als einen Schüler Immanuel Kants, weshalb er dem ersten Band seiner Biografie auch den Titel *Kissinger – der Idealist* gegeben hat. Im Gegensatz dazu sieht Greg Grandin in Kissinger nicht nur einen Kriegsverbrecher, sondern auch die treibende Kraft, den Ideologen, den Vater aller Kriege, die die Vereinigten Staaten Ende des 20. und Anfang des 21. Jahrhunderts vom Zaun gebrochen haben.[1]

---

1 Ich habe mit den deutschen Ausgaben der beiden Werke gearbeitet. Vgl. Niall Ferguson, *Kissinger – der Idealist*, Berlin 2016. Greg Grandin, *Kissingers langer Schatten*, München 2016.

Wie inzwischen klar geworden sein dürfte, bin ich ein überzeugter Anhänger der multilateralen Diplomatie und ein entschiedener Gegner der imperialen Theorie. Aber so einfach sind die Dinge nicht, die Welt ist kompliziert. Was wäre, wenn Kissinger recht hätte?

Lassen Sie mich einen Moment lang den Advocatus Diaboli spielen. Was wäre, wenn der Wille eines Staates, der zur Weltmacht bestimmt ist, zur Schutzmacht der Völker, zum Träger einer ihm von der Vorsehung verliehenen universellen Mission, einzig und allein in der Lage wäre, Frieden, Glück und Gerechtigkeit auf unserem Planeten zu stiften?

Zwei Tragödien aus jüngerer Zeit berechtigen zu diesen Fragen: der Völkermord in Ruanda 1994 und die Genozide auf dem Balkan, besonders der in Srebrenica 1995.

Zunächst Ruanda.[1]

Ruanda ist eine kleine, bäuerlich geprägte Republik von 26 000 Quadratkilometern mit grünen Hügeln und tiefen Tälern, in der Tee, Kaffee und Bananen angebaut werden. Das Land liegt in der Region der Großen Seen in Zentralafrika und ist seit 1960 unabhängig. Die rund acht Millionen Einwohner sind im Wesentlichen aus zwei Volksgruppen hervorgegangen, den Hutu und den Tutsi.[2] Ruanda hat gemeinsame Grenzen mit der Demokratischen Republik Kongo im Westen, Tansania im Osten und im Süden, Burundi im Süden und Uganda im Norden.

Von April bis Juni 1994 begingen die Soldaten der regulären Armee und die Milizionäre der *Interahamwe*[3] auf den Hügeln

---

1 Darüber habe ich in meinem Buch *Das Imperium der Schande*, a. a. O., berichtet. Hier fasse ich die Fakten zusammen.
2 Eine dritte Ethnie, das Waldvolk der Twa, ist eine sehr kleine Minderheit.
3 Auf Kinyarwanda heißt *Interahamwe* »die zusammenhalten«.

Ruandas einen systematischen Mord an den Kindern, Frauen und Männern der Tutsi und an Tausenden von Regimegegnern unter den Hutu. Tag und Nacht durchkämmten die Mörder – aufgestachelt von dem Radiosender Mille Collines – die Städte und Dörfer des Landes, wobei sie sich auf sorgfältig recherchierte Listen stützten und ihr blutiges Werk vorwiegend mit Macheten verrichteten.

Im Allgemeinen wurden die Opfer gefoltert, bevor sie starben. Meist zerstückelten sie die Täter in einem Zustand kalter, pathologischer Raserei. Die Frauen und jungen Mädchen wurden vor ihrem Tod fast immer vergewaltigt.

Die Tutsi-Familien, die sich in die Klöster, religiösen Schulen und Kirchen flüchteten, wurden häufig von Hutu-Priestern und -Nonnen verraten und ausgeliefert. Drei Monate lang trieben Tag und Nacht die abgetrennten Köpfe und Gliedmaßen der Folteropfer die Flüsse Kagera und Nyabarongo hinab. Die Massenmörder kannten nur ein Ziel: alle Angehörigen der Tutsi-Minderheit auszulöschen.

Damals hatten die Vereinten Nationen in Ruanda ein Kontingent Blauhelme stationiert – 1300 Männer, vorwiegend Bangladescher, Ghanaer, Senegalesen und Belgier. Sie standen unter dem Kommando des kanadischen Generals Roméo Dallaire und waren in verschiedenen Militärlagern, von dichten Stacheldrahtzäunen beschützt, über das Land verteilt.

Während der Massaker flehten Zehntausende Tutsi die Blauhelme um Hilfe an und baten sie, ihnen Zuflucht in den gesicherten Lagern zu gewähren. Jedes Mal lehnten die UNO-Offiziere es ab. Die Befehle kamen vom Sicherheitsrat in New York.

Als der Genozid begonnen hatte, wurde die Zahl der in Ruanda stationierten UN-Soldaten durch die Resolution 912 des Sicherheitsrats vom 21. April 1994 sogar um die Hälfte gekürzt.

Obwohl bis an die Zähne bewaffnet, leisteten die Soldaten der UNO den Lanzen, Nagelknüppel und Macheten schwingenden Mörderbanden passive Hilfe, indem sie sich damit begnügten, die Ereignisse und die Art, wie die Männer, Frauen und Kinder umgebracht wurden, gewissenhaft zu protokollieren (und nach New York zu übermitteln).[1]

Zwischen 800 000 und einer Million Frauen, Säuglinge, Jugendliche und Männer aus der Volksgruppe der Tutsi (und gemäßigte Hutu) wurden auf diese Weise im Lauf von hundert Tagen abgeschlachtet. So geschehen unter den ungerührten Blicken der UN-Blauhelme.

Von 1990 bis 1994 erhielt Ruanda Waffen und Kredite vor allem von Frankreich, Ägypten, Südafrika, Belgien und der Volksrepublik China. Für die ägyptischen Waffenlieferungen gewährte die Crédit Lyonnais Exportgarantien. Die direkte Finanzhilfe kam vor allem aus Frankreich. Von 1993 bis 1994 hatte die Volksrepublik China dem Regime in Kigali 500 000 Macheten geliefert, die mit einem französischen Kredit bezahlt wurden. Auch nach Beginn des Völkermords trafen in Ruanda immer noch Lastwagen voller Kisten mit Macheten aus Kampala und dem Hafen von Mombasa ein – bezahlt mit französischen Krediten.

Schließlich wurden die Völkermörder von der vorrückenden Armee der Ruandischen Patriotischen Front besiegt, zumeist junge Tutsi aus der ugandischen Diaspora. Kigali fiel im Juli 1994. Trotzdem lieferte Frankreich über Goma und Nord-Kivu auch weiterhin Waffen an die letzten Völkermörder, die sich ans Westufer des Kivusees geflüchtet hatten.

---

1 Hinterher regte sich bei einigen UNO-Angehörigen dann doch das Gewissen. Vgl. Roméo Dallaire, *J'ai serré la main du diable*, Toronto 2003.

François Mitterrands Frankreich hat in Ruanda eine besonders sinistre Rolle gespielt. Einige französische Offiziere haben
die Mörder sogar direkt unterstützt und sie nebst ihren politischen Auftraggebern nach der Niederlage außer Landes ge-
schmuggelt. Die Haltung François Mitterrands ist erstaunlich.
Analysten erklären sie wie folgt: Die Hutu-Diktatur von Präsident Habyarimana war ein französischsprachiges Regime; die
Ruandische Patriotische Front, die gegen Habyarimana kämpfte,
bestand überwiegend aus den Söhnen und Töchtern von Tutsi-
Flüchtlingen, die in Uganda geboren und daher englischspra-
chig waren. Mit anderen Worten, François Mitterrand hat sich
also zur bedingungslosen Unterstützung der Völkermörder entschlossen, um die Frankophonie zu verteidigen.[1] Außerdem war
der französische Präsident mit der Familie des ruandischen Präsidenten Juvénal Habyarimana befreundet, dessen Tod bei einem
Flugzeugabsturz die Stimmung weiter angeheizt und den Genozid ausgelöst hatte.

Jean Hatzfeld hat eine eingehende, sehr beeindruckende
Chronik der schrecklichen Ereignisse in Ruanda erstellt. Von
ihm sollte man unbedingt lesen: *Nur das nackte Leben. Berichte
aus den Sümpfen Ruandas* (Gießen 2004), *Zeit der Macheten.
Gespräche mit den Tätern des Völkermordes in Ruanda* (Gießen
2014), *La Stratégie des antilopes* (Paris 2007). Aber auch *Un papa
de sang* (Paris 2015).

Im Juni 2012 waren Erica und ich von Präsident Paul Kagame
zu den Feierlichkeiten anlässlich des fünfzigsten Jahrestags der
Unabhängigkeit nach Kigali eingeladen worden.

---

1 Vgl. Colette Braeckman, »Rwanda, retour sur un génocide«, *Le Monde diplomatique*,
   März 2004; Patrick de Saint-Exupéry, *L'Inavouable. La France au Rwanda,* Paris,
   Les Arènes, 2004.

Seit Jahrzehnten habe ich – ganz gleich, wo ich hingehe – kleine Notizhefte mit karierten Blättern und grünen, roten oder blauen Einbänden in der Tasche, in denen ich Tag für Tag meine Überlegungen und Beobachtungen notiere. Doch in Kigali, im Nationalmuseum, das am Rand eines Massengrabs für Kinder, Männer und Frauen erbaut wurde, in der Kirche Nyamata, die mit Knochen und blutgetränkten Kleidungsstücken gefüllt ist, auf dem Hügel Rukara, wo die Mörder drei Tage und drei Nächte lang mit ihren Macheten Hunderte von Kindern zerstückelten, die sie in umliegenden katholischen Kirchen aufgegriffen hatten, in der Gedenkstätte Murambi mit ihren kalkbedeckten Skeletthaufen – ist mir der Stift aus der Hand gefallen. Notieren, Schreiben, Kommentieren – das alles erschien mir plötzlich obszön.

Völlig zu Recht sagte François Xavier Ngarambe, Botschafter Ruandas bei den Vereinten Nationen in Genf: »Ein Völkermord ist kein isoliertes Ereignis… ein Völkermord wird geplant.« Er ist ein Prozess, der mit der Identifizierung der potenziellen Opfer beginnt, dann folgt ihre Klassifizierung, ihre Entmenschlichung, die Polarisierung, Symbolisierung, Vorbereitung und schließlich die Vernichtung.«[1]

Im Morgengrauen des 7. April 1994 begann der Völkermord. Er dauerte hundert Tage. Schon ein Jahr zuvor hatte der senegalesische Jurist Bacre Ndaye, Sonderberichterstatter der Vereinten Nationen für Ruanda, einen Bericht um den anderen nach New York geschickt, um die UNO vor einer unmittelbar bevorstehenden Katastrophe zu warnen. Genau das Gleiche hatte Adama Dieng, ein anderer hoch angesehener senegalesischer Jurist, ge-

---

1 Rede im Genfer Palais des Nations anlässlich der Gedenkfeier für die Opfer des Völkermords am 13. April 2016.

tan. Während des Genozids tagte die Menschenrechtskommission (die Vorgängerin des Menschenrechtsrats) in Genf. Dort lieferte Adama Dieng den Botschaftern und Botschafterinnen von 47 Mitgliedstaaten exakte Informationen.

Vorsätzlich Augen und Ohren verschließend, rührte die Leitung der UNO keinen Finger. Weder in Genf noch in New York. So lieferten die Blauhelme die Tutsi, die sich verstört an den Eingängen ihrer Stützpunkte drängten, mitleidlos den Mördern aus.

Betrachten wir jetzt ein anderes Massaker, dem Tausende von Menschen zum Opfer fielen, ohne dass die UNO einen Finger rührte. Gemeint ist der Massenmord an Zivilisten in Srebrenica, der schlimmste in Europa seit Ende des Zweiten Weltkriegs.[1]

Es geschah am Samstag, dem 8. Juli 1995, in Bosnien und Herzegowina, genauer, in der bosnischen Enklave Srebrenica. Diese Enklave, in der mehr als 40 000 Menschen Schutz suchen – hungernd und krank vor Angst –, ist von serbischen Straßensperren umgeben. Srebrenica ist eine der sechs »Sicherheitszonen«, deren Unverletzlichkeit von einer Entschließung des Sicherheitsrats garantiert wird. An diesem Morgen wird sogar ein Fahrzeug des IKRK gestoppt: Man kommt nicht hinein.

In der Enklave bricht Panik unter den Delegierten des IKRK aus: Über Funk berichten sie vom Näherrücken der serbischen Truppen. 450 niederländische Blauhelme sind in Portocari stationiert, einem Dorf, das an der Ostgrenze der Enklave liegt. Oberstleutnant Tom Karremans, Kommandeur des Bataillons, fordert – gemäß den UNO-Richtlinien – Luftschläge gegen die

---

1 Hier greife ich auf den Bericht zurück, den ich in *Imperium der Schande* geliefert habe.

vorrückenden serbischen Panzerkolonnen an. Sie werden vom Hauptquartier in Zagreb verweigert.

In der Nacht von Samstag auf Sonntag spricht der bosnische Präsident Alija Izetbegović von Sarajewo aus im Radio. Eindringlich bittet er um das Eingreifen des Westens und warnt vor den bevorstehenden Massakern.

Durch einen merkwürdigen Zufall des Kalenders sind die wichtigsten Verantwortlichen der UNO an diesem Wochenende zu einer Konferenz über Ex-Jugoslawien in Genf zusammengekommen. Izetbegović ruft in dem Genfer Vorort Lignon an. Luisa Ballin, eine couragierte Korrespondentin der italienischen Presse, die bei der UNO akkreditiert und den Bosniern wohlgesinnt ist, nimmt ab. Izetbegović möchte von ihr wissen, in welchem Hotel die Verantwortlichen der UNO wohnen. Nacheinander werden sie geweckt – Boutros Boutros-Ghali, General Bernard Janvier, Kommandeur der Blauhelme in Bosnien, der Japaner Yasushi Akashi, Vertreter des Generalsekretärs für Ex-Jugoslawien, Kofi Annan, damals Untergeneralsekretär der UNO und verantwortlich für die Blauhelme. Ablehnung. Es gibt keine Luftschläge. Niemand wird die Aggressoren aufhalten.

Srebrenica fällt am Dienstag, dem 11. Juli, um 11 Uhr 15. Die überwiegende Mehrheit der Bevölkerung hat bei den Blauhelmen in dem Dorf Portocari Zuflucht gesucht. General Ratko Mladić trifft ein und lässt die Männer von ihren Familien trennen. Frauen, Kindern und einige alte Menschen – 26 000 Personen insgesamt – werden mit Bussen zu den rund 60 Kilometer westlich gelegenen bosnischen Linien gefahren.

Einige Stunden vor dem Fall der Stadt haben sich einige Tausend Männer in die Wälder abgesetzt. Sie versuchen jetzt zu Fuß über die Berge nach Sapna und dann nach Tuzla auf bosnisches Gebiet zu gelangen. Die Serben, unter ihnen die »Tiger« von

Željko »Arkan« Ražnatović, legen Hinterhalte: Alle Bosnier werden niedergemacht, viele gefoltert. Man reißt die Augen heraus und schneidet die Zungen ab, bevor man ihnen die Kehle durchtrennt.

In Portocari lässt General Ratko Mladić alle verbliebenen Männer zwischen 15 und 80 Jahren in Lastwagen verladen, die mit Planen abgedeckt sind, und an den Ostrand der muslimischen Enklave fahren, wo sie, zitternd vor Angst, aussteigen müssen. Soldaten der Serbischen Republik Bosnien-Herzegowina und speziell zu diesem Anlass aus Belgrad angereiste Angehörige der paramilitärischen Einheit »Skorpione« warten hinter Maschinengewehren. Sie beginnen zu schießen. Bei Einbruch der Nacht haben Mladićs Mörder mehr als 8000 Bosnier umgebracht. Dutzenden unter ihnen hat Mladić eigenhändig den Gnadenschuss gegeben.

Am 21. November 1995 musste Slobodan Milošević, der serbische Präsident und Schutzherr der Mörder, in der amerikanischen Kleinstadt Dayton auf Geheiß der Abgesandten Washingtons, des Botschafters Holbrooke und seiner Stellvertreter, ein Abkommen über die Einstellung der Feindseligkeiten unterzeichnen. Im Laufe der drei Wochen, die diesem Akt vorausgingen, haben amerikanische Flugzeuge, die im Norden Italiens stationiert waren, die serbischen Artilleriestellungen auf den Anhöhen rund um Sarajewo sowie zahlreiche Panzer und Lkw-Kolonnen der serbischen Armee, die in Bosnien unterwegs waren, bombardiert und zerstört.

Halten wir vorläufig Folgendes fest:

In Ruanda und Bosnien haben die Vereinten Nationen bei den Massenhinrichtungen, obwohl mit beträchtlichen Kontingenten von Blauhelmen vor Ort, sich passiv verhalten. In Bosnien sind den Gräueltaten erst durch amerikanische Bombardements ein Ende gesetzt worden.

Trotz dieser unbestreitbaren Tatsachen lehne ich die Theorie der imperialen Strategie ab.

Die multilaterale Diplomatie, wie sie von den Vereinten Nationen verkörpert wird, und die imperiale Theorie des Henry Kissinger sind unvereinbare Gegensätze. Trotzdem würde es die UNO ohne amerikanische Unterstützung nicht geben. Wie lässt sich dieses Paradox erklären?

Die Vereinigten Staaten sind ein Gründungsmitglied der Vereinten Nationen. Im Übrigen leisten sie den bei Weitem größten Beitrag: Sie finanzieren 26 Prozent des Haushalts der Zentralverwaltung, der sich jährlich auf 10 Milliarden Dollar beläuft.

Wie gesagt, besitzt jede der 23 Sonderorganisationen einen eigenen Haushalt. Er besteht aus zwei Komponenten: dem regulären Haushalt und den *Voluntary Contributions* (den »freiwilligen Beiträgen«). Im Durchschnitt werden nur 30 bis 40 Prozent des Haushalts von den Pflichtzahlungen der Mitgliedstaaten abgedeckt.

Zur Finanzierung des Welternährungsprogramms (WFP), das 2016 einundneunzig Millionen (von Hunger, Flucht und Vertreibung betroffene) Menschen auf den fünf Kontinenten mit Nahrung versorgte, haben die Vereinigten Staaten 62 Prozent der Kosten übernommen, entweder durch Finanzierung in Devisen oder durch Beiträge in Form von Weizen, Mais, Reis aus ihrer Überschussproduktion.

Bei den Vereinten Nationen ist die bei weitem kostspieligste Organisation die Hauptabteilung Friedenssicherungseinsätze (*Department of Peace Keeping Operations*, DPKO). Ihr Jahresbudget betrug über 7 Milliarden Dollar, von denen die Vereinigten Staaten den größten Teil zahlten. In diesem Zusammenhang ist anzumerken, dass es eine besonders dubiose Art der Finanzierung gibt: die »*ear-marked contributions*« (die »zweckgebundenen Beiträge«). Der Geldgeber leistet einen freiwilligen Beitrag, verlangt aber, dass dieser in bestimmter Weise verwendet wird. Beispielsweise war die Regierung in Washington beunruhigt über den wachsenden Einfluss Chinas in den Himalajastaaten – Nepal, Bhutan, Ladakh usw. Daher hat sie dem Hochkommissariat der Vereinten Nationen für Menschenrechte zehn Millionen Dollar für die Eröffnung eines Büros in Kathmandu zukommen lassen.

Die Amerikaner zahlen nur so viel, weil sie daraus Vorteile ziehen. Wie gelingt ihnen das?

Die Funktionäre der Vereinten Nationen sind einer strengen hierarchischen Ordnung unterworfen. Es gibt drei große Kategorien von UNO-Funktionären. Zunächst den »*General staff*«, das Verwaltungspersonal: Fahrer, Sicherheitsleute, Schreibkräfte, Mitarbeiter in verschiedenen Bereichen (Kantinen, Büros, diplomatische Kurierdienste usw.). Die zweite Kategorie ist die der »*Professionals*« (Experten, Akademiker), die dritte die der Direktoren. Ganz oben an der Spitze der Hierarchie befinden sich der Generalsekretär, die stellvertretenden Generalsekretäre, die Untergeneralsekretäre, die Direktorinnen und Direktoren der Sonderorganisationen und -agenturen sowie die Hochkommissare.

Die erste und die zweite Kategorie besitzen die gleiche interne Hierarchie. Die Funktionäre werden gemäß bestimmter Stufen befördert, die ansteigend mit 1 bis 5 beziffert sind.

Zum Beispiel: G1, 2, 3, 4, 5 oder P1, 2, 3, 4, 5, denen nach einem Schlüssel exakt definierte Gehälter und Kompetenzen zugeordnet sind.

In der Kategorie der Direktoren gibt es nur zwei Stufen: D1

und D2. Die Direktoren verdienen im Durchschnitt 25 000 US-Dollar pro Monat nach Steuern und genießen diplomatische Immunität.

Offiziell heißt es, dass die Funktionäre der Kategorien G, P und D ausschließlich nach ihren beruflichen Qualifikationen ausgewählt würden. Nur die Besetzung der höchsten Ämter an der Spitze der Hierarchie wird von politischen Erwägungen abhängig gemacht. Auch bei ihrer Wahl spielt die Qualifikation natürlich eine Rolle, aber zusätzlich auch ihre geografische und ethnische Herkunft, damit die Universalität der Organisation und das Gleichgewicht der Kontinente gewahrt bleiben. Gewöhnlich gehen ihrer Ernennung lange, komplizierte und einigermaßen undurchsichtige Verhandlungen zwischen den Mitgliedstaaten voraus.

Kurzum, die UNO wird – zumindest auf dem Papier – von einem strengen demokratischen Prinzip regiert.

In Artikel 2 der Charta heißt es übrigens: »Die Organisation beruht auf dem Grundsatz der souveränen Gleichheit aller ihrer Mitglieder.« Die Volksrepublik China mit ihren 1,3 Milliarden und Vanuatu, ein Inselstaat im Südpazifik mit seinen 55 000 Einwohnern, haben beide nur je eine Stimme in der Generalversammlung.

Allerdings muss man dazu wissen, dass die Vertretungen der Vereinigten Staaten in Genf und New York – und darüber hinaus auch das State Department und die CIA – die Nominierungen unauffällig, aber höchst wirksam überwachen. Nicht nur diejenigen der Vertreter der höchsten Führungsebene und der Direktoren, sondern auch die der meisten Funktionäre, die der Kategorie P angehören. Ab der Position P3 wird jede Kandidatur zunächst den Amerikanern diskret zur Billigung vorgelegt. Meist geht das reibungslos vonstatten. Auch wenn die USA gelegentlich am Unabhängigkeitssinn – und damit der Weigerung einiger Direktoren von Sonderorganisationen – scheitern.

Beispielsweise würde ich meine Hand dafür ins Feuer legen, dass Guy Ryder, der Generaldirektor der Internationalen Arbeitsorganisation, niemals irgendwelche Unterlagen von Kandidaten an die amerikanische Botschaft weitergegeben hat – obwohl der Genfer Sitz seiner Organisation in unmittelbarer Nachbarschaft der amerikanischen Vertretung auf dem Weg nach Pregny liegt.

Trotzdem ist dieses System der Vorauswahl mittlerweile gängige Praxis, auch wenn sich die Amerikaner hin und wieder mit anderen Mächten arrangieren müssen.

Die Wahl des Generalsekretärs Ban Ki-moon ist ein schönes Beispiel dafür, wie die Dinge gehandhabt werden.

Ich saß am Tischende im Restaurant der Delegierten, in der achten Etage des Palais des Nations in Genf, anlässlich eines Mittagessens, zu dem Ban Ki-moon eingeladen hatte (er machte einen kurzen Abstecher nach Genf, um an einer außerordentlichen Sitzung des Wirtschafts- und Sozialrats teilzunehmen). Halb im Ernst, halb im Spaß berichtete er:

»Ich verdanke mein Leben amerikanischen Soldaten.«

Ban Ki-moon stammt aus einer Kleinstadt auf der koreanischen Halbinsel. 1950 waren die nordkoreanischen Aggressoren nur noch wenige Kilometer von dem Haus seiner Familie entfernt, als das amerikanische Expeditionskorps landete und die Nordkoreaner zurückdrängte.

Ernsthaft betrachtet, ist Ban Ki-moons Wahl ein treffliches Beispiel für die eher undurchsichtigen Begleitumstände, die die Wahl des Generalsekretärs bestimmen. 2006 endete die Amtszeit des Afrikaners Kofi Annan. Nach einem ungeschriebenen Gesetz lösen die Kontinente einander bei der Besetzung des Generalsekretariats ab; Asien war an der Reihe, einen Kandidaten vorzuschlagen. Der Anwärter, der sich anbot, wäre der Unter-generalsekretär und Schriftsteller Shashi Tharoor[1] gewesen, des-sen Kompetenz und Erfahrung unbestritten waren. Leider ist Tharoor Inder. Die pakistanische Regierung mobilisierte ihre Verbündeten in der einflussreichen Organisation der Islamischen Konferenz (OCI), um diese Wahl zu verhindern. Die OCI um-fasst 57 Staaten, deren Wortführer Pakistan ist. Der aus Kasch-mir stammende pakistanische Botschafter Masood Khan führte eine heftige Kampagne. Tharoor wurde von der Liste gestrichen.

Als ständiges Mitglied des Sicherheitsrats konnte China keinen eigenen Kandidaten präsentieren. Aber es schlug Ban Ki-moon vor, der damals südkoreanischer Außenminister in New York war.

Heute sind sich alle einig, dass der Sicherheitsrat reformiert werden muss und dass Staaten, die seit 1945 erhebliche Bedeu-tung gewonnen haben, wie Deutschland, Brasilien und Japan, einen ständigen Sitz – mit Vetorecht – erhalten sollten. Nun ist China aber besessen von seinem Hass auf Japan. Da Korea, wie China, bis 1945 grausam unter der japanischen Besatzung gelit-ten hatte, war für die chinesische Regierung ein Koreaner als Ge-neralsekretär gleichbedeutend mit der absoluten Garantie, dass Japan keinen ständigen Sitz im Sicherheitsrat erhalten würde.

Die Amerikaner wiederum waren sich sicher, dass sie sich auf die Loyalität eines Bürgers ihres Vasallenstaats Südkorea verlas-sen konnten. Auch Frankreich sprach sich für Ban Ki-moon aus, da der Quai d'Orsay prinzipiell jeden Kandidaten unterstützt, der ein paar Brocken Französisch radebrechen kann.[2]

Auch der Posten des Hochkommissars für Menschenrechte im Palais Wilson in Genf ist von hochstrategischer Bedeutung.

---

1 Vgl. unter anderem *Der große Roman Indiens*, Hildesheim 1995.
2 In seinen jungen Jahren hatte Ban Ki-moon einen Posten in Genf.

Wie durch ein Wunder hatten ihn eine Reihe von Männern und Frauen inne, die sich nicht dem amerikanischen Supremat unterwarfen. Da war zunächst die unnachgiebige und wunderbare Mary Robinson, die ehemalige Staatspräsidentin Irlands, dann die couragierte Kanadierin Louise Arbour, Ex-Chefanklägerin am Internationalen Strafgerichtshof für das ehemalige Jugoslawien in Den Haag, daraufhin Navi Pillay, eine Südafrikanerin tamilischer Herkunft, die als Anwältin in Johannesburg militante Mitglieder des *African National Congress* (ANC) verteidigt hatte. Nach dem Wahlsieg Nelson Mandelas im Jahr 1994 wurde sie zur Richterin am Internationalen Strafgerichtshof in Arusha für die Aufarbeitung des Völkermords in Ruanda ernannt.

Zwischen Mary Robinson und Louise Arbour war der unvergessliche Sérgio Vieira de Mello Hausherr im Palais Wilson. 2003 wurde er in Bagdad mit einundzwanzig seiner Mitarbeiter umgebracht.

2014 befand das *State Department*, diese Anomalie – die geistige Unabhängigkeit der Hochkommissare für Menschenrechte – habe lange genug gedauert. Auf Verlangen der Amerikaner verweigerte Ban Ki-moon Navi Pillay die Verlängerung der Amtszeit um weitere vier Jahre. An ihrer Stelle ernannte der Generalsekretär einen Prinzen aus der haschemitischen Dynastie Jordaniens, deren Überleben von den finanziellen Zuwendungen und der Protektion der Geheimdienste der USA abhängt. Sein Name: Seid bin-Ra'ad Seid Al-Hussein.

So wurden die Botschafterinnen und Botschafter der 47 Mitgliedstaaten des Menschenrechtsrats eines schönen Tages im Herbst 2015 Zeugen eines grotesken Schauspiels.

Die Besuche der Staatschefs sind Höhepunkte im Leben des Rates: Sie geben ihm Prestige und Glaubwürdigkeit.

Aus Riad kommend hatte der Präsident der Bolivarischen

Republik Venezuela angekündigt, er werde am 11. November 2015 in Genf eintreffen. Daher berief der ausgezeichnete Ratspräsident, der deutsche Botschafter Joachim Rücker, für diesen Tag eine außerordentliche Sitzung ein. Der »Saal der Menschenrechte und der Allianz der Zivilisationen« war zum Bersten voll.

Der Hochkommissar selbst war nicht anwesend. Er wandte sich per Video an den venezolanischen Präsidenten.

Nicolás Maduro hatte eine leidenschaftliche Rede gehalten, in der er ausführlich auf die Schwierigkeiten seines Landes eingegangen war und von dem Kampf für die Menschenrechte und gegen die Not in Lateinamerika berichtet hatte. Die Videobotschaft, die der haschemitische Prinz an Maduro richtete, verfehlte den Tatbestand der Beleidigung nur um eine Winzigkeit. Fast Wort für Wort wiederholte er die Anschuldigungen gegen Maduro, die Henrique Capriles erhoben hatte – der Oppositionsführer in Caracas und einer der Drahtzieher des Putschversuchs gegen Maduros Vorgänger Hugo Chávez im Jahr 2002. Maduro, ein kräftig gebauter Mann, schwarzhaarig und schnurrbärtig mit lebhaften Augen, verharrte starr und stumm. Er konnte nicht antworten, weil der Hochkommissar nicht anwesend war.

Eine halbe Stunde nach dem beschämenden Spektakel setzten Botschafter und Botschafterinnen der lateinamerikanischen Staaten einen offenen Brief auf, in dem sie empört gegen die diffamierenden Vorwürfe protestierten, die der Hochkommissar gegen den vom Rat eingeladenen Gast vorgebracht hatte.

Die imperiale Strategie der USA im Inneren der UNO ist fast allgegenwärtig. Hier ein Beispiel.

Dem Hochkommissar für Menschenrechte stehen zwei Untergeneralsekretäre zur Seite, die gegenwärtig australischer (in Genf) und britischer (in New York) Nationalität sind. Von den drei Generaldirektorenposten in Genf (D2) sind zwei in amerikanischer Hand, der dritte ist nach einem Rücktritt vakant. Von den zehn Direktorenstellen sind vier von Amerikanern besetzt. Der unmittelbare amerikanische Einfluss ist unübersehbar, obwohl er gelegentlich hinter einer scheinbar doppelten Staatsangehörigkeit versteckt wird. Manch ein Funktionär, der sich als Sudanese oder Iraner ausgibt, erweist sich bei näherer Prüfung der UNO-Unterlagen als Amerikaner. Außerdem kommen mehrere dieser Führungskräfte aus den Reihen von *Human Rights Watch*, einer NGO, die als Brückenkopf des *State Department* gilt. (Die ehemalige Botschafterin der Vereinigten Staaten beim Menschenrechtsrat wurde bei *Human Rights Watch* recycelt.) Die gesamte Führungsriege des Hochkommissariats ist also weitgehend dem Einfluss des amerikanischen Außenministeriums unterworfen, das dort nach Belieben schalten und walten kann.

Wie bin ich selbst der amerikanischen Zensur entgangen, sodass ich 2000 zum ersten Sonderberichterstatter der Vereinten Nationen für das Recht auf Nahrung ernannt werden konnte?

Ich hatte gerade ein Buch veröffentlicht mit dem Titel *Wie kommt der Hunger in die Welt? Ein Gespräch mit meinem Sohn*.[1] Als junger Funktionär des Hochkommissariats für Flüchtlinge hatte Kofi Annan lange Jahre in Genf gelebt.

Damals haben wir Freundschaft geschlossen. Außerdem war mein Buch *Die Schweiz, das Gold und die Toten*[2], in dem ich untersuche und offenlege, wie die Schweizer Banken als Hehler des gestohlenen Nazigolds fungiert haben, nach seinem Erscheinen in den Vereinigten Staaten[3] sehr freundlich aufgenommen

1 München 2000.
2 München 1997.
3 *The Swiss, the Gold and the Dead. How Swiss Bankers Helped Finance the Nazi War Machine*, New York.

worden, besonders von der *New York Times*. Dieses Buch hatte mir die wohlwollende Aufmerksamkeit der »amerikanischen Selektionisten« und ihrer israelischen Verbündeten eingetragen. Schließlich ist mir noch der Umstand, dass ich Schweizer und Professor – und daher vermeintlich neutral und objektiv – war, positiv angerechnet worden. Auf diese Weise ist der fatale »Fehler« zustande gekommen.

Aber ich wurde rasch enttarnt. Während meiner beiden aufeinander folgenden Wahlen in dem Beratenden Ausschuss des Menschenrechtsrats – 2008 und 2013 – wurde auf Betreiben des *State Department* eine erbitterte und raffiniert inszenierte Diffamierungskampagne gegen mich geführt, in deren Verlauf sich die Stimmberechtigten sogar Erpressungsversuchen ausgesetzt sahen. Besonders abscheulich war die Kampagne von 2013, die von der amerikanischen Botschafterin Samantha Power persönlich geführt wurde. Ich komme im letzten Kapitel darauf zurück.

Ein weiteres sehr aufschlussreiches Beispiel für die imperiale Strategie betrifft den Nahen Osten und die besondere Beziehung zwischen Washington und Tel Aviv.

Mit mehr als drei Milliarden Dollar pro Jahr finanzieren die Vereinigten Staaten die Luftwaffe, die Kriegsmarine, das Heer und die Geheimdienste Israels. Sie lassen den Juniorpartner an den modernsten (amerikanischen) Waffensystemen teilhaben.

Dafür erfüllt Israel als Söldnerstaat einige unentbehrliche Funktionen für die imperiale Macht. Bis in jüngste Zeit hing die amerikanische Wirtschaft weitgehend vom Nahost-Öl ab. Nach wie vor sind die Vereinigten Staaten dank ihrer enormen Kreativität mit Abstand der bedeutendste Industriestaat des Planeten. 25 Prozent der weltweiten Industrieproduktion sind amerikanischen Ursprungs. Diese beeindruckende Produktionsmaschine wird mit Öl betrieben: 20 Millionen Barrel verbrauchen die Vereinigten Staaten pro Tag. Bis in jüngste Zeit wurden davon gut 60 Prozent importiert, denn die Vorkommen auf dem amerikanischen Gebiet zwischen Alaska und Texas lieferten nur 8 Millionen Barrel pro Tag. Daher ist es von entscheidender Bedeutung, dass sich die Monarchien am Persischen Golf und auf der Arabischen Halbinsel der imperialen Strategie Amerikas unterwerfen. Und die Aufgabe Israels ist es, die amerikanische Ordnung in dieser Region zu sichern.

Allerdings haben die Vereinigten Staaten unlängst ihre Energie-Autarkie beinahe erreicht. Ermöglicht wird ihnen das durch das sogenannte »Fracking«, das heißt, die hydraulische Frakturierung von Gesteinsformationen, die Schiefergas oder Schieferöl enthalten. Doch auch wenn sich aufgrund dieser Entwicklung die amerikanische Abhängigkeit von den nahöstlichen Monarchien verringert hat, bleibt Israel seine Rolle – die Stabilisierung der Region – im Wesentlichen erhalten, denn diese Regime sind korrupt, marode und mit ihrer eigenen Bevölkerung verfeindet.

Zur Erinnerung: Saudi-Arabien hält US Treasury Bonds im Wert von 750 Milliarden Dollar. Würde durch ein Wunder eine demokratische Regierung das Regime der Saudis ersetzen und diese Bonds verkaufen, würde die amerikanische Wirtschaft bis in ihre Grundfesten erschüttert.

Die Schlacht, von der ich nun berichten möchte, habe ich unmittelbar miterlebt; sie fand im März 2016 während der 31. Sitzungsperiode des Menschenrechtsrats statt.

Gestützt auf die Gruppen der afrikanischen, lateinamerikanischen und asiatischen Staaten, hatte der palästinensische Botschafter Ibrahim Kraishi eine Resolution vorgelegt, in der der

Hochkommissar für Menschenrechte aufgefordert wurde, in einer Datenbank alle israelischen oder ausländischen Unternehmen auszuweisen (gleich ob aus dem Industrie-, Handels-, Finanz-, Bau- oder Dienstleistungssektor), die in den israelischen Kolonien der besetzten Gebiete operieren.[1]

Kraishi, grauhaarig, schlank, liebenswürdig, ist eine hoch angesehene Persönlichkeit im Palais des Nations. Der gelernte Mediziner stammt aus einer alten Jerusalemer Familie und ist ein enger Freund des palästinensischen Präsidenten Mahmoud Abbas.

In den Augen der Regierung in Tel Aviv barg dieser Resolutionsentwurf eine doppelte Gefahr. Sollte es gelingen, eine solche Liste aufzustellen und sie mit der Autorität der UNO auszustatten, konnten die Staaten und Nichtregierungsorganisationen, die mit dem palästinensischen Volk solidarisch sind, mit ihrer Hilfe die Weltmeinung gegen diese Konzerne mobilisieren.

Aber die Gefahr konnte auch von den europäischen Staaten ausgehen, die Mitglieder des Rats waren. Eigentlich ein seltener Fall, denn die Europäische Union hatte eher die Angewohnheit, sich blind auf die Seite der Besatzungsmacht zu schlagen. Doch dieses Mal lagen die Dinge anders. Anfang des Jahres 2016 gehörten acht von den siebenundvierzig Mitgliedstaaten des Rats der Europäischen Union an.

Seit 2002 gibt es ein Freihandelsabkommen zwischen den 28 Staaten der Europäischen Union und Tel Aviv. Gegenwärtig gelangen etwas mehr als 60 Prozent der israelischen Exporte in Länder der Europäischen Union. Doch kürzlich hat die Union eine Richtlinie erlassen: Keine Produkte – Orangen, Datteln,

---

1 Über die näheren Umstände dieser Resolution siehe Seite 87 f.

elektronische Anlagen usw. – aus den Kolonien dürfen auf den Europäischen Binnenmarkt.

Im Prinzip stimmt jeder Mitgliedstaat des Rats frei und unabhängig ab. Doch bei wichtigen Fragen bemüht sich die Europäische Union um eine gemeinsame Position. Im vorliegenden Fall oblag es dem Botschafter des Mitgliedstaats, der den Vorsitz im Rat der EU innehatte (eine Funktion, die alle sechs Monate wechselt), in Genf zu verhandeln und dann vor dem Rat die gemeinsame Position zu verteidigen.

Ein glücklicher Zufall wollte es, dass im März 2016 der Vorsitz des Europäischen Ministerrats bei den Niederlanden lag. So hatte der Botschafter der Regierung in Den Haag die Aufgabe, die Haltung der Europäer gegenüber der palästinensischen Resolution zu vertreten.

Nun ist aber Roderick van Schreven, der ständige Vertreter der Niederlande bei den Vereinten Nationen in Genf, ein wahrhaft außerordentlicher Mann – blond, hochgewachsen, lebhaft, munter und scharfsinnig. Er hat an der Universität Genf Wirtschaftswissenschaften studiert und ist erst spät in den auswärtigen Dienst eingetreten, nachdem er zuvor in der Wirtschaft glänzend reüssiert hatte. Daher verfügt er über einen etwas weiteren geistigen Horizont als die meisten Berufsdiplomaten. In Übereinstimmung mit der europäischen Richtlinie über die Kolonien unterstützte Roderick van Schreven den Resolutionsantrag Palästinas.

Augenblicklich schrillten in der amerikanischen Vertretung im Genfer Vorort Pregny die Alarmglocken.

Pamela Hamamoto, Botschafterin von Präsident Obama in Genf, verlangte umgehend von den Botschaftern der den USA nahestehenden arabischen und afrikanischen Staaten – vor allem Saudi-Arabien, Kenia und Botswana –, die Resolution zu Fall zu bringen. Doch der Versuch scheiterte.

Daraufhin schickte das amerikanische Außenministerium einen Abgesandten nach Ramallah. Mahmoud Abbas weigerte sich, ihn zu empfangen. Nun telefonierte Außenminister John Kerry persönlich mit dem palästinensischen Präsidenten und erinnerte ihn an all die Vorteile, die seinem Land aus der wirtschaftlichen und finanziellen Zusammenarbeit mit Washington erwuchsen. Mahmoud Abbas blieb bei seiner Weigerung.

Schließlich unternahm John Kerry einen letzten Versuch.

Obwohl durch und durch kultivierter Großbürger, verfügt Ibrahim Kraishi über ein vulkanisches Temperament. Ich sehe ihn noch vor mir, wie er im Flur meinen Arm ergriff: »*Can you imagine? They sent a helicopter!*« (»Stellen Sie sich vor! Sie haben einen Hubschrauber geschickt!«). Als ich ihn verständnislos ansah, erklärte er: Ein amerikanischer Hubschrauber hatte den jordanischen Außenminister in Amman abgeholt und zur Moukhata geflogen, dem Amtssitz des palästinensischen Präsidenten in Ramallah. Diesen Besucher konnte Abbas nicht abweisen.

Doch in dem bescheidenen Gebäude, das in Ramallah das Außenministerium beherbergt, ist eine neue Generation an der Macht. Sie wehrte sich erbittert gegen die Einschüchterungsversuche von John Kerry. Einer der begabtesten Diplomaten dieser neuen Generation heißt Imad Zuheiri. Er hat an der Universität von Grenoble studiert und war dann stellvertretender Botschafter in Genf. Heute ist er der wichtigste Berater des Außenministeriums. Von Zuheiri und seinen Freunden unterstützt, ließ sich Mahmoud Abbas nicht von dem Jordanier beeindrucken.

So wurde die palästinensische Resolution am Donnerstag, dem 24. März 2016, im Menschenrechtsrat mit großer Mehrheit verabschiedet.

Das diplomatische Spiel der herrschenden Klassen in den Vereinigten Staaten ist kompliziert. Doch egal, wer im Weißen Haus und im Kongress an der Macht ist, die amerikanischen Eliten sind in ihrer großen Mehrheit tief durchdrungen von ihrem »*manifest destiny*«, ihrer von der Vorsehung verliehenen Bestimmung, kurzum, der imperialen Theorie.

Sich auf sie berufend infiltrieren und instrumentalisieren sie die Vereinten Nationen und nutzen sie für die eigenen, imperialen Ziele.

Und wenn sie die Weltorganisation ausnahmsweise nicht in der gewünschten Weise manipulieren können, gebrauchen sie nackte Gewalt, wie bei der Invasion und Zerstörung des Irak, die sie am 20. März 2003 begannen.

KAPITEL SECHS

Krieg und Frieden

Einer der außergewöhnlichsten Menschen, die ich jemals kennengelernt habe, war der ehemalige deutsche Bundeskanzler
Willy Brandt. Lange Zeit hat er meine Weltsicht beeinflusst und
meine Kämpfe beflügelt.

Sechzehn Jahre lang, bis zu seinem Tod im Jahr 1992, war
Willy Brandt Präsident der Sozialistischen Internationale. Als
Delegierter der Sozialistischen Partei der Schweiz saß ich in
seinem Exekutivrat – zusammen mit Genossen meiner Generation, denen später glänzendere Karrieren beschieden waren
als mir. Lionel Jospin wurde Ministerpräsident in Frankreich,
Pierre Schori Minister für Entwicklung und Zusammenarbeit in
Schweden und Peter Jankowitsch österreichischer Außenminister
im Kabinett von Bruno Kreisky.

Heute siecht die Sozialistische Internationale leider dahin.
Damals besaß sie erheblichen politischen, ideologischen und
wirtschaftlichen Einfluss.

In ihrem Exekutivrat saßen viele Staats- oder Regierungschefs.
Daher wurden die Hotels in Helsinki, Tokio, Madrid, Stock-
holm, Dakar oder Genf, in denen unsere Treffen stattfanden, von
der Polizei streng überwacht. Diese Isolierung hatte für meine
gleichaltrigen Genossen und mich einen offenkundigen Vorteil.
Da wir mit den Staatschefs eingeschlossen waren, saßen wir mit

ihnen nicht nur in den Sitzungssälen zusammen, sondern auch am Frühstückstisch und abends an der Bar, zu einem letzten Glas.

Für Willy Brandt hege ich tiefe Bewunderung und Dankbarkeit. Viele der politischen Lehren und Ratschläge, die er mir gegeben hat, erlauben mir heute, in der UNO zu überleben. Anderen Menschen begegnete er mit ungewöhnlicher Aufmerksamkeit und Rücksichtnahme. In Fremdsprachen fühlte er sich nicht sonderlich zu Hause, daher kamen wir öfter miteinander ins Gespräch, weil wir uns auf Deutsch unterhalten konnten.

Vor allem hat er mich Geduld gelehrt. Oft sagte er zu mir:

»Du wirst sehen... langsam werden die Menschen verstehen... das Vertrauen in unsere Politik wird wachsen... immer mehr Leute werden uns wählen... das Verlangen nach sozialer Gerechtigkeit, persönlicher Autonomie, Wohlergehen ist eine mächtige Triebkraft der Geschichte.«

Mit dreiundzwanzig Jahren schloss sich Willy Brandt, der unter ärmlichen Verhältnissen in einem Lübecker Arbeiterviertel aufgewachsen war und seinen Vater nie kennengelernt hatte, den Internationalen Brigaden in Spanien an. Nach Hitlers Machtergreifung war er nach Norwegen emigriert. Als Norwegen angegriffen wurde, kämpfte er in der norwegischen Armee gegen die deutschen Invasoren.

Wenn einer meiner Kampfgenossen den schönen Namen »Internationalist« verdient, dann ist er das.

Oft hat er zu uns gesagt: »Der Frieden ist nicht alles, aber ohne Frieden ist alles nichts.«

Den Kern der UNO-Charta bildet das Kapitel VII mit dem Titel: »Maßnahmen bei Bedrohung oder Bruch des Friedens und bei Angriffshandlungen«. Dieses Kapitel behandelt das gesamte Instrumentarium – von bewaffneten Operationen bis hin zu verschiedenen Blockademaßnahmen –, über das die Organisation oder, genauer, der Sicherheitsrat verfügt, um einen Aggressor in die Schranken zu weisen und den Frieden wiederherzustellen. Es folgen einige der wichtigsten Artikel.

Artikel 39

Der Sicherheitsrat stellt fest, ob eine Bedrohung oder ein Bruch des Friedens oder eine Angriffshandlung vorliegt; er gibt Empfehlungen ab oder beschließt, welche Maßnahmen auf Grund der Artikel 41 und 42 zu treffen sind, um den Weltfrieden und die internationale Sicherheit zu wahren oder wiederherzustellen.

Wie der folgende Artikel festlegt, sind die Sanktionen graduell:

Artikel 41

Der Sicherheitsrat kann beschließen, welche Maßnahmen – unter Ausschluß von Waffengewalt – zu ergreifen sind, um seinen Beschlüssen Wirksamkeit zu verleihen; er kann die Mitglieder der Vereinten Nationen auffordern, diese Maßnahmen durchzuführen. Sie können die vollständige oder teilweise Unterbrechung der Wirtschaftsbeziehungen, des Eisenbahn-, See- und Luftverkehrs, der Post-, Telegraphen- und Funkverbindungen sowie sonstiger Verkehrsmöglichkeiten und den Abbruch der diplomatischen Beziehungen einschließen.

Der Sicherheitsrat kann die folgenden militärischen Maßnahmen beschließen:

Artikel 42

Ist der Sicherheitsrat der Auffassung, daß die in Artikel 41 vorgesehenen Maßnahmen unzulänglich sein würden oder sich als unzulänglich erwiesen haben, so kann er mit Luft-, See- oder Landstreitkräften die zur Wahrung oder Wiederherstellung des Weltfriedens und der internationalen Sicherheit erforderlichen Maßnahmen durchführen. …

Zu diesen kriegerischen Maßnahmen müssen alle Mitgliedstaaten beitragen:

Artikel 43

(1) Alle Mitglieder der Vereinten Nationen verpflichten sich, zur Wahrung des Weltfriedens und der internationalen Sicherheit dadurch beizutragen, daß sie nach Maßgabe eines oder mehrerer Sonderabkommen dem Sicherheitsrat auf sein Ersuchen Streitkräfte zur Verfügung stellen, Beistand leisten und Erleichterungen einschließlich des Durchmarschrechts gewähren, soweit dies zur Wahrung des Weltfriedens und der internationalen Sicherheit erforderlich ist.

(2) Der Generalstabsausschuß besteht aus den Generalstabchefs der ständigen Mitglieder des Sicherheitsrats oder ihren Vertretern.

Die Hauptabteilung Friedenssicherungseinsätze (*Department of Peace Keeping Operations*, DPKO) ist für den Einsatz der Blauhelme zuständig. Diese haben zwei unterschiedliche Aufgaben wahrzunehmen: Friedenssicherung (*peace keeping*) und Friedensschaffung (*peace making*).

Die Friedenssicherungseinsätze finden statt, nachdem die Diplomaten das Ende eines Konflikts ausgehandelt haben. Dazu gehört die Überwachung der Waffenstillstandslinien und der Waffenruhe. Die friedensschaffenden Einsätze hingegen setzen eine Kriegserklärung voraus. Der Sicherheitsrat beauftragt die internationale Streitmacht – unter dem Kommando der UNO –, den Aggressor mit Waffengewalt zu bekämpfen, ihn zu besiegen und den Frieden wiederherzustellen.

Die Truppen der Blauhelme setzen sich aus nationalen Kontingenten der Mitgliedstaaten zusammen. Größtenteils umfassen diese Kontingente Soldaten aus bitterarmen Ländern: Guatemala, Pakistan, Nepal, Bangladesch usw. Über das DPKO bezahlt die UNO die Offiziere und Soldaten, die Ausrüstung und die Waffen, die Transportmittel und die Nachrichtentechnik.

In mehreren Staaten, die Blauhelme stellen, hat sich ein schwunghafter Handel entwickelt: Das DPKO zahlt der betreffenden Regierung eine *lump sum*, einen Pauschalbetrag, für ihr Kontingent. Das Geld geht direkt an die politische Führung (Verteidigungsminister, Ministerpräsidenten usw.). Häufig ziehen diese Politiker es vor, selber »abzusahnen« und ihre Soldaten in fernen Ländern mit einem Hungerlohn abzuspeisen. So ist es in zahlreichen Staaten der südlichen Hemisphäre für die politischen »Eliten« zu einem einträglichen Geschäft geworden, die UNO mit Blauhelmen zu versorgen.

2016 beläuft sich die Zahl der in Blauhelm-Missionen eingesetzten Offiziere, Soldaten und Polizisten auf mehr als 100 000, zu denen sich noch 20 000 zivile Mitarbeiter gesellen. Sie kommen aus 114 verschiedenen Ländern. Die Einsätze zur »Friedenssicherung« sind ihr täglich Brot. Sie überwachen die Waffenstillstandslinie im Südlibanon, auf Zypern, im Kosovo, im umstrittenen Frontbereich zwischen Äthiopien und Eritrea, im Sudan, in Elfenbeinküste, Liberia, in der Demokratischen Republik Kongo, in der Westsahara, in der Zentralafrikanischen Republik, in Mali, Haiti, Ossetien, Abchasien und so fort – insgesamt in 32 Staaten.

Betrachten wir jetzt einige der von der UNO geführten Kriege. Der erste und bisher blutigste Krieg war der Koreakrieg (1950–1953).

Korea ist eine Halbinsel von berückender Schönheit, tiefgrünen Reisfeldern und dichten Regenwäldern, vor allem im Norden, in der Grenzregion zu Sibirien, der Heimat der Amurtiger. 1912 wurde das uralte Königreich von den Japanern erobert und kolonisiert. Im August 1945, nach der Kapitulation Tokios, teilten die Vereinigten Staaten und die Sowjetunion die Halbinsel untereinander auf. Im Norden setzte Stalin Kim Il-sung ein, einen Kommandeur der antijapanischen Guerilla in der Mandschurei. Im Süden stützten die USA eine ihr ergebene Diktatur. Der 38. Breitengrad bildete die Grenze zwischen dem sowjetischen und dem amerikanischen Satellitenstaat. 1946 waren Wahlen zur Wiedervereinigung geplant, fanden aber nie statt.

Im Morgengrauen des 25. Juni 1950 drangen Hunderttausende nordkoreanische Soldaten mit Panzern, Flugzeugen und Kriegsschiffen über den 38. Breitengrad vor und fielen in den Süden ein. Nach nur dreitägigen Kämpfen wurde Seoul eingenommen. Anschließend rückte die nordkoreanische Armee immer rascher nach Süden vor.

Daraufhin verabschiedete der Sicherheitsrat eine Resolution zur »Wiederherstellung des Friedens« *(peace making)*. Es wurde ein Expeditionscorps gebildet. Zwanzig Staaten schickten Regimenter oder Bataillone.

Die blaue Fahne der UNO flatterte über einer Armee von 340 000 Soldaten. Fast 90 Prozent von ihnen waren Amerikaner, abkommandiert von den Besatzungstruppen in Japan. Douglas MacArthur, der Sieger im Pazifikkrieg, wurde vom Sicherheitsrat zum Oberbefehlshaber ernannt.

MacArthur drängte die Nordkoreaner hinter den 38. Breitengrad zurück.

Ein Rätsel bleibt indes: Ein Krieg im Namen der Vereinten Nationen lässt sich nur durch das einstimmige Votum aller fünf ständigen Mitglieder des Sicherheitsrats beginnen. Doch an diesem Junimorgen des Jahres 1950, als der Rat über den Krieg abstimmte, war der sowjetische Botschafter nicht anwesend.

Damals war das kommunistische China noch kein UNO-Mitglied, der chinesische Sitz wurde von Taiwan eingenommen.

Brian Urquhart, ein enger Mitarbeiter des damaligen Generalsekretärs Trygve Lie, hat eine plausible Hypothese[1]: Zwischen Stalin und Mao Tse-tung seien die Beziehungen miserabel gewesen; daher habe Stalin den Krieg der UNO zynisch unterstützt und gehofft, China sähe sich gezwungen, aufseiten seines kommunistischen Verbündeten Nordkorea einzugreifen, und werde durch diese Intervention eine Schwächung erleiden.

Was dann auch geschah.

Im Oktober 1950 überquerten die Truppen der Volksrepublik China den Fluss Yalu und eroberten mithilfe der Nordkoreaner Seoul zurück. Die chinesische Armee bestand aus 1,7 Millionen »Freiwilligen«. Im Zuge dieser Gegenoffensive verloren Hunderttausende von ihnen ihr Leben oder wurden verstümmelt.

Am 27. Juli 1953 unterzeichnete der Oberbefehlshaber der UNO-Truppen den Waffenstillstand. Als Grenze zwischen den beiden Landesteilen Koreas wurde wieder der 38. Breitengrad festgelegt.

Ich bin durch einen traurigen Umstand zu einem Experten des Koreakriegs geworden. Ab 1976 wurde die Volksrepublik Korea von einer katastrophalen Hungersnot heimgesucht, deren

1 Brian Urquhart, *A Life in Peace and War*, New York 1987.

Ursache die dilettantische Bewirtschaftung der landwirtschaftlichen Staatsbetriebe und wiederholte Überschwemmungen waren. Die Bevölkerung überlebte dank der Lieferungen des Welternährungsprogramms. Auf den Quais von Wŏnsan stapelten sich die Reissäcke mit dem blauen Logo der Vereinten Nationen zu Pyramiden.

Daraufhin riet die chinesische Schutzmacht der Regierung in Pjöngjang, sich ein wenig zu öffnen und einige sorgfältig ausgewählte ausländische Intellektuelle nach Nordkorea einzuladen, die dem »antiimperialistischen Lager« zuzurechnen seien.

Für die Schweiz fiel die Wahl auf mich.

Ich unterhielt keine besondere Beziehung zur nordkoreanischen Vertretung bei den Vereinten Nationen in Genf. Wie alle meine Landsleute wunderte ich mich über ihre – um es vorsichtig auszudrücken – bizarren Kommunikationsmethoden. Die Botschaft lag am Südufer des Sees, Chemin de Plonjon 1. Ihr Park war vom See durch eine Straße und den Quai getrennt, der kilometerweit am Wasser entlangführt. In diesem Park waren riesige Transparente angebracht, die nachts beleuchtet wurden und koreanische Schriftzeichen in roter Farbe trugen – offenbar Aussprüche von Kim Il-sung (aber leider für alle nichtkoreanischen Einwohner Genfs völlig unverständlich)!

Eines Herbstmorgens suchten mich in meinem Büro an der Universität drei koreanische Diplomaten auf, alle mit einem eingefrorenen Lächeln im Gesicht und einem Porträt Kim Il-sungs am Revers. Sie schienen direkt einem James-Bond-Film entsprungen zu sein.

Damals war ich Schweizer Nationalrat, mit anderen Worten Genfer Abgeordneter in der Bundesversammlung in Bern. Die drei lächelnden, schwarz gekleideten Abgesandten luden mich im Namen ihres »Großen Führers« ein, Pjöngjang zu besuchen.

Ich versprach, ihnen später Bescheid zu geben – und schickte keine Antwort. Daraufhin fingen die drei an, mich zu belagern: Häufig passten sie mich am Ende meiner Lehrveranstaltungen ab oder folgten mir in das Dorf, in dem ich wohnte. Eines Tages sah ich, dass ihr schwarzer Mercedes die Einfahrt zum Hof meines Hauses blockierte. Ich weigerte mich, sie anzuhören.

1978 war ich zu Besuch in Peking. Eines Morgens teilte mein chinesischer Begleiter mir mit: »Ein paar Herren erwarten Sie in der Hotellobby.« Es waren Koreaner mit eingefrorenem Lächeln und schwarzer Kleidung. Ich habe nie in Erfahrung gebracht, wie sie mich dort gefunden haben. Aber dieses Mal ließen sie sich nicht abschütteln.

Ich nahm den Zug nach Pjöngjang.

Dort wurde ich wie ein hochrangiger Besucher empfangen und in einer dieser Gästevillen untergebracht, die ich aus der Sowjetunion kannte – weiße Fassade, riesige Panoramafenster, Möbel aus massiven Edelhölzern. Das riesige Bett im Schlafzimmer war mit grünseidener Bettwäsche bezogen.

Funktionäre des Welternährungsprogramms und Schweizer Diplomaten an der Botschaft in Peking, die aber auch in Pjöngjang akkreditiert waren, hatten mir von der betörenden Schönheit des Landes vorgeschwärmt. Doch abgesehen von einigen schwer bewachten Ausflügen nach Chŏngjin, Wŏnsan und Nampo sowie einer Pilgerfahrt nach Mangyŏngdae, dem Geburtsort des »Großen Führers«, habe ich nicht viel von Nordkorea gesehen.

Die ersten vier Tage meines Besuchs blieb ich in meiner Gästevilla eingeschlossen. Nacheinander statteten mir hohe Militärs der Infanterie, Artillerie, der Panzerstreitkräfte, Luftwaffe und Kriegsflotte Besuche ab. Die meisten von ihnen waren erstaunlich klein und trugen braune Uniformen (ausgenommen die Admirale) und überdimensionale Mützen nach sowjetischem Vorbild. Auf der Brust präsentierten sie – abgesehen von dem obligaten Abzeichen mit dem Porträt Kim Il-sungs – ganze Eisenwarenhandlungen an Medaillen, kleinen Metallfahnen und Kriegsorden.

Jeden Tag zeigten sie mir stundenlang Kriegsfilme mit kaum erträglichen Szenen. Mit eintöniger Stimme erläuterten sie mir ohne erkennbares Gefühl die Gräuel des Krieges. Sie sagten, der »amerikanische Krieg«. Eine junge Koreanerin mit einem zarten, hübschen Gesicht, die ein rotes Seidenkleid trug, übersetzte ihren Sermon ins Englische.

Unter dem Kommando von Kim Il-sung – den sie nie beim Namen nannten, sondern nur durch Umschreibungen bezeichneten wie »Großer Führer«, »ewiger Präsident«, das »vollkommene Gehirn« oder auch »Lehrmeister der ganzen Menschheit« – habe die Koreanische Volksarmee (KVA), wie sie mir erklärten, der »Aggression« der UNO heldenhaften »Widerstand« geleistet. Alle Generale und Admirale erzählten mir nacheinander voller Stolz – aber immer mit der gleichen eintönigen Stimme – von diesen schrecklichen Schlachten. Wie konnte ich sicher sein, dass sie mir Lügen auftischten? Wie dem auch sei, manche Sequenzen der Filme ließen mir das Blut in den Adern gefrieren. Und es ist unbezweifelbar, dass die Männer, Frauen und Kinder dieses Volkes Entsetzliches erlitten haben. Dafür gab es in den Filmen zahllose Belege: die schwarzen Napalmstreifen über den Dörfern, die zu Skeletten abgezehrten Kinder, die sich in den Ruinen versteckten, der verstörte Blick der Mütter, die verstümmelten, verbrannten, amputierten Opfer.

Während dieser sogenannten »Informationsnachmittage« gab es stets einen ganz besonderen Augenblick – immer dann, wenn der Bericht des jeweiligen Generals oder Admirals einem bestimmten Tag näher rückte: dem 11. April 1951.

Aus Furcht, in den ständig heranbrandenden Wellen der chinesischen »Freiwilligen« unterzugehen, die den Yalu überquerten, hatte General MacArthur vorgeschlagen, eine Atombombe auf die feindlichen Truppen abzuwerfen. Doch Präsident Harry Truman hatte sich geweigert. Da er befürchtete, die kriegerische Haltung von MacArthur könne zu einer direkten Konfrontation zwischen China und den USA führen und damit der Sowjetunion einen Vorteil verschaffen, setzte er an diesem Tag den furchtbaren General ab.

Jedes Mal, wenn ich meine Gesprächspartner fragte: »Wie erklären Sie sich dieses Wunder?«, verkündeten sie stereotyp mit charakteristisch flacher Stimme: »Die geistige Stärke unseres ›Großen Führers‹ hat MacArthurs verbrecherisches Tun aufgehalten und dadurch den Sturz des Amerikaners bewirkt.«

Am Tag vor meiner Abreise wurde mir die »Ehre« zuteil, vom »Großen Führer« empfangen zu werden. Abends wurde ich durch breite, leere Prachtstraßen – weder Fahrzeuge noch Passanten, nur ein paar Radfahrer – zur monumentalen Toreinfahrt eines Marmorpalastes gefahren. Lange musste ich in einem Salon mit Porträts des »ewigen Präsidenten« warten. Dann öffneten sich die hohen Flügel einer Tür. Lächelnd bat mich der joviale Riese, der eine dick umrandete Brille trug, auf einem mit blauer Seide bezogenen Sofa Platz zu nehmen. Er selbst setzte sich mir gegenüber auf einen erhöht stehenden Sessel.

Er trug einen dunkelblauen Anzug westlichen Zuschnitts und schien seine vierundsechzig Jahre Lügen zu strafen.

Die Dolmetscherin war miserabel, vermutlich paralysiert von der Gegenwart ihres Halbgotts und Dienstherrn.

Das Treffen war kurz. Ich verstand nur hin und wieder, was der »Große Führer« sagte.

Dabei war mir kaum bewusst, dass ich einem Massenmörder gegenübersaß.

Erst hinterher habe ich Genaueres über den Gulag erfahren, in dem die Herrscherfamilie diejenigen ihrer Sklaven gewöhnlich lebenslänglich schmachten ließ (und lässt), die als Dissidenten verdächtigt wurden oder auch nur Zweifel am Charakter dieser sakrosankten Persönlichkeiten hegten.

Erst als ich in die UNO berufen wurde, entdeckte ich den ganzen Schrecken der von dem Regime verübten Verbrechen. Dabei hatte mir die Arbeit eines Sonderberichterstatters für Nordkorea, eines hartnäckigen thailändischen Rechtsanwalts, die Augen geöffnet. Zwar gelang es ihm nie, in das Reich der Kims zu gelangen, aber er sammelte eine Vielzahl von Zeugenaussagen und Berichten von den wenigen Menschen, denen die Flucht aus Nordkorea gelungen war. Daraus geht eindeutig hervor, dass die koreanische Hölle auch heute noch unverändert fortbesteht.

Mein Besuch des Landes im Jahr 1978 war absolut sinnlos.

Nach dem Koreakrieg war der zweite große Krieg unter Beteiligung der Blauhelme der Einsatz gegen die weißen Söldner in Katanga (1960–1964). Ich habe ihn unmittelbar miterlebt, denn ich war damals Assistent von Brian Urquhart, den Dag Hammarskjöld, der Generalsekretär der Vereinten Nationen, als seinen Sonderbeauftragten für den Kongo und Kommandeur der UN-Truppen in das Krisengebiet entsandt hatte.[1]

Unter dem doppelten Druck des Aufstands der von Patrice

---

1 Über diesen lange zurückliegenden Abschnitt meines Lebens habe ich in dem Buch, *Wie herrlich, Schweizer zu sein* (a. a. O.) berichtet. Ich beziehe mich hier auf die wesentlichen Ereignisse meines Berichts.

Lumumba geführten Nationalen Kongolesischen Bewegung (*Mouvement National Congolais*, MNC) und der Weltmeinung musste Belgien seiner Kolonie am 30. Juni 1960 die Unabhängigkeit gewähren. Im Mai fanden freie Wahlen statt, aus denen Joseph Kasavubu als Präsident und Patrice Lumumba als Ministerpräsident hervorgingen. Doch am 11. Juli spaltete sich Katanga, die zwölfte Provinz des riesigen Landes, ab und erklärte seine Unabhängigkeit.

Da Katanga über erhebliche Bodenschätze verfügt – Kobalt, Uran, Mangan, Coltan, Diamanten, Gold, Silber –, sabotierten europäische Konzerne, allen voran die Union minière du Haut-Katanga, die Gründung eines Einheitsstaates. Der Präsident des neuen Staates Katanga war Moïse Tshombé, ein ehemaliger Buchhalter der Union minière.

Während die Sowjetunion und Länder der Dritten Welt die aus der Unabhängigkeit hervorgegangene kongolesische Regierung unterstützten, wurde diese Regierung vom Westen sabotiert.

Um die »Unabhängigkeit« Katangas zu schützen, stellte die Union minière eine eigene Armee auf, die sogenannte »katangesische Gendarmerie«. Da die Truppenstärke nicht ausreichte, warb sie Söldner an, vor allem belgische Kolonisten, aber auch ehemalige französische Soldaten, besonders Ex-Offiziere der im Algerienkrieg entstandenen Organisation armée secrète (OAS)[1]. In der UNO und im übrigen Kongo hießen sie nur »les Affreux«, die »Schrecklichen«.

---

1 Im April 1961 putschten in Algier Offiziere und Soldaten zweier Regimenter der französischen Kolonialarmee gegen Staatspräsident Charles de Gaulle. Der Staatsstreich misslang, und die Meuterer – inzwischen im Untergrund abgetaucht – gründeten eine eigene »Geheimarmee«, die forthin Attentate gegen die französischen Truppen und Behörden in Algerien verübte.

Einer von ihnen, Hauptmann René Faulques, war der Welt-öffentlichkeit erstmals durch die Folterungen, die er als Direktor des Militärgefängnisses Villa Susini in Algier durchgeführt hatte, zu fragwürdiger Berühmtheit gelangt.[1] Als Offizier der Fallschirmjäger hatte Faulques anschließend am Putsch der Generale gegen Staatspräsident de Gaulle teilgenommen. Von der Polizei gesucht, war er im April 1961 untergetaucht. Als er zum Kommandeur der katangesischen Armee ernannt wurde, war er von Oktober bis Ende Dezember 1961 der eigentliche Herrscher über Katanga.

Doch Faulques ging nicht allein nach Katanga. Eine Gruppe von 35 französischen Ex-Offizieren, lauter OAS-Mitglieder, begleitete ihn. Alle erklärten, für die »abendländische Kultur«, für das »Christentum« und »gegen den Kommunismus« zu kämpfen.[2] Faulques' wichtigste Gefolgsleute hießen Hiver, Lepage, Gillet und Lasimone; Letzterer war der persönliche Adjutant des Hauptmanns. Auch andere in Katanga operierende Söldner brachten es durch ihre verrückten Gräueltaten zu hohen Bekanntheitsgraden, beispielsweise der Franzose Bob Denard oder der Belgier Jean Schramme.

Gleich nach seiner Ankunft begann Faulques, die Streitkräfte des sezessionistischen Staates zu reorganisieren. Er baute die katangesische Gendarmerie um und schuf mobile Einheiten, die von Söldnern geführt wurden. Außerdem knüpfte er nach dem Vorbild der OAS und ihrer Delta-Kommandos ein ziviles Terrornetzwerk: 3000 weiße bewaffnete Zivilisten, bereit, auf den

---

1 Henri Alleg, Häftling in diesem Algierer Gefängnis, hat in einem Buch von seiner Begegnung mit Faulques berichtet (*La Question*, Paris 1958, S. 95–98).
2 Nach ihrer Verhaftung durch die Blauhelme im Dezember 1961 haben einige Söldner umfangreiche Geständnisse abgelegt. Diese sind nie veröffentlicht worden, werden aber in den Archiven der Vereinten Nationen in New York aufbewahrt.

bloßen Befehl des Chefs hin Blitzaktionen gegen die Blauhelme durchzuführen. Schließlich stellte er noch »Überfallkommandos« *(groupes de choc)* auf die Beine: fünf ausgesuchte Söldner auf einem Jeep, der mit einem Mörser und einem Maschinengewehr ausgerüstet war, den Tod hinter die feindlichen Linien trug und in der afrikanischen Bevölkerung Schrecken und Panik hervorrief.

Am 17. Januar 1961 wurde der erste demokratisch gewählte Premierminister von einem belgischen Offizier ermordet. Daraufhin versank der riesige Subkontinent im Chaos. Die Generalversammlung der Vereinten Nationen erteilte mit der großen Mehrheit der Drittweltstaaten dem Generalsekretär den Auftrag, die zivile Verwaltung des Kongo zu organisieren, die katangesische Sezession militärisch zu beenden und alle ausländischen Militärs, Paramilitärs und Söldner vom kongolesischen Staatsgebiet zu vertreiben.

Aber die französischen und belgischen Söldner waren gerissen, militärisch hervorragend ausgebildet und extrem gefährlich. Lange Zeit warteten die Soldaten der Operation der Vereinten Nationen im Kongo (*Opération des Nations Unies au Congo*, ONUC) an der Grenze zu Katanga auf ihren Einsatz.

Am 13. September 1961 gab die UNO endlich den Befehl zum Angriff auf Élisabethville[1], die Hauptstadt von Katanga.

Am Morgen des 17. September 1961 hob die in den UNO-Farben Blau-Weiß leuchtende DC-6 Dag Hammarskjölds vom Flughafen Ndjili in Léopoldville (heute: Kinshasa) ab und flog nach Osten, der aufgehenden Sonne entgegen. Begleitet von etwa zehn Mitarbeitern, Leibwächtern und Sekretären, war er auf dem Weg zu einem letzten Versuch, mit Tschombé zu ver-

1   Heute Lubumbashi.

handeln. Am 18. September um drei Uhr morgens wurde in
New York Alarm geschlagen. Um 10 Uhr entdeckte ein britischer
Hubschrauber das rauchende Wrack der DC-6 im Dschungel,
nur wenige Kilometer von der katangesischen Grenze entfernt.
Das Flugzeug war beim Anflug auf sein Ziel gegen einen Berg
geprallt. Es gab keine Überlebenden. Obwohl die zahlreichen
Untersuchungen der UNO ergebnislos blieben, ist Urquhart bis
auf den heutigen Tag davon überzeugt, dass der Absturz auf das
Konto der französischen Söldner geht.

Dag Hammarskjöld war ehemaliger Präsident des schwedischen Reichsbankdirektoriums und später Botschafter seines
Landes bei der UNO, bevor er 1953 zum Generalsekretär der
Vereinten Nationen gewählt wurde. Nach dem unberechenbaren
Trygve Lie, einem norwegischen Gewerkschaftler mit homeri-
schen Zornesausbrüchen, exzentrischen Vorlieben und einem
ausgeprägten Hang zur Flasche, wünschten sich Amerikaner und
Russen einen schlichteren und lenkbareren Generalsekretär. Der
blasse schwedische Intellektuelle Hammarskjöld, ein zurückgezogen lebender Junggeselle, schien der ideale Kandidat zu sein.
Seine Unterstützer bekamen, was sie verdienten! In den acht Jahren seines Mandats erwies sich Hammarskjöld als total unabhängig, unbeirrbar, unermüdlich – und geschickt.

Hammarskjöld verabscheute die egoistische Staatsraison, den
Zynismus der Großmächte. Er besaß ein unbestechliches mora-
lisches Empfinden – eine Eigenschaft der Vernunft und des Her-
zens, die ich Jahre später bei Olof Palme, Pierre Schori und Bernt
Carlsson wiederfand, meinen schwedischen Genossen vom Exe-
kutivausschuss der Sozialistischen Internationale. Für die wenigen Kongolesen, mit denen Hammarskjöld Kontakt hatte, war
er der »*Mundele mia Nzambi*« (der »von Gott gesandte Weiße«).
Für mich ist er neben Willy Brandt, Bruno Kreisky, Thomas

159

Sankara und Fidel Castro einer der wenigen echten »Staatsmänner«, die ich kennengelernt habe. Bei seinen nahen und fernen Mitarbeitern weckte er ein Gefühl der Verbundenheit, das an Hingabe grenzte. Urquhart war sein wichtigster Ratgeber.

Mir, der ich zum ONUC-Fußvolk in Léopoldville gehörte, erschien Hammarskjöld wie ein ferner Übervater, von dem ich nur die Tagesbefehle kannte, die er uns per Telex aus New York übermittelte. Als Redner war er ohne Feuer und Talent. Er sprach monoton, äußerst langsam, trocken und langweilig. Bei einem seiner seltenen Abstecher nach Léopoldville war ich von seiner extremen Kälte und Unnahbarkeit sehr befremdet.

Urquhart richtete sein Hauptquartier am westlichen Stadtrand von Élisabethville im Untergeschoss eines Krankenhauses italienischer Missionare ein, aus dem alle Patienten evakuiert worden waren. Die »Schrecklichen« hielten das Zentrum besetzt, vor allem die Hauptpost, ein imposantes Gebäude. Als Mitglieder des zivilen internationalen Personals waren wir ebenfalls im Untergeschoss des Krankenhauses untergebracht. Tagelang blieben wir ohne Nachricht von den schwedischen, irischen, äthiopischen, ghanaischen und indischen Truppen nebst den Ghurkas[1], die in Richtung Kolwezi, Kipushi, Jadotville[2] und die anderen Bergbauzentren vorrückten. Die Söldner und katangesischen Gendarmen waren äußerst ernstzunehmende Gegner. Als ehemaliger Offizier der britischen *First Airborne Division* wusste Urquhart nur zu gut, wie groß die Gefahr war, der die Blauhelme ausgesetzt waren.

Anfangs verstand ich die politische und strategische Bedeutung der großen Schlachten nicht, die ich selbst miterlebte und

---

1 Ursprünglich Bezeichnung für die in Nepal rekrutierten britischen und indischen Soldaten, dann verallgemeinert als Bezeichnung für nepalesische Truppen.
2 Das heutige Likasi.

von denen dank der in Katanga anwesenden Reporter die ganze Welt in Bild und Wort erfuhr. In den ersten Tagen nach Beginn der Kämpfe gelang es mir noch nicht einmal, das dumpfe Grollen der 155-mm-Geschütze, die die Söldner im Stadtzentrum zusammengezogen hatten, von den Donnerschlägen der im Februar häufigen Gewitter zu unterscheiden.

Während der ganzen Dauer des Katanga-Kriegs war der »Schotte mit der gebrochenen Nase«, wie wir Urquhart nannten, unglücklich. Ich auch. Das häufig unmenschliche und grausame Verhalten der Blauhelme, die wachsende Zahl von Bauern, Arbeitern, Angestellten, Männern, Frauen und Kindern – Yeke, Lunda, Luba – die von Granaten zerfetzt, von Landminen verstümmelt und von Sperrfeuern verwundet wurden – all das quälte und empörte uns.

Eines Nachts sah ich, wie sich der Horizont rötete. In der Ferne schossen riesige Flammen aus der Hauptpost, der Bastion der »Schrecklichen«, die von den Ghurkas mit blanker Waffe erobert wurde. Unter meinem Fenster waren Fledermäuse in dem Stacheldraht und den Gitterzäunen, die die Schützengräben der Ghurkas rund um das Krankenhaus schützten, hängen geblieben und verendet.

In manchen Nächten warf ein runder, voller Mond, kaum verschleiert, sein helles Licht auf die Affenbrotbäume, die Bougainvilleas und die auf der Hochebene so häufigen Termitenhügel. Der Boden war rot, fett und vollgesogen mit Wasser. Hier und da blitzte die Spitze eines Bajonetts oder eines Khukuris auf. Wolken von Mücken verfinsterten den Himmel. Gelassen überquerte ein Rudel Schakale den Platz vor dem Krankenhaus. Ein Lunda-Jäger suchte sich – eine halb zerlegte Antilope über der Schulter, Bogen, Pfeile und Machete am Rücken – mit federnden Schritten einen Weg zwischen den Wasser- und Blutpfützen auf der Hauptstraße. Meistens prasselte ein warmer Regen auf die Blechdächer, die die Unterstände der Wachposten bedeckten. Vom Boden stieg leichter Dunst auf, zart wie die Schleier, die die indischen Frauen des ismaelitischen Viertels von Élisabethville tragen. Da überkam mich ein Gefühl des Friedens und Wohlbefindens, das unter den gegebenen Umständen völlig fehl am Platz war.

Merkwürdigerweise hatte ich nie Angst in Élisabethville. Dabei bin ich von Natur aus eher furchtsam, das genaue Gegenteil eines Helden, der nicht mit der Wimper zuckt, wenn es Granaten regnet. Bei Gewalttätigkeit bricht mir der kalte Schweiß aus, selbst beim Fernsehen. Allerdings war ich damals schrecklich krank; ich wurde von Krämpfen geschüttelt und litt unter Fieberanfällen. Außerdem musste ich mich während der Malariaschübe alle halbe Stunde übergeben. Die Ursache meines Elends war denkbar einfach: Eine Söldner-Granate hatte den Kontrollturm des Flughafens zu drei Vierteln zerstört, daher wurden wir zeitweise von unserem Nachschub abgeschnitten, und unsere Chininvorräte waren erschöpft.

Das Untergeschoss des Krankenhauses war ein Ort der Brüderlichkeit. Im Schutzraum waren unsere Feldbetten und Schlafsäcke nebeneinander aufgereiht.

Mit Urquhart hatte ich leidenschaftliche nächtliche Diskussionen. Ihm verdanke ich die – lebenslange – Überzeugung, dass eine internationale Organisation nach Art der Vereinten Nationen unbedingt erforderlich und potenziell von Nutzen ist. Doch als Kolwezi am 21. Januar 1963 fiel, als die ONUC in Katanga den Sieg errang[1], als die »Schrecklichen«, die nicht gefallen waren, nach Angola oder Südafrika flohen oder gefangen genom-

1 Die letzten Truppen der UNO verließen den Kongo am 30. Juni 1964.

men wurden, als Urquhart mich aufforderte, nach New York zu kommen, um mit ihm in der politischen Abteilung der Vereinten Nationen zusammenzuarbeiten, lehnte ich ab.

Den »Schrecklichen« von Katanga verdanke ich den Beginn meiner literarischen Laufbahn und meine Namensänderung. Weihnachten 1962 machte ich Urlaub in Europa. Ich fuhr nach Paris und begab mich auf direktem Weg in die Rue Bonaparte, um Jean-Paul Sartre von meiner Arbeit im Kongo zu berichten. In dem Buch *Wie herrlich, Schweizer zu sein* habe ich bereits erzählt, wie viel in meinem Leben ich Jean-Paul Sartre verdanke. An jenem Dezembernachmittag 1962 lieferte ich ihm auf seine Bitte hin eine eingehende Schilderung der Situation Zentralafrikas. Das war zu der Zeit, als er an dem großartigen Vorwort zu *La Pensée politique* von Patrice Lumumba arbeitete.

Im Jahr zuvor hatte er in Rom Frantz Fanon getroffen. Sartre fragte nach, bezweifelte einige meiner Interpretationen, hörte mir zu … Am Ende des Nachmittags sagte er zu mir: »Das alles müssen Sie aufschreiben.«

Einige Monate später erschien der Artikel in den *Temps modernes* unter dem Titel: »L'armée blanche en Afrique«[1].

François Erval, Programmleiter der Reihe »Idées« bei Gallimard, las ihn und veranlasste mich, mein erstes Buch zu schreiben. Das war die *Sociologie de la nouvelle Afrique*[2], die 1964 bei Gallimard erschien.

Damals war ich noch ein armer Deutschschweizer mit einem oft holprigen Französisch, in dem sich Fehler in der Rechtschreibung und der Zeitenfolge häuften. Simone de Beauvoir erklärte

---

1 *Les Temps modernes*, Nr. 203, 18. Jahrgang, April.
2 Dt.: *Politische Soziologie des neuen Afrika: Ghana, Kongo-Léopoldville, Ägypten*, München 1966.

sich bereit, meinen Text durchzusehen, und schlug ein Treffen im ersten Stock des Café de Flore vor.

Aufmerksam las sie meinen Text durch und korrigierte ihn gnadenlos. Am Schluss angekommen, las sie die Unterschrift »Hans Ziegler« und rief aus: »Aber Hans ist doch kein Name!« Schüchtern erwiderte ich: »Das ist Jean auf Französisch.«

Simone de Beauvoir nahm ihren Stift wieder auf, strich »Hans« mit einer energischen Geste durch und ersetzte ihn durch »Jean«.

Später, nach meiner Rückkehr aus dem Kongo, lernte ich Wédad, meine erste Frau, kennen. Sie war sehr schön, ist es noch immer. Einige silberne Fäden haben sich in ihr schwarzes Haar gestohlen. Als Ägypterin hatte sie ein feuriges Temperament. Hat sie noch immer. Vor allem aber war sie schrecklich eifersüchtig.

Eines Nachts zerriss sie alle Fotografien von mir, auf denen – ich muss es gestehen – viele junge Frauen auftauchten. Eine einzige entging dem Massaker: das Foto von Simone de Beauvoir und mir, auf dem wir, über »L'armée blanche en Afrique« gebeugt, an einem Tisch im Café de Flore sitzen.

Bei der Erinnerung an eine besondere Mission unter dem Schutz der Blauhelme gefriert mir noch immer das Blut in den Adern. Es war im Oktober 2006 im Südlibanon. Ich war damals Sonderberichterstatter für das Recht auf Nahrung und sollte feststellen, welche Verwüstungen der Krieg in der landwirtschaftlichen Infrastruktur südlich des Flusses Litani angerichtet hatte.[1]

---

1 Vgl. meinen Bericht »Droits de l'homme au Liban«, Conseil des droits de l'homme des Nations unies, A/HRC/2/8.

Zur Erinnerung: Am Morgen des 12. Juli 2006 überquerten die Kämpfer der Hisbollah die Grenze zwischen dem Libanon und Israel, um einen Hinterhalt auf israelischem Gebiet zu legen. Mehrere israelische Soldaten wurden gefangen genommen oder verwundet. Die Erwiderung der Regierung von Tel Aviv kam postwendend und war massiv.

Während der 34-tägigen Dauer dieses Krieges führten die israelischen Streitkräfte mehr als 7000 Luftangriffe und 2500 Angriffe von See her. Sie setzten schwere Artillerie ein. Der Krieg hatte schreckliche Folgen für die libanesische Bevölkerung. Nach Auskunft der libanesischen Regierung belief sich die Bilanz auf 1189 Tote vorwiegend in der Zivilbevölkerung, 4399 Verwundete, 974 189 Vertriebene und zwischen 15 000 und 30 000 zerstörte Wohngebäude.

Am 11. August 2006 verabschiedete der Sicherheitsrat der UNO die Resolution 1701, in der eine völlige Einstellung der Feindseligkeiten gefordert wurde, insbesondere eine sofortige Beendigung aller Angriffe vonseiten der Hisbollah und eine sofortige Beendigung aller militärischen Offensiven durch Israel.

Die Waffenruhe trat am 14. August 2006 in Kraft.

Zu einer Sondersitzung zusammengerufen, setzte der Menschenrechtsrat eine Untersuchungskommission zu diesem Krieg ein. Diese sollte nach Israel und in den Libanon reisen.

Ich war ein Mitglied dieser Kommission.

Mit meinen Mitarbeitern Sally-Anne Way und Christophe Golay, mit unseren Begleitern vom Hochkommissariat für Menschenrechte, den Dolmetschern und den Sicherheitsleuten betraten wir die halbzerstörte Halle des Flughafens Beiruts. Dort wurden wir von einer Einheit der Interimstruppe der Vereinten Nationen im Libanon (*United Nations Interim Force in Lebanon,*

UNIFIL) erwartet. Es handelte sich glücklicherweise um französische Gendarmen, deren Kommandeur, ein sympathischer savoyischer Hauptmann, uns eine exakte Analyse der Situation lieferte.

Dann fuhren wir nach Süden. Da die Bürokraten vom DPKO in New York das Gebiet im Süden des Litani als »Sicherheitszone Nr. 5« klassifiziert hatten (der höchsten Gefahrenstufe), waren wir gezwungen, kugelsichere Westen und Helme zu tragen. Man verfrachtete uns in gepanzerte Jeeps, deren Fenster alle geschlossen waren, sodass wir von der erfrischenden Meeresbrise nichts verspürten. Im Jeep, in dem ich saß, war die Klimaanlage defekt. Ich hatte das Gefühl zu ersticken.

Die meisten Brücken waren zerstört. Die am Mittelmeer entlangführende Schnellstraße Beirut–Saida war von Granaten- und Bombenkratern übersät. Wir mussten große Umwege über steinige Pisten und durch halb überschwemmte Furten machen.

In dem unbequemen Jeep reiste die Angst mit. Ich befürchtete einen »Zufallstreffer« durch eine israelische Drohne und hatte panische Angst vor der »verirrten« Granate eines Panzers auf einem Hügel, von dem aus man die Straße überblickte. Eine Woche vor meinem Aufbruch hatte mich Daly Belgasmi angerufen, der damals Direktor des Welternährungsprogramms in Genf war, und mich gewarnt:

»Nimm diesen Auftrag bitte nicht an. Sei nicht töricht. Such dir irgendeinen Vorwand. Für dich ist die Region zu gefährlich. Ein ›Unfall‹ ist leicht passiert.«

Damals erreichte die Treibjagd, die von der israelischen Propaganda in New York und in Genf gegen mich inszeniert wurde, ihren Höhepunkt.[1] Die Anklagen gegen mich beim Generalse-

1 Vgl. Kapitel neun.

kretär und beim Hochkommissar für Menschenrechte häuften sich. Amerikanische Senatoren hatten einen Brief unterschrieben, der an Kofi Annan adressiert war und in dem meine Berichte als Sonderberichterstatter für das Recht auf Nahrung als »tendenziös« angeprangert wurden. Kommentarlos veröffentlichten die *Washington Post* und andere internationale Tageszeitungen die »freien Meinungsäußerungen« des *American Jewish Committee.*

Mein Bericht über die Unterernährung in den besetzten palästinensischen Gebieten war vier Jahre zuvor erschienen.

Noch lange Zeit nach dem Waffenstillstand behielt Israel die Lufthoheit im Gebiet südlich des Litani. Seine Drohnen kontrollierten jede Bewegung von Fahrzeugen oder Personen zwischen dem Fluss und der Nordgrenze Israels.

In Tyrus, in Mardsch Uyun, in den verkohlten Ruinen der bombardierten Dörfer lagen noch ganze Familien unter den Trümmern begraben. Wer noch telefonieren konnte, rief per Handy das Hauptquartier der UNO in Tyrus an. Zwar verfügten die Funktionäre des Büros der Vereinten Nationen zur Koordinierung der humanitären Hilfe *(Office for the Coordination of Humanitarian Affairs,* OCHA) über Baumaschinen, Kräne, Bulldozer, um ihnen zu Hilfe zu kommen. Aber sie durften ihre Geräte nicht ohne ausdrückliche Erlaubnis der Israeli in Bewegung setzen. Und die israelischen Flugzeuge bombardierten ohne Ausnahme jedes Fahrzeug und jede Person, die sich dort ohne Erlaubnis ihres Oberkommandos bewegte.

Zwischen dem in Tyrus stationierten OCHA und Kirjat Schmona, der nördlichsten Stadt Israels, in der sich das Hauptquartier der Luftwaffe befand, gab es eine direkte Nachrichtenverbindung. Immer wieder baten die Funktionäre des OCHA die Israeli um Erlaubnis, ihre Geräte in Bewegung setzen zu dürfen, um den Menschen zu helfen, die unter den Trümmern des einen oder anderen Dorfs verschüttet lagen. Jedes Mal antworteten die Israeli. Wenn sie der Meinung waren, dass die Verschütteten unschuldige Zivilisten seien, gaben sie grünes Licht, und die UNO-Funktionäre durften ihre Geräte starten. Wenn das Oberkommando der Israeli dagegen zu der Auffassung gelangte, dass unter den Trümmern Kämpfer der Hisbollah liegen könnten, lehnten sie das Gesuch ab.

Meine Angst in dem Jeep wurde auch durch Erinnerungen an jüngste Ereignisse genährt. Das erste hatte in Eretz stattgefunden, einem Grenzübergang zwischen Israel und dem Getto von Gaza. Wie andere westliche Staaten hatte die Schweiz nach den Oslo-Abkommen (1993–1995) einen Diplomaten bei der palästinensischen Autonomiebehörde in Ramallah akkreditiert, den Botschafter Jean-Jacques Joris, einen Mann von großer geistiger Unabhängigkeit. Doch 2003 war der Botschafter mit seiner Stellvertreterin zu einer Mission in Richtung Gaza aufgebrochen. In der Nähe des Übergangs von Eretz war er gezwungen, seinen gepanzerten und mit Schweizer Emblemen versehenen Mercedes vor einer israelischen Straßensperre anzuhalten. Daraufhin hatten einige palästinensische Frauen, die die Demarkationslinie überqueren wollten, den Diplomaten gebeten, bei den Soldaten ein gutes Wort für sie einzulegen. Wenige Schritte entfernt feuerten Soldaten Warnschüsse ab. Eine Viertelstunde später wurde das immer noch aufgehaltene Diplomatenfahrzeug von einer ersten Kugel in der Windschutzscheibe getroffen, dann von einer zweiten, als es zurücksetzte. Eine dritte hätte die Scheibe zersplittern lassen. Der »Zufall« traumatisierte den Botschafter, der kurz darauf den diplomatischen Dienst verließ.

Jacques-Marie Bourget, Chefreporter von *Paris Match*, wurde

2000 in Ramallah Opfer so eines »versehentlichen« israelischen Schusses. Nach Zeugenaussagen kam er von einem Schützen aus dem City Inn, in dem damals der israelische Generalstab untergebracht war. Bourget wurde durch einen Lungenschuss schwer verwundet. In dem Augenblick, als die Kugel ihn traf, saß er an einer Ecke des dem Gebäude gegenüberliegenden öffentlichen Platzes am Fuß einer Mauer und diskutierte mit einigen jungen Palästinensern. Die israelischen Soldaten waren damit beschäftigt, auf die Steinwürfe von Jugendlichen zu antworten. Bourget wurde mit einer Ambulanz in das Krankenhaus von Ramallah gebracht, das jedoch nicht hinreichend ausgerüstet war, um ihn zu versorgen. Doch die israelische Armee weigerte sich, Bourget in ein Jerusalemer Krankenhaus transportieren zu lassen. Erst als Präsident Jacques Chirac bei der Regierung Ehud Barak intervenierte, durfte die palästinensische Ambulanz den Verwundeten zum Flughafen Ben Gurion in Tel Aviv bringen, wo er schließlich, immer noch im Koma, an die Reanimationsgeräte des französischen Rettungsflugzeugs angeschlossen wurde, das für seinen Transport nach Frankreich bereitgestellt worden war.

Ich musste unaufhörlich daran denken …

Im Südlibanon ist der Stab der Blauhelme am Rand von Tyrus untergebracht, einer prachtvollen Stadt phönizischen Ursprungs. Der Kasernenkomplex wird von Sendemasten überragt und ist von Wällen aus Sandsäcken und Maschinengewehrnestern umgeben.

Erschöpft trafen wir dort im Morgengrauen des folgenden Tages ein.

Dort erwartete mich eine freudige Überraschung. Die Wohncontainer und die Kasernen des Hauptquartiers waren überbelegt. Deshalb fuhr der Hauptmann mich in die Stadt, zum Hafen, wo der melkitische Bischof von Tyrus seinen Sitz hatte.

Die libanesische Gastfreundschaft ist legendär. Aber der Bischof besaß noch eine weitere erfreuliche Charaktereigenschaft: Großzügigkeit. Zum Bischofssitz gehörte ein Waisenhaus, in dem es von ausgesetzten, verwaisten und körperlich behinderten Kindern wimmelte. Seine Augen voll verschmitzter Güte, die Schlichtheit und Herzlichkeit seines Empfangs ließen mich sogleich an »Monseigneur Bienvenue« Myriel denken, den Bischof von Digne, dem Victor Hugo in *Les Misérables* zu Unsterblichkeit verholfen hat.

Mein Einsatzbefehl enthielt einen besonderen Zusatz. Neben den libanesischen Städten und Dörfern und den beiden großen palästinensischen Flüchtlingslagern d'Ain al-Hilweh und Rashidieh sollten wir auch die »inoffiziellen« Lager besichtigen.

Ain al-Hilweh, Rashidieh mit ihren vielen Zehntausenden Flüchtlingsfamilien, die dort nicht selten seit 1948 »untergebracht« sind, stehen unter der Verwaltung des Hilfswerks der Vereinten Nationen für Palästina-Flüchtlinge im Nahen Osten (*United Nations Relief and Works Agency for Palestine Refugees in the Near East,* UNRWA). Aber angesichts der Überbevölkerung in diesen beiden Lagern, die im Lauf der Jahrzehnte zu regelrechten Städten angeschwollen sind und aus allen Nähten platzen, sahen sich zahlreiche Flüchtlingsfamilien gezwungen, mit sogenannten »inoffiziellen« Lagern vorliebzunehmen, die keinerlei UNO-Unterstützung genießen. Diese Lager sehen aus wie Müllhalden. Eines von denen, die wir besichtigen konnten, war eine Slumsiedlung einige Kilometer im Norden von Tyrus, in den Dünen am Ufer des Mittelmeers. In Begleitung des savoyischen Hauptmanns der UNIFIL und einiger seiner Gendarmen gingen wir auf schmalen Trampelpfaden durch den Sand. Der Offizier forderte uns auf: »Setzen Sie Ihre Füße genau in die Fußstapfen des Soldaten, der vor Ihnen geht!«

Am Meeresufer angekommen, betraten wir einige Hütten und »Schutzräume« des Lagers, lächerliche Vorkehrungen gegen die israelischen Bombenangriffe. Wir befragten die palästinensischen Fischer und ihre Frauen. In den Gässchen des Slums wimmelte es von fröhlichen und neugierigen Kindern.

Bei Einbruch der Nacht marschierten wir zurück.

Es war schwül. Am dunklen Himmel kündigten Wolken ein nahendes Gewitter an. In den Blauhelm-Baracken, deren Wände mit Generalstabskarten bedeckt waren, war die Hitze erstickend.

Erschöpft tranken wir unseren Tee.

Der Hauptmann musterte meine abgewetzten Schuhe. Halb bewundernd, halb ironisch meinte er zu mir: »Glückwunsch, Professor! Sie sind ein mutiger Mann. Ohne mit der Wimper zu zucken, haben Sie ein Minenfeld durchquert – natürlich haben wir geräumt und Wege angelegt, aber die israelischen Flugzeuge haben in den Dünen so viele Tretminen abgeworfen… Wissen Sie, da bleibt immer ein Risiko!«

Ich dankte dem Hauptmann für seine Komplimente. Dann begab ich mich zum Bischofssitz, wo ich eine unruhige Nacht voller Albträume verbrachte, in denen Tretminen unter meinen Füßen explodierten.[1]

Postskript: Gaddafi und Saddam Hussein.

Meine Gegner werfen mir häufig vor, ein Freund von Diktatoren zu sein. Auf den ersten Blick könnte man glauben, die An-

1 Zehn Jahre später, 2016, werden die Menschen im Südlibanon noch immer durch israelische Wurfminen getötet und verstümmelt. Man schätzt die Zahl der noch nicht ausgelösten Tretminen auf ungefähr eine Million. Vgl. die Reportage »Au Liban sud, le legs empoisonné de la guerre«, *Le Monde*, 13. Juli 2016. Laut UNO wurde ein Teil dieser Minibomben noch nach dem Waffenstillstand abgeworfen.

schuldigung sei gerechtfertigt. Trotzdem möchte ich mildernde Umstände geltend machen. Im Fall von Kim Il-sung habe ich erklärt, durch welche Verkettung von unglücklichen Umständen ich auf dem blauen Seidensofa des Präsidentenpalasts von Pjöngjang gelandet bin.

Andere Tyrannen haben – wenn ich das so sagen darf – von meinen Besuchen profitiert.

Vor allem Muammar Gaddafi und Saddam Hussein.

Oberst Muammar Gaddafi hielt sich für einen großen Theoretiker, einen hoch gebildeten Intellektuellen. Als Autodidakt hatte er das *Grüne Buch* (1975) geschrieben, eine Art Abriss der künftigen Weltrevolution, einer Revolution, die den Völkern ermöglichen würde, sich den beiden Hegemonialreichen zu entziehen. Er pflegte Intellektuelle aus aller Welt in sein Zelt in der Syrte-Wüste oder in das Untergeschoss seiner Betonfestung Bab al-Aziziya in Tripolis einzuladen – Männer und Frauen, deren Meinung er hören oder mit denen er über das *Grüne Buch* diskutieren wollte. Ich war bei Weitem nicht der einzige geladene Gast.

Fast alle meine Bücher sind ins Arabische übersetzt. Einige davon hatte Gaddafi gelesen.

Ich habe die Reise einige Male gemacht, mal nach Tripolis, mal nach Syrte.

Meist schlug mir Omar Hamdi, einer der letzten überlebenden Mitglieder des Revolutionsrats von 1969, einen Termin vor. Telefonisch. Dann brachte mir ein Funktionär des Revolutionsausschusses der Libysch-Arabischen Dschamahirija in Genf (de facto Libyens Vertretung bei der UNO) die Flugtickets und den genauen Zeitplan für die Treffen. Der wurde allerdings nie eingehalten. Ich traf im Beach Hotel von Tripolis ein – und wartete. Oft mehrere Tage lang. Bis endlich ein Jeep kam und mich zum Treffpunkt brachte. In der Regel geschah das nach Mitternacht.

In all diesen Jahren hat Omar Hamdi Wort gehalten: Nie erwartete mich das libysche Fernsehen nach unseren Treffen. Ich brauchte keine Erklärung oder Bekundung meiner Solidarität mit der libyschen Politik zu unterschreiben. Von diesen Begegnungen sind nur einige Fotos geblieben, die mir Omar Hamdi geschickt hat. Gaddafi hielt sich an meine Bedingungen.

Die Diskussionen mit Gaddafi waren fast immer erhellend. Sie begannen auf Arabisch. Doch häufig wurde der »Leader« ungeduldig und begann, den Dolmetscher zu beschimpfen, woraufhin dieser meist vor Furcht erblasste. Daraufhin setzte Gaddafi seine Ausführungen in dem gepflegten Englisch fort, das er auf der britischen Militärakademie in Sandhurst gelernt hatte. Im Übrigen ist »Diskussionen« nicht das passende Wort. Fast immer in einen braunen, weißen oder schwarzen Burnus gekleidet, sprach Gaddafi, gestikulierte, stand auf, ging hin und her, nahm ein Buch aus dem Regal.

Ich hörte zu und erhielt nur selten Gelegenheit, eine Frage zu stellen. Doch für einen Soziologen ist das Treffen mit einem Staatschef immer faszinierend, weil dieser über eine Vielzahl geheimer Informationen verfügt.

Die mitten in der Hauptstadt gelegene Festung Bab al-Aziziya war durch eine Doppelreihe Panzer geschützt, die einsatzbereit auf Rampen standen, ausgerüstet mit Flugabwehrkanonen und vor allem einer Vielzahl elektronischer Geräte und Instrumente. Wie ein Wald aus Stahl, der sich ständig in der vom nahen Meer kommenden Brise wiegte, ragten die Antennen in den blauen Himmel.

Es gab auch drollige Momente.

In dem spartanischen Büro von Gaddafi, im Untergeschoss

seines »Betonzelts«, gab es nur einige Stahlmöbel sowie Regale, die mit Büchern in mehreren Sprachen gefüllt waren, und vor allem eine an der hinteren Wand befestigte riesige elektronische Schalttafel, an der Knöpfe in allen Farben blinkten. Hamdi hatte mir erklärt, dass diese Knöpfe dem »Leader« erlaubten, direkt und sofort mit den verschiedenen Kommandozentren des Landes Kontakt aufzunehmen. Doch eines Tages kam es zu einem Zwischenfall, als ich mit Juan Gasparini, meinem Assistenten an der Universität Genf und ehemaligem Kommandanten der Montoneros, der wie durch ein Wunder die Folterungen in der Marineschule für Maschinenbau in Buenos Aires überlebt hatte, in dieses Büro geführt wurde. Gaddafi stand plötzlich auf. Er ging zu der Schalttafel im Hintergrund und brachte die kleinen Lampen zum Leuchten, indem er einen Knopf nach dem anderen drückte. Er suchte irgendetwas. In wachsendem Zorn schlug er mit seiner Faust gegen die Schalttafel, dann wandte er sich der Metalltür zu, öffnete sie und rief in den Flur: »*Ahmed, chaï!*« (»Ahmed, Tee!«).

Einige Sekunden später brachte der Sekretär zitternd vier Gläser mit köstlichem schwarzen Tee herein.

Die drei Regionen, aus denen Libyen besteht – die Kyrenaika, Tripolitanien, der Fessan – beherbergen prachtvolle Bauwerke. Omar Hamdi kümmerte sich um die Organisation unserer Besuche.

So habe ich mit Erica Leptis Magna besichtigen können, eine Hafenstadt der Republik Karthago, die zunächst romanisiert wurde, um im Jahr 303, unter Diokletian, die Hauptstadt von Tripolitanien zu werden. Nachdem italienische Archäologen Anfang des 20. Jahrhunderts ihre Ruinen aus dem Sand gegraben haben, ist sie heute eine der eindrucksvollsten Städte der römischen Antike. Das Gelände fällt sanft zum Meer ab. Ganze

Stadtviertel sind im Wasser versunken. Dort haben vor Kurzem Meeresarchäologen bei Ausgrabungen, die gemeinsam von libyschen und französischen Institutionen durchgeführt wurden, riesige Thermen entdeckt. Mein Sohn Dominique hat mich gelegentlich auf anderen Ausflügen begleitet, vor allem nach Sabrata, einer weiteren römischen Stadt, die aufgrund der trockenen Wüstenwinde wunderbar erhalten geblieben ist.

Eines Nachts im Jahr 1986 griffen amerikanische Bomber Tripolis an. Präsident Reagan hatte die Absicht, Libyen zu bestrafen, weil es angeblich einen terroristischen Angriff in Berlin unterstützt hatte, dem amerikanische Militärangehörige zum Opfer gefallen waren.

Gaddafi entging dem Tod, aber eine seiner Töchter wurde bei diesem Angriff getötet.

Wenig später wurde in Bengasi ein Attentat auf den »Leader« verübt.

Acht Monate blieb er an den Rollstuhl gefesselt.

In seinen Anfängen war Gaddafi ein echter Revolutionär, von Gamal Abdel Nasser protegiert und von Antiimperialisten in ganz Europa bewundert. Kurz nach dem Staatsstreich von 1969 gegen König Mohammed Idris I. El-Senussi, den korrupten alten Monarchen, hatten Gaddafi und seine Gruppe junger nationalistischer Offiziere die ausländischen Ölgesellschaften enteignet und den größten amerikanischen Militärstützpunkt auf dem afrikanischen Kontinent geschlossen. Doch nach den Attentaten und den Bombenangriffen in den achtziger Jahren verlor Gaddafi allmählich den Verstand und verriet seine eigenen Grundsätze. Er wurde dement. Massenhaft ließ er Studenten, alte Kampfgenossen, Gewerkschafter, vermeintliche oder wirkliche Regimegegner hinrichten.

Daraufhin ging ich nicht mehr ans Telefon, wenn Omar Hamdi

anrief, und nahm fortan keine Einladung aus Tripolis mehr an. Meine Weigerung kam sicherlich zu spät. Das bedaure ich.

1990 gab Saddam Hussein, der Staatspräsident des Irak, den Befehl, Kuwait zu besetzen. Seine Soldaten verwüsteten das Land, plünderten dessen Ölreserven und brachten zahlreiche Familien um. Mit Zustimmung der UNO stellte eine Koalition unter Führung der Amerikaner Saddam Hussein ein Ultimatum: Entweder Räumung Kuwaits oder Krieg. Saddam lehnte ab. François Mitterrand schloss sich der Koalition an. Es kam zum Krieg. Auf irakischer Seite gab es viele Zehntausende Tote. Aber die Elitetruppe, die Republikanische Garde, die Bagdad verteidigte, blieb unangetastet: Die verbündeten Truppen unter dem Kommando des amerikanischen Generals Schwarzkopf hatten ihren Vormarsch 100 Kilometer südlich von Bagdad gestoppt. Saddam Hussein blieb also im Amt, weil die Koalitionäre befürchteten, dass die irakischen Schiiten, Verbündete der Mullahs in Teheran, an die Macht kommen könnten.[1]

Saddam Hussein vertraute weder der UNO noch dem Westen. In Erwartung neuer Bombenangriffe der Koalition auf strategische Einrichtungen des Irak – Rüstungsfabriken, Flughäfen, Militärstützpunkte, Kasernen, Brücken über Euphrat und Tigris und so fort – ordnete er die Verhaftung aller im Irak befindlichen Staatsangehörigen westlicher Länder an. Er verteilte seine Geiseln auf diese strategischen Standorte, wobei einige buchstäblich an Zäune gekettet wurden.

Diese Politik der menschlichen Schutzschilde stellte die Westmächte vor große Probleme.

---

1 Schon bald lehnten sich die Kurden im Norden auf, und die Schiiten, die Mehrheit im Land, empörten sich im Süden. Die Aufstände wurden von Saddam Hussein unbarmherzig niedergeschlagen.

Unter den Geiseln, die auf diese Weise als Schutzwall dienten, befanden sich auch achtzehn Schweizer Bürger – Techniker und Arbeiter, die am Bau einer Papierfabrik in der Region Schatt al-Arab beteiligt waren, der ehemalige Direktor des Hotels Sheraton in Kuwait City, Geologen und Ölingenieure.

Eines Nachts im Frühjahr 1991 erhielt ich einen Anruf meines Freundes Elias Khoury. Er ist syrischer Herkunft, melkitischer Christ und war damals ein einflussreiches Mitglied der Baath-Partei (der Partei der arabischen Revolution und des Sozialismus), deren nationales Sekretariat sich in Bagdad befand. Außerdem war Elias Vertreter der einflussreichen Union arabischer Juristen bei der UNO in Genf.

Elias sagte: »Barzan al-Tikriti erwartet dich. Er erwartet dich in Cologny in seinem Haus. Es ist dringend.«

Barzan al-Tikriti war der Halbbruder von Saddam Hussein und sein Botschafter bei der UNO. Er residierte in einer prachtvollen Villa auf einem Hang über dem linken Seeufer, ganz in der Nähe von Genf.

Mit seinen pechschwarzen Haaren und seinem dichten Schnurrbart hatte Barzan eine frappierende Ähnlichkeit mit seinem furchtbaren Halbbruder. Er war elegant und weltläufig, aber sein Blick verriet eine erschreckende Brutalität. Er schlug mir folgenden Handel vor: »Sie stellen eine Delegation aus repräsentativen Parlamentariern zusammen. Sie reisen nach Bagdad. Der Präsident wird Sie empfangen, und es besteht eine gute Chance, dass Sie mit unseren Schweizer Gästen[1] heimfahren können.«

Die Entscheidung war schwierig. Natürlich durchschaute ich die irakische List: Das Regime wurde von den anderen Natio-

---

1 So nannten die Iraki ihre Geiseln!

177

nen geächtet. Die Ankunft einer parlamentarischen Delegation eines demokratischen und – was noch wichtiger ist – neutralen Landes konnte die Isolierung durchbrechen. Ich ließ mich nicht zum Narren halten. Andererseits aber bestand die Möglichkeit – mochte sie auch noch so gering sein –, dass ich zur Befreiung von Geiseln beitragen konnte, die im Falle von Bombenangriffen mit Sicherheit sterben würden.

Am folgenden Tag rief ich Barzan al-Tikriti zurück. Ich erklärte mich mit dem Handel einverstanden. Wie von irakischer Seite gewünscht, bildete ich eine Delegation aus vier Kollegen, die mit mir zusammen die fünf größten politischen Parteien des Berner Parlaments repräsentierten.

Wir reisten von Zürich nach Bagdad mit einem Zwischenstopp in Amman. Ein Konvoi von Mercedes-Limousinen setzte uns am Hotel Rachidia ab. Das Treffen mit Saddam Hussein wurde auf den folgenden Tag festgesetzt.

Die frische Morgenluft vertrieb unsere Besorgnis. Durch Straßen voller Menschengewimmel wurden wir zu einem Palast am Ufer des Tigris gefahren, einem Gebäude, das aus der Zeit des britischen Mandats stammte. In dem prächtigen Garten, der es umgab, sprossen purpurfarbene Rosen und Belüftungsrohre, die auf unterirdische Anlagen schließen ließen.

Es folgte eine lange Wartezeit in einem orientalisch eingerichteten Salon, dessen große Fenster hinter schweren roten Samtvorhängen verborgen waren. Ein Protokollfunktionär mit schmaler Brille, pomadisiertem Haar, rascher Sprechweise und arrogantem Auftreten, der eher einem Wall-Street-Yuppie ähnelte, gab uns letzte Instruktionen: »Sie richten nicht als Erste das Wort an den Rais, Sie warten, bis er Ihnen eine Frage stellt. Wenn Sie sein Arbeitszimmer verlassen, gehen Sie rückwärts, sodass Ihr Gesicht ständig dem Rais zugewandt ist.«

Schließlich öffneten sich die beiden Flügel der großen Tür am Ende des Salons. Wir traten in einen riesigen Raum ein, in dem an einer Wand ein Dutzend Männer saßen, stumm und bewegungslos wie Mumien, alle mit Schnurrbart, in dunkelgrünen Uniformen, eine exakt sitzende schwarze Baskenmütze auf dem Kopf.

Ich erkannte Außenminister Tarek Aziz an den Strähnen seiner weißen Mähne und an den dicken Brillengläsern. Die anderen kannte ich nicht. Später erfuhr ich, dass wir von dem vollständigen Regionalkommando der Baath-Partei empfangen worden waren.[1]

Plötzlich erschien der Rais im Zimmer, lächelnd, die schwarzen Haare sorgfältig frisiert, seine hohe Gestalt in einem dreiteiligen Anzug, dessen perfekter Sitz auf einen englischen Schneider schließen ließ. Er war durch eine versteckte Tür eingetreten, die sich vermutlich in den Arabesken der Tapete verbarg. Wenige Schritte hinter ihm befand sich der Yuppie, der uns nun als Dolmetscher diente.

Nacheinander musterte Saddam seine Besucher mit amüsiertem Blick. Er ließ uns auf den Sesseln Platz nehmen, die in der Mitte des Raums so zu einem Halbkreis angeordnet waren, dass die Mitglieder des Regionalkommandos in unserem Rücken saßen. Der Rais selbst nahm auf einer Art Thron mit vergoldeten Armlehnen Platz.

Dann begann er mit leiser und um Präzision bemühter Stimme einen Monolog von mehreren Stunden. Er beschrieb uns, auf

---

1 Die Baath-Partei wurde 1947 in Damaskus von zwei libanesischen Professoren gegründet, Michel Aflak und Salah Bitar. Aflak war Christ, Bitar Muslim. Die Gründer hatten die Ambition, die arabische Nation zu regenerieren und zu vereinigen. Die Sektionen der Partei in den jeweiligen arabischen Ländern erhielten den Titel »Regionalkommando«.

Zahlen gestützt, alle Reformen, alle Projekte, die er seit 1968[1] durchgeführt hatte.

Den Mann umgab einer Aura von Brutalität und Gewalttätigkeit. Seine Vitalität, seine raschen Gesten, sein unablässig wandernder Blick erinnerten mich an einen auf der Lauer liegenden Tiger. Seine Kollegen vom Regionalkommando sagten kein Wort. Stundenlang saßen sie wie Steinfiguren stumm und starr an der Wand.

Der Herrscher des Irak spulte seinen schier endlosen Monolog ab. Unermüdlich fuhr er damit fort, alle seine Errungenschaften herunterzubeten – jede Schule, jede Universität, jedes Krankenhaus, jede Schnellstraße, jede landwirtschaftliche Genossenschaft, die ihm zu verdanken war, zählte er auf. »All das wollen unsere Feinde zerstören«, sagte er.

Wut funkelte in seinen Augen und erinnerte uns daran, dass der Mann, den wir vor uns hatten, eine tödliche Gefahr für jeden Menschen darstellte, der sich seinem Willen widersetzte.

Die fruchtbare Ebene zwischen Tigris und Euphrat war eine Trockensteppe gewesen, bevor er an die Macht kam. Im 12. Jahrhundert hatten die Mongolen das antike, von den Babyloniern erbaute Bewässerungssystem zerstört. Saddam hatte eine Million Fellachen aus Ägypten kommen lassen. Seither lieferte die Ebene zwischen den beiden Flüssen wieder reiche Ernten. All das war vollkommen richtig.

Merkwürdigerweise ist mir ein Argument des Rais im Gedächtnis geblieben. Er fragte uns: »Sind Sie durch die Straßen von Bagdad spaziert? Bevor wir an die Macht kamen, sind viele Menschen barfuß gegangen. Heute tragen sie alle Schuhe.«

---

1 Das Datum des Staatsstreichs der Baath-Milizen. Saddam war sofort der starke Mann des neuen Regimes, obwohl er sich erst später mit dem Titel des Staatspräsidenten schmücken ließ.

Als der Rais endlich zum Schluss gekommen war, sprang er unvermittelt auf. Demonstrativ und bestimmt verabschiedete er sich von uns allen mit einer herzlichen Umarmung. Dann mussten wir rückwärts durch die große Tür hinausgehen, während der Rais unseren Abgang mit spöttischem Blick verfolgte.

Draußen rief uns der Duft der Rosen ins Leben zurück.

Abend. In Bagdad sind die abschüssigen Ufer des Tigris mit Gras und Frühlingsblumen bedeckt.

Seit der mesopotamischen Antike gibt es einen Brauch: Bei Anbruch der Nacht entzünden die Uferbewohner Holzfeuer und braten darauf Karpfen. Sie verkaufen sie für ein paar Dinar an ihre Nachbarn und Passanten. Alle setzen sich um das Feuer.

Der Duft von gegrilltem Fisch schwängerte die Luft. Über dem Fluss wölbte sich der millionenfach glitzernde Sternenhimmel.

»Gehen wir essen«, sagte mein Kollege Massimo Pini zu mir. Schon gingen die anderen, die Leibwächter, die Dolmetscher Richtung Fluss.

Ich folgte ihnen nicht. Ich fühlte mich gedemütigt, angeekelt. Stattdessen ging ich ins Hotel Rachidia zurück und wusch mir lange die Hände.

Am übernächsten Tag brachen wir auf. Auf dem Rollfeld erwarteten uns sieben Schweizer Geiseln. (Die elf anderen, darunter drei Frauen, kamen noch in derselben Woche nach.)

Ein Foto von Saddam Hussein, wie er mich in seinem Palast umarmt, ist noch immer im Internet unterwegs. Offenbar wurde es in dem strategischen Augenblick der »freundschaftlichen« Umarmung von einem offiziellen Fotografen des Präsidenten geschossen. Ich habe alles unternommen, um es entfernen zu lassen, ohne Erfolg. Immer wieder beschert es mir Unannehmlichkeiten.

Im März 2003 brach der zweite Irakkrieg aus. Dieses Mal marschierten die amerikanischen Truppen in Bagdad ein. Saddam und seine Komplizen flohen. Der Rais versteckte sich lange Monate auf einem entlegenen Bauernhof bei Tikrit. Am 30. Dezember 2006 wurde er im Zentralgefängnis in Bagdad gehängt.

KAPITEL SIEBEN

Die universelle Gerechtigkeit

Kofi Annan wurde 1938 in Kumasi geboren, in Ghanas wald-
reicher Region der Ashanti. Der Mann, der von 1997 bis 2006
Generalsekretär der Vereinten Nationen war, besuchte in seiner
Jugend eine britische Kolonialschule.[1] Von seinen englischen
Mitschülern hat er seinen trockenen Humor und den Sinn für
das Absurde geerbt. Er sagte oft zu uns: »Töte einen Menschen,
und du gehst ins Gefängnis. Bringe zehn Menschen um, und
du kommst in eine psychiatrische Anstalt. Schlachte zehntausend Menschen ab, und man lädt dich zu einer Friedenskonferenz ein.«

Trotz nicht gerade günstiger Umstände hat die UNO ein-
drucksvolle Fortschritte auf dem Weg zu einer universellen Gerechtigkeit gemacht.

Das Statut von Rom, das die Grundlage für die Schaffung
eines Internationalen Strafgerichtshofs (IStGH) bildete, wurde
am 17. Juli 1998 unterzeichnet. Offiziell nahm das Gericht am
1. Juli 2002, dem Tag, an dem das Statut von Rom in Kraft
trat, seine Arbeit auf. Es sollte den sarkastischen Aphorismus von
Kofi Annan widerlegen.

---

1 Sein Vater war leitender Angestellter einer von der protestantischen Basler Mission
   gegründeten Kakaogenossenschaft, der UTC (United Trading Company).

Der Internationale Strafgerichtshof ist berechtigt, über alle Verbrechen zu urteilen, die ab diesem Datum verübt wurden. Offizieller Sitz des Gerichts ist Den Haag, aber die Prozesse können überall stattfinden.

Bis 2015 hatten 123 von 193 Mitgliedstaaten der Vereinten Nationen das Statut von Rom ratifiziert und damit die Zuständigkeit des Internationalen Strafgerichtshofs anerkannt. 32 weitere Staaten, unter ihnen Russland und die Vereinigten Staaten von Amerika, haben das Statut von Rom zwar unterzeichnet, aber nicht ratifiziert. China, Indien und Israel haben es nicht einmal unterzeichnet.

Drei Gruppen unterliegen der Zuständigkeit des Internationalen Strafgerichtshofs: die Bürger eines Signatarstaats des Statuts von Rom, Personen, die verdächtigt werden, eine Straftat auf dem Territorium eines der Signatarstaaten begangen zu haben, und schließlich Männer und Frauen, die an einem vom Sicherheitsrat an den Internationalen Strafgerichtshof übergebenen Vorgang beteiligt sind.

Aber wie die Sondergerichte der UNO – ich werde im vorliegenden Kapitel noch einmal darauf zurückkommen – hat der Internationale Strafgerichtshof nur eine Komplementärfunktion. Er urteilt nur über Angeklagte, denen man in ihren Herkunftsländern nicht den Prozess machen konnte oder wollte. Betrachten wir ein Beispiel: Nach einem verheerenden Krieg hatte Sierra Leone, laut dem Index für humane Entwicklung der Vereinten Nationen (*United Nations Development Programme*, UNDP) das ärmste Land der Erde, weder die finanziellen Mittel noch die politischen Möglichkeiten, um die Massenmörder der *Revolutionary United Front* vor Gericht zu stellen, die, um in den Diamantenförderungsgebieten des Landes die Macht an sich zu reißen, einen Bürgerkrieg angezettelt und zwischen 1991 und 2002 unvorstellbare Gräueltaten begangen hatten. Deshalb hat Sierra Leone die Mörder an die internationale Gerichtsbarkeit überstellt.

Zwei Chefankläger haben sich am Internationalen Strafgerichtshof abgelöst. Der erste hieß Luis Moreno Ocampo und ist ein wegen seines Mutes hoch geschätzter Jurist. Dagegen ist die gegenwärtige Chefanklägerin eine Enttäuschung. Fatou Bensouda, eine Gambierin, hat sich zu einer juristischen Farce hergegeben: dem Prozess gegen Laurent Gbagbo, den gewählten Präsidenten der Elfenbeinküste. Gbagbo war auf Geheiß Nicolas Sarkozys von französischen Kampfhubschraubern aus dem Präsidentenpalast von Abidjan verjagt, seinem politischen Gegner Alassane Ouattara übergeben und schließlich nach Den Haag überführt worden.

Eine Schlüsselrolle bei der Gründung des Internationalen Strafgerichtshofs hat der Jurist Valentin Zellweger gespielt. Er ist heute Schweizer Botschafter bei den Vereinten Nationen in Genf und ein Mann von außergewöhnlicher Fähigkeit und Kreativität. In der Anfangsphase der neuen Institution war er Kabinettschef des ersten Präsidenten am Internationalen Strafgerichtshof.

Der Gerichtshof verfügt über einen Haushalt von 139,5 Millionen Euro. Im Jahr 2016 sind 800 Funktionäre für ihn tätig. Sie kommen aus allen Ländern der Erde.

Mit einem Wort, der Internationale Strafgerichtshof ist ein Gericht, das auf ein Übereinkommen zwischen Staaten gegründet ist und den Auftrag hat, über Straftäter – meist Staatschefs, Minister, Generale usw. –, denen wegen Völkermords, Verbrechen gegen die Menschlichkeit oder Kriegsverbrechen der Prozess gemacht werden soll, zu urteilen.

Die Liste der infrage kommenden Straftaten ist lang und ermüdend. Trotzdem möchte ich sie hier in Auszügen wiedergeben, weil der Leser wissen sollte, zu welchen Verbrechen, zu welchen Gräueltaten, begangen an ihresgleichen, Menschen fähig waren – und sind.

Artikel 6: Völkermord

Im Sinne dieses Statuts bedeutet »Völkermord« jede der folgenden Handlungen, die in der Absicht begangen wird, eine nationale, ethnische, rassische oder religiöse Gruppe als solche ganz oder teilweise zu zerstören:

a) Tötung von Mitgliedern der Gruppe;
b) Verursachung von schwerem körperlichem oder seelischem Schaden an Mitgliedern der Gruppe;
c) vorsätzliche Auferlegung von Lebensbedingungen für die Gruppe, die geeignet sind, ihre körperliche Zerstörung ganz oder teilweise herbeizuführen;
d) Verhängung von Maßnahmen, die auf die Geburtenverhinderung innerhalb der Gruppe gerichtet sind;
e) gewaltsame Überführung von Kindern der Gruppe in eine andere Gruppe.

Artikel 7: Verbrechen gegen die Menschlichkeit

Im Sinne dieses Statuts bedeutet »Verbrechen gegen die Menschlichkeit« jede der folgenden Handlungen, die im Rahmen eines ausgedehnten oder systematischen Angriffs gegen die Zivilbevölkerung begangen wird:

a) vorsätzliche Tötung;

b) Ausrottung;

c) Versklavung;

d) Vertreibung oder zwangsweise Überführung der Bevölkerung;

e) Freiheitsentzug oder sonstige schwerwiegende Beraubung der körperlichen Freiheit unter Verstoß gegen die Grundregeln des Völkerrechts;

f) Folter;

g) Vergewaltigung, sexuelle Sklaverei, Nötigung zur Prostitution, erzwungene Schwangerschaft, Zwangssterilisation oder jede andere Form sexueller Gewalt von vergleichbarer Schwere;

h) Verfolgung einer identifizierbaren Gruppe oder Gemeinschaft aus politischen, rassischen, nationalen, ethnischen, kulturellen oder religiösen Gründen oder Gründen des Geschlechts;

i) zwangsweises Verschwindenlassen von Personen;

j) das Verbrechen der Apartheid;

k) andere unmenschliche Handlungen ähnlicher Art, mit denen vorsätzlich große Leiden oder eine schwere Beeinträchtigung der körperlichen oder der geistigen Unversehrtheit verursacht werden.

Artikel 8 betrifft Kriegsverbrechen, das heißt schwere Verletzungen der vier Genfer Abkommen vom 12. August 1949 nebst der beiden Zusatzprotokolle von 1977. Diese Texte enthalten fundamentale Regeln des humanitären Völkerrechts, das der Barbarei des Krieges Grenzen setzt. Sie legen fest, wie Gefangene und Verwundete zu behandeln sind, aber auch, welchen Schutz die Zivilbevölkerung genießt.

Eine gewisse Anzahl der aufgezählten Verbrechen tauchen in allen drei Listen auf: Tatsächlich können gleiche Verbrechen gegen eine Ethnie, eine Gruppe von Menschen oder auch in Kriegssituationen verübt werden.

»Völkermord« wird auch als Genozid bezeichnet und leitet sich vom griechischen Wort für Herkunft, Abstammung (génos) und dem lateinischen Wort für morden, metzeln (caedere) her.«[1] Der Begriff wurde 1943 von dem polnischen Juristen Raphaël Lemkin geprägt, um die Vernichtung der Juden und der Sinti und Roma durch Nazideutschland und die der Armenier durch die Türken im Jahr 1915 zu bezeichnen. Der Begriff des Völkermords oder Genozids erscheint in der Anklageschrift der Nürnberger Prozesse. 1948 wurde er auf Initiative der UNO in dem »Übereinkommen über die Verhütung und Bestrafung des Völkermordes« als spezifisches Verbrechen definiert.

Einer der grauenhaftesten Völkermorde der Geschichte war zweifellos der Genozid, den die Nazis an dem Volk der Juden und dem der Sinti und Roma verübt haben. Mehr als sechs Millionen Menschen sind ermordet und verbrannt worden, nur weil sie diesen Völkern angehört haben. Genauso haben die ruandischen Völkermörder, die 1994 einhundert Tage lang fast eine Million Menschen mit Macheten zerstückelt, ertränkt, in Kirchen verbrannt haben, ihre Opfer nur nach einem einzigen Kriterium ausgesucht: der Zugehörigkeit zur Tutsi-Ethnie. Auch die Mörder des Islamischen Staats (IS) praktizieren den Völkermord, indem sie Christen, Jesiden, Juden und Schiiten, die ihnen in ihre blutigen Hände fallen, töten, versklaven und foltern.

Bei den Verbrechen gegen die Menschlichkeit geht es nicht generell um die Vernichtung einer ganzen Ethnie, sondern

---

1 https://www.voelkermordkonvention.de/voelkermord-eine-definition-9158/

bestimmter Menschengruppen, gleich welcher Art. Das sind »gewöhnliche« Verbrechen – Morde, Verstümmelungen, Folterungen usw. –, die in großem Maßstab an bestimmten Opfergruppen begangen werden.

Ein Beispiel: Die Vergewaltigung ist ein »gewöhnliches« Verbrechen. Doch massenhaft an Gruppen von Frauen, Kindern und jungen Mädchen verübt, wird sie zu einem Verbrechen gegen die Menschlichkeit. Das ist gegenwärtig im Ostkongo der Fall, wo die *Interahamwe* wüten, ehemalige Hutu-Völkermörder aus Ruanda, die sich mit ihren Waffen in die Wälder und Savannen der Kivu-Region zurückgezogen haben, und die Mörder der *Lord's Resistance Army* (Widerstandsarmee des Herrn) – sich jedem Zugriff entziehende Banden von Plünderern, die in dem dicht bewaldeten Dreiländereck des Südsudan, Ugandas und der Demokratischen Republik Kongo operieren. Diese verrohten Mörder begehen an den Frauen der Bafulero und Bashi in der Kivu-Region Vergewaltigungen und sexuelle Verstümmelungen in großem Maßstab. Da sie monatelang ohne Frauen leben, verlassen sie in regelmäßigen Abständen den Dschungel, um Dörfer und kleine Ortschaften zu überfallen, wobei es ihnen in erster Linie um die Versorgung mit Nahrungsmitteln geht. Die Dorfbewohner leisten Widerstand. In der Folge vergewaltigen die »Kämpfer« Frauen und Mädchen, um sie zu »bestrafen«. Diese Verbrechen gipfeln darin, dass sie ihre Opfer systematisch verstümmeln: Sie trennen ihnen die Brüste ab und fügen ihnen tiefe Schnitte in Anus und Vagina zu. Gelegentlich versklaven sie sie auch.

Nun wird aber in den traditionellen Gesellschaften der Bashi, Bafulero, Banyarwanda nach den unwandelbaren Stammesgesetzen das Opfer einer Vergewaltigung aus dem Dorf verbannt und das Kind einer Vergewaltigung häufig mit dem Tod »bestraft«.

In den Straßen von Goma und Bukavu, in den Sümpfen und Trümmerstätten von Maniema bin ich immer wieder verstörten Frauen begegnet, in den Armen ein oder zwei zu Skeletten abgemagerte Kinder haltend, die, isoliert und ohne Familie, für ihren Lebensunterhalt betteln mussten.

Auf diese Weise führt die Massenvergewaltigung zur Zerstörung der sozialen Bindungen, zum Zerfall einer Gesellschaft, zur Vernichtung des kollektiven Widerstands.

In allen Strafgesetzbüchern zivilisierter Staaten ist die Vergewaltigung ein Verbrechen mit Verjährungsfrist. Bei der Massenvergewaltigung gibt es sie nicht, weil sie als Verbrechen gegen die Menschlichkeit eingestuft wird.

Wie schon gesagt, gelten Kriegsverbrechen als schwere Verstöße gegen die Kriegsgesetze und -normen, die im humanitären Völkerrecht festgelegt sind – den vier Genfer Konventionen von 1949 und ihren beiden Zusatzprotokollen von 1977.

Sie wurden zum ersten Mal nach dem Zweiten Weltkrieg in den Nürnberger und Tokioter Prozessen geahndet. Gelegentlich werden sie vor nationalen Gerichten verhandelt, wie etwa in den Vereinigten Staaten im Fall von William Calley, dem Mann, der für das Massaker von My Lai in Vietnam verantwortlich gemacht wurde. In den neunziger Jahren hat sich die strafrechtliche Verfolgung von Kriegsverbrechen verschärft mit der Einrichtung des Internationalen Strafgerichtshofs für das ehemalige Jugoslawien (*International Criminal Tribunal for the former Yugoslavia*, ICTY), für Ruanda (ICTR) und schließlich mit der Gründung des Internationalen Strafgerichtshofs.

Die Liste der Kriegsverbrechen ist mit Abstand die längste und detaillierteste. Und wenn der Internationale Strafgerichtshof tatsächlich mit all den im Statut von Rom genannten Verbrechen befasst wäre, wüssten seine Mitarbeiter nicht, wo ihnen der Kopf steht. Allerdings sind bisher nur Personen afrikanischen Ursprungs angeklagt und verurteilt worden…

Für Schüler hat das Internationale Komitee vom Roten Kreuz (IKRK) Bilder entwerfen lassen, die jeden Artikel des Römischen Statuts illustrieren.

In einem Regal meiner Bibliothek, hinter dem Schreibtisch, steht das Foto eines kleinen schwarzen Jungen, der die Nase mit den Fetzen seines T-Shirt verdeckt und verloren auf einem Feld voller Leichen steht. Die Bildunterschrift lautet: »Einen Befehl zu erlassen, dass es keine Überlebenden geben darf, ist verboten.«[1]

Wie erwähnt, ist der IStGH nicht der einzige von der UNO eingerichtete Strafgerichtshof. Es gibt Sondergerichtshöfe, die nicht aus einer internationalen Übereinkunft entstanden sind, sondern durch Resolutionen des Sicherheitsrats. Diese Gerichte sind befristet. Sie verfolgen Straftäter, die während eines bestimmten Konflikts gefoltert, gemordet, gemetzelt haben.

So ist der Internationale Sondergerichtshof für das ehemalige Jugoslawien (ICTY) durch die Resolutionen 808 und 827 des Sicherheitsrats gegründet worden. Er bekam seinen Sitz in Den Haag. Die Bilanz seiner Arbeit ist mäßig: Im Jahr 2016 waren 48 Angeklagte in Haft, 31 wurden per Haftbefehl gesucht, 23 sind verurteilt.

Der Internationale Sondergerichtshof für Ruanda (*International Criminal Tribunal for Rwanda*) ist 1994 kraft der Reso-

---

1 Paraphrase des Art. 8, Abs. d (X), in dem die »Erklärung, kein Pardon zu geben« als Kriegsverbrechen ausgewiesen wird.

lution 955 des Sicherheitsrats geschaffen worden. Er hat seinen Sitz in Arusha, Tansania. Nach wenig ermutigenden Anfängen sind 2016 50 Personen unter Anklage gestellt, mehr als 40 verhaftet und 9 verurteilt worden.

Der Sondergerichtshof für Sierra Leone (*Special Court for Sierra Leone*, SCSL) ist am 16. Januar 2002 eingerichtet worden, um die Verbrechen, die während des Bürgerkriegs in Sierra Leone verübt wurden, strafrechtlich zu verfolgen.

Am 14. Februar 2005 durchquert der ehemalige libanesische Ministerpräsident Rafiq al-Hariri in einer Kolonne schwarzer Mercedes-Limousinen das Stadtzentrum von Beirut. Eine gewaltige Explosion erschüttert die Stadt. Die umliegenden Häuser werden in Brand gesetzt, die Autos durch die Luft geschleudert und zerstört. Hariri und seine 21 Leibwächter sterben in den Flammen. Auf der Küstenstraße werden mehr als 200 Passanten verletzt.

Man verdächtigt die syrischen Geheimdienste. Die libanesische Regierung bittet um die Einrichtung eines Sondergerichtshofs. Frankreich unterstützt das Gesuch. Zur Finanzierung wendet es sich an die UNO. Mit der Resolution 1757 beschließt der Sicherheitsrat, dem libanesischen Verlangen nachzukommen. 2009 nimmt der Gerichtshof seine Arbeit auf. Zur Wahrung seiner politischen und juristischen Unabhängigkeit wird als Sitz des Gerichtshofs Leidschendam bei Den Haag bestimmt. Er erhält ein Jahresbudget von 30 Millionen Dollar, auf drei Jahre verlängerbar und zu 49 Prozent von der libanesischen Regierung finanziert.

Der Sondergerichtshof für den Libanon ist ein Beispiel für eine Rechtsinstanz von besonderer Wirkungslosigkeit. Obwohl zu den eingesetzten Richtern außerordentlich fähige Juristen gehören, wie etwa Robert Roth[1], der ehemalige Dekan der juristischen Fakultät der Universität Genf, ist es diesem Gericht bis heute nicht gelungen, seine Untersuchung erfolgreich abzuschließen und einen Prozess zu eröffnen.[2]

Zwei bemerkenswerte Frauen waren an den Internationalen Sondergerichtshöfen für das ehemalige Jugoslawien und für Ruanda Chefanklägerinnen.

Die unbeugsame Kanadierin Louise Arbour war Chefanklägerin in Den Haag und Arusha von 1996 bis 1999, dann Richterin am Obersten Gerichtshof Kanadas. Sie wurde danach zur Hochkommissarin der Vereinten Nationen für Menschenrechte ernannt – ein Amt, das sie von 2004 bis 2008 innehatte.[3]

1999 trat Carla Del Ponte die Nachfolge von Louise Arbour an. In Arusha übte sie diese Funktion bis 2003 aus, in Den Haag bis 2007. Diese höchst beeindruckende, aber umstrittene Tessinerin sprengt alle Normen. Ursprünglich war sie Untersuchungsrichterin in Lugano, dann Staatsanwältin des Tessin, 1994 wurde sie zur Bundesanwältin der Schweiz ernannt.

In dieser Eigenschaft versuchte sie, meine parlamentarische Immunität aufheben zu lassen. 1998 wollte sie mich wegen »Hochverrats« verurteilt sehen.[4]

Als Tessiner Staatsanwältin hatte Carla Del Ponte auch in dem Kampf gegen die organisierte Kriminalität eine entscheidende

---

1 Er war dort Richter von 2011 bis 2013.
2 Infolge des allgemein bekannten politischen Klimas lag der Verdacht zunächst auf dem syrischen Präsidenten Baschar al-Assad, dann auf der Hisbollah und schließlich auf der Israeli.
3 Im Juli 2006 prangerte sie die Angriffe Israels gegen den Libanon an und machte sich damit zur Zielscheibe einer Kampagne, die ihren Rücktritt verlangte. Den reichte sie 2008 ein.
4 Vgl. Kapitel 9.

Rolle gespielt. In Zusammenarbeit mit dem palermischen Richter Giovanni Falcone hatte sie zur Zerschlagung mehrerer Kartelle der sizilianischen Mafia beigetragen. Falcone und Del Ponte hatten eine damals vollkommen neue Methode entwickelt: Statt die Mörder vor Ort (auf Sizilien, im Piemont, Tessin usw.) zu verfolgen, versuchten sie, der Mafia-Konten auf den Banken von Zürich oder Genf habhaft zu werden.

Die Methode erwies sich als außerordentlich wirksam. Mehrere Kartelle konnten auf diese Weise ausgehoben werden.

Sizilien, 23. März 1992: Es ist ein strahlender Tag. Drei gepanzerte Fahrzeuge, die den Richter Giovanni Falcone, seine Frau und seine Leibwachen befördern, jagen mit 160 Stundenkilometern die am Meer gelegene Schnellstraße zwischen Messina und Palermo entlang. Auf einem Hügel, von dem aus man eine Brücke im Blick hat, beobachten der Chefmafioso Giovanni Brusca und seine Komplizen die näher kommenden Fahrzeuge.

Plötzlich betätigen Bruscas Finger einen kleinen Hebel: Weit unten, auf der Straße, schleudert eine ungeheure Explosion den Konvoi in die Luft und zerfetzt Falcone, seine Ehefrau und drei junge Polizisten.

Zwei Monate später stattet Staatsanwalt Paolo Borsellino, der Kollege, Freund und Nachfolger von Falcone – ebenfalls in gepanzerten und bewachten Fahrzeugen sitzend –, seiner Mutter in Palermo einen Besuch ab. Auch sein Konvoi wird von einer Bombe zerfetzt, die von demselben Brusca gezündet wird. Auch dieses Mal gibt es keine Überlebenden.

Brusca hatte geschworen, dass Carla Del Ponte sein nächstes Opfer sein würde. Seither finanziert die Regierung in Bern Leibwächter und gepanzerte Fahrzeuge, um das Überleben der mutigen Staatsanwältin zu sichern.

Radovan Karadžić, Psychiater, ehemaliger Präsident der Republika Srpska (Serbische Republik) in Bosnien und Henker von Sarajewo, wurde im März 2016 vom Internationalen Strafgerichtshof für das ehemalige Jugoslawien zu lebenslanger Haft verurteilt. General Ratko Mladić, Henker von Srebrenica, wartet in einer Zelle in Den Haag noch auf sein Urteil. Slobodan Milošević, der ehemalige Präsident Serbiens, starb während seiner Untersuchungshaft in den Niederlanden.

Heute ist Carla Del Ponte die energiegeladene Vizepräsidentin des Untersuchungsausschusses des Menschenrechtsrats, die Kriegsverbrecher in Syrien betreffend. Gelegentlich begegne ich ihr im Fahrstuhl oder in der Cafeteria des Palais Wilson. Bis heute ist ihr Zorn auf François Mitterrand nicht verraucht, der – so sagt sie – jahrelang verhindert habe, dass die serbischen Mörder nach Den Haag ausgeliefert wurden.[1]

Zweifellos war von allen Sondergerichtshöfen derjenige am wirksamsten, der die Völkermörder aus Ruanda zur Verantwortung zu ziehen hatte.

Das war nicht zuletzt seinem leitenden Gerichtschreiber zu verdanken, dem senegalesischen Juristen Adama Dieng, der dieses Amt von 2001 bis 2009 bekleidete. (Er ist seit 2012 Sonderberater des Generalsekretärs der Vereinten Nationen für die Verhinderung von Völkermorden.)

Adama Dieng hat die »*Tracking teams*« erfunden.

Nachdem die Armee der Ruandischen Patriotischen Front im Juli 1994 die Hutu-Truppen besiegt hatte, verteilten sich

---

1 Über die Arbeit von Carla Del Ponte am ICTY vgl. ihr vielfach diskutiertes Buch *La Traque, les criminels de guerre et moi. Autobiographie*, das sie in Zusammenarbeit mit Chuck Sudetic geschrieben hat (Paris, Éditions H. d'Ormesson, 2009).

die überlebenden Völkermörder über das ganze subsaharische Afrika. In zahlreichen Ländern konnten sie einheimische Komplizen gewinnen, von denen sie sich mit dem gestohlenen Geld ihrer Opfer Straffreiheit erkauften.

Adama stellte Kommandos zusammen, die unter der Leitung eines ehemaligen malischen Polizeikommissars Jagd auf die flüchtigen Mörder machten. Diese Kommandos wurden von Geheimdienstleuten, Polizisten und Ermittlern aus verschiedenen afrikanischen Ländern gebildet. Vollkommen illegal spürten sie flüchtige Kriminelle auf. Wenn sie einen im kongolesischen Wald, in einem Elendsviertel von Abidjan oder einem Luxushotel von Dakar erwischten, fesselten sie ihn und sperrten ihn in eine Hütte. Anschließend informierten sie die Polizei des betreffenden Landes. Gleichzeitig gaben sie die Festnahme der Presse bekannt und zwangen so die einheimische Regierung – mochte sie auch noch so korrupt sein –, das »Paket«, wie sie sagten, an die Richter in Arusha zu überstellen.

Der Sondergerichtshof für Sierra Leone (SCSL) fand bei den Staaten der Region die größte Unterstützung. Foday Sankoh, der Chef der *Revolutionary United Front* (RUF) von Sierra Leone, hatte die Angewohnheit, den Diamantenschürfern, die sich weigerten, ihm ihre Produktion zu überlassen, Hände oder Arme abzutrennen. Über zehn Jahre lang, von 1991 bis 2002, haben Charles Taylor, Präsident von Liberia, Blaise Compaoré, Präsident von Burkina Faso, Gnassingbé Eyadema, Präsident von Togo, und andere Diktatoren westafrikanischer Staaten, in denen Blutdiamanten im Umlauf sind, aktiv den Bürgerkrieg in Sierra Leone unterstützt, in dem es allein um den Zugriff auf die Diamantenfelder ging. Foday Sankoh ist 2003 an den Folgen eines Schlaganfalls gestorben; damals saß er seit drei Jahren in Untersuchungshaft und wartete auf seinen Kriegsverbrecherprozess am SCSL.

Charles Taylor war Mentor, Schutzpatron und Verbündeter von Foday Sankoh.

Blaise Compaoré, der 1987 seinen Vorgänger und Freund, den Präsidenten Thomas Sankara, hatte ermorden lassen, war im Herbst 2015 durch einen Volksaufstand in Burkina Faso entmachtet worden. Gnassingbé Eyadema starb 2005.

2003 floh Taylor aus Monrovia und versteckte sich auf einem Bauernhof im benachbarten Nigeria. Die Regierung in Abuja lieferte ihn an den Sondergerichtshof der Vereinten Nationen für Sierra Leone aus, der 2012 sein Urteil verkündete. Seit den Nürnberger Prozessen war Taylor der erste ehemalige Staatschef, der für Verbrechen gegen die Menschlichkeit und Kriegsverbrechen verurteilt wurde. Heute verbüßt er eine lebenslange Freiheitsstrafe in einem britischen Gefängnis.

Getreu ihrer imperialen Strategie bekämpfen die Vereinigten Staaten den Internationalen Strafgerichtshof. Sie haben das Statut von Rom nicht ratifiziert. Durch Erpressung oder Überredung versuchen sie so viele Staaten wie möglich – vor allem in der südlichen Hemisphäre – zu veranlassen, die Anerkennung des Internationalen Strafgerichtshofs zu verweigern.

Die amerikanische Regierung praktiziert außergerichtliche Hinrichtungen in großem Maßstab.

Präsident Barack Obama hat ein Programm entwickelt, das dazu dient, Personen, die feindseliger »Aktivitäten« gegenüber den USA verdächtigt werden, ohne Prozess und rechtskräftiges Urteil aus großer Entfernung zu töten. In Colorado schicken die Drohnenpiloten aus Felshöhlen in den Rocky Mountains ihre ferngesteuerten Flugkörper auf die Reise, um Verdächtige zu töten. Nach Pakistan, in den Jemen, nach Afghanistan oder an irgendeinen anderen Ort in der Welt.

Diese Ziele werden durch Spione vor Ort, durch Satelliten oder durch Überwachung des Telefonverkehrs identifiziert.

Monat für Monat töten die Drohnen Dutzende von Kindern, Männern und Frauen. Der Fachbegriff für den Mord durch Drohnen heißt »*longway target killing*« (»gezielte Ferntötung«).

Christof Heyns, UN-Sonderberichterstatter des Menschenrechtsrats für außergerichtliche, summarische oder willkürliche Hinrichtungen, führt Buch über diese makabre neue Mordmethode.[1]

Die Drohnen sind ziemlich ungenau. Häufig weichen sie von ihrem Kurs ab. Das hat Amnesty International zum Titel seines berühmten Berichts über die Drohnen-Massaker in Wasiristan, einer Bergregion im Nordwesten Pakistans, angeregt: »*Will I be Next?*« (»Werde ich der nächste sein?«).[2]

Die Regierung in Washington praktiziert die universelle Gerechtigkeit der Mörder.

Zwar ist der Terrorismus eine schreckliche Geißel für die gesamte zivilisierte Gesellschaft; die Dschihadisten sind Feinde der Menschheit, aber auch die Praxis der – oft wahllosen und massenhaften – außergerichtlichen Hinrichtungen entspricht nicht rechtsstaatlichen Prinzipien. Solche Tötungen stammen aus dem terroristischen Arsenal.

Ich halte Régis Debray für einen der wichtigsten Schriftsteller und Philosophen unserer Zeit. Uns verbindet eine lange

1 Man lese »Report of the Special Rapporteur on extrajudicial, summary or arbitrary executions« (»Bericht des UN-Sonderberichterstatters für außergerichtliche, summarische oder willkürliche Hinrichtungen«), Human Rights Council, 35. Sitzung, ONU/A/HRC/26/36, 2014.
2 »Will I be Next? US Drone Strikes in Pakistan«, *Amnesty International Publications*, 2013.

Freundschaft. Doch manchmal sind wir unterschiedlicher Meinung. Besonders, wenn es um den Internationalen Strafgerichtshof geht.

Régis wirft mir vor: »Genau genommen bist du ein calvinistischer Prediger. Deine Herkunft holt dich ein. Ein in tiefster Seele ziemlich naiver Idealist, das bist du! Dein Internationaler Strafgerichtshof ist eine Lachnummer, schlimmer noch, Heuchelei. Ich werde erst an ihn glauben, wenn der erste amerikanische General oder israelische Minister nach Den Haag ausgeliefert wird!«

Ich weiß. Dieser Tag wird wahrscheinlich noch lange auf sich warten lassen. Doch wenn es um die universelle Gerechtigkeit geht, muss man nehmen, was man kriegt.

KAPITEL ACHT

Das Gespenst des Völkerbunds

Spät am Abend, häufig nach einer langen Sitzung des Menschenrechtsrats, esse ich manchmal mit Funktionären des Hochkommissariats oder befreundeten Diplomaten in einem der Land-
gasthöfe von Chambésy oder in einem Restaurant in der Stadt.
Viele meiner Kollegen sind verzweifelt. Der Gedanke an das
Scheitern des Völkerbunds lässt sie nicht los.

»Werden wir genauso enden?«, fragen sie sich.

»Hat die Zerstörung der UNO schon begonnen? Ist ihre Zerschlagung unvermeidlich?«

Viele sind Pessimisten. Ich wehre mich gegen diesen Pessimismus.

Die Gründer des Völkerbunds waren geprägt vom schrecklichen
Blutbad des Ersten Weltkriegs, die Väter der UNO von der Katastrophe des Zweiten Weltkriegs. Das Wissen um die Absurdität des Krieges bestimmte die Völkerbundsatzung von 1919 genauso wie das Trauma der Nazigräuel die Charta der Vereinten
Nationen von 1945.

In der Weltliteratur hat niemand die Absurdität des Ersten
Weltkriegs eindringlicher beschrieben als Louis-Ferdinand
Céline. 1914 ersetzt der Erzähler in der *Reise ans Ende der Nacht*
kurz nach seinem Eintritt in die Armee die alte Ordonnanz

des Obersten. Sie befinden sich auf einer Straße in Frankreich, der Erzähler hält ein Heft, der Oberst trägt darin seine Befehle ein:

Ganz weit weg auf der Chaussee, so fern, dass man sie gerade noch sehen konnte, standen zwei schwarze Punkte, in der Mitte, wie wir, aber zwei Deutsche, und die waren seit einer guten Viertelstunde am Schießen.

Er, unser Oberst, der wusste womöglich, warum diese Leute schossen, und die Deutschen wussten es vielleicht ja auch, aber ich, nein wirklich, ich wusste es nicht. So tief ich auch in meinem Gedächtnis grub, ich hatte den Deutschen nie was getan. Ich war zu ihnen immer nur sehr nett und sehr höflich gewesen. Ich kannte sie ein bisschen, die Deutschen, ich war sogar bei ihnen zur Schule gegangen, als Junge, in der Nähe von Hannover. Ich hatte ihre Sprache gesprochen. Damals waren sie ein Haufen kleiner, grölender Knallköppe gewesen, mit Augen, so bleich und flackernd wie die von Wölfen; nach der Schule gingen wir zusammen in den Wäldern ringsum die Mädchen befummeln, oder wir ballerten mit Armbrüsten oder Pistölchen, die wir für vier Mark kauften. Wir tranken Malzbier. Das war doch ganz was anderes, als uns jetzt auf einmal einen überzu-brennen, ohne wenigstens vorher zu kommen und mit uns zu reden und noch dazu mitten auf der Straße, da klaffte ein Spalt, ja ein Abgrund. Das war ein allzu großer Unterschied. Der Krieg, kurzum, war alles, was man nicht begriff, Das konnte doch nicht so weitergehen.[1]

1 Louis-Ferdinand Céline, *Reise ans Ende der Nacht,* Reinbek 2003, S. 16 f.

Trotzdem – der 1914 ausgebrochene Weltkrieg ging weiter und tötete 20 Millionen Menschen.

Die Gründer des Völkerbunds – mit anderen Worten, die Sieger des Kriegs von 1914–1918 (die »Entente«) – wurden anfangs geleitet von Woodrow Wilson, Lord Robert Cecil, einem konservativen britischen Parlamentarier, und dem Burengeneral Christiaan Smuts, Kriegsminister der Südafrikanischen Union[1], bevor er deren Premierminister wurde. Bei den Vätern der Vereinten Nationen, den Siegern des Kriegs von 1939–1945 (den »Alliierten«) waren die Wortführer der amerikanische Präsident Franklin D. Roosevelt und der britische Premierminister Winston Churchill. Die Methoden, die die beiden Organisationen wählten, um die Schrecken des Krieges zu bannen, sind einander fast diametral entgegengesetzt. Der Völkerbund wollte sich auf Verhandlung und Schlichtung beschränken, die UNO dagegen war bereit, nötigenfalls Waffengewalt anzuwenden. Infolgedessen musste man sich mit einem paradoxen Prinzip abfinden: Es ist legitim, dass eine Institution, die sich dem Frieden verschrieben hat, bewaffnete Operationen durchführt.

Nach Ansicht der Gründer des Völkerbunds konnten nur Konsens und Dialog kollektive Sicherheit schaffen. Insofern sind die Debatten im britischen Unterhaus anlässlich der Ratifizierung der Völkerbundsatzung von 1919, die im Rahmen des Versailler Vertrags beschlossen wurde, recht aufschlussreich.

Lord Robert Cecil erklärte: »Die Waffe, auf die wir setzen, ist die öffentliche Meinung. Wenn wir in diesem Punkt irren, ist unser ganzes Werk ein Irrtum.«[2] Andere Reden und Dokumente,

---

1 1910, nach dem Burenkrieg, wurde die Südafrikanische Union unabhängig.
2 Zitiert in: Pierre Gerbet, *Le Rêve d'un ordre mondial, de la SDN à l'ONU*, Paris 1996, S. 15.

die am Rande der Debatte veröffentlicht wurden, zeigen ebenfalls, dass man jeden Gedanken an Zwang weit von sich wies.

Die bei angelsächsischen Protestanten verbreitete Kriegsdienstverweigerung aus Gewissensgründen war eine wesentliche Triebfeder des Projekts: Wenn das Recht mittels Gewalt durchgesetzt wird, läuft es Gefahr, von ebendieser Gewalt korrumpiert zu werden. »Wenn die Nationen ihrem Wesen nach egoistisch, gierig und kriegerisch sind, wird ihnen kein Instrument oder Mechanismus Einhalt gebieten«, liest man in einem offiziellen Kommentar zu der Satzung. Daher könne man nur »eine Organisation schaffen, die für eine friedliche und infolgedessen gewohnheitsmäßige Kooperation sorgt und die darauf baut, dass Gewohnheiten die Meinungsbildung beeinflussen«.[1]

Eine logische Folge von Verhandlungen ist Kooperation. Das entspricht in der Tat dem zweiten Ziel des Völkerbunds, so wie es in seiner Gründungssatzung festgeschrieben ist. Auf der Friedenskonferenz in Paris trat Jan Smuts, der Regierungschef der Südafrikanischen Union, besonders nachdrücklich für dieses Prinzip ein. Für ihn war der Völkerbund nicht nur ein Mittel zur Verhinderung künftiger Kriege, sondern auch ein Akteur in Friedenszeiten, der die internationalen Aktivitäten koordinierte – all die bislang ohne erkennbare Ordnung behandelten humanitären, sozialen und wirtschaftlichen Aspekte –, um die Entwicklung einer Weltzivilisation zu beschleunigen. »Es genügt nicht, dass sie [die Kooperation] eine Art *Deus ex Machina* ist, den man nur aus den Kulissen holt, wenn es gilt, schwere Krisen zu bewältigen, wenn etwa das Gespenst des Krieges auftritt. Soll sie Bestand haben, ist mehr erforderlich. Ihr Einfluss muss auch in normalen Zeiten friedlicher Beziehungen zwischen den Staaten

1 Ebd.

so spürbar sein, dass der Wunsch nach ihr im Fall internationaler Streitigkeiten unwiderstehlich wird … Ihre Friedensaktivitäten müssen als Grundlage und Garantie ihrer Macht dienen.«

Für Smuts waren die Verpflichtungen, die von der Satzung festgelegt und den Staaten auferlegt wurden, mehr als bloße Völkerrechtsnormen. Sie stellten lauter »moralische« Verpflichtungen dar, die durch »ihre eigene Ausstrahlung« gerechtfertigt waren.[1]

Doch zwischen den beiden politischen Situationen, in denen im Abstand von fünfundzwanzig Jahren Völkerbund und Vereinte Nationen gegründet wurden, gibt es einen fundamentalen Unterschied.

Die Schöpfer des Völkerbunds wollten jede Möglichkeit eines Krieges ausschließen. Die Gründer der Vereinten Nationen wollten darüber hinaus eine neue Weltordnung schaffen.

Erstere wollten die Machtverhältnisse zwischen den Siegerstaaten auf keinen Fall antasten. Das Programm des Friedensvertrags, das Präsident Wilson in seiner Rede vom 8. Januar 1918 vor dem amerikanischen Kongress entwickelte – Wilsons bekannte vierzehn Punkte –, enthielt sicherlich auch die Idee von der Autonomie der Völker, betraf aber in erster Linie die Zerschlagung der besiegten Reiche – Österreich-Ungarn und das Osmanische Reich. Auf diese Weise entstanden dank der Satzung von 1919 und der geopolitischen Korrekturen des Völkerbunds neue moderne Nationen in Europa: Jugoslawien, Polen, Litauen, Ungarn, Tschechoslowakei usw. Das Souveränitätsprinzip setzte sich durch, jeder Gedanke an eine übernationale Autorität war verpönt. Doch außerhalb Europas, im Nahen Osten, begnügte sich der Völkerbund damit, Frankreich und Großbritannien die Mandate für die befreiten Gebiete des ehemaligen Osmanischen

---

1 Zitiert in: Pierre Gerbet, a. a. O., S. 15–16.

204

Reichs zu übertragen. Das Recht auf Selbstbestimmung der Völker wurde vom Völkerbund schon in Europa nicht gerecht angewandt. Noch viel mehr galt das außerhalb Europas. Der Völkerbund ließ die europäischen Kolonialreiche unangetastet. Für die kolonisierten Völker änderte sich nichts.

Im Übrigen saßen im Völkerbund nur zwei »farbige« Vertreter: ein Delegierter aus Haiti und der englische Inder, der über einen Sitz verfügte, ein »turbangeschmückter Maharadscha«, wie Albert Cohen in *Die Schöne des Herrn*[1] sagt.

Natürlich ist die Schockwelle der bolschewistischen Revolution nicht spurlos an den Debatten vorbeigegangen. Die Oktoberrevolution von 1917 drohte auf andere Länder überzugreifen und deren Regierungen zu stürzen. Daher galt es, unverzüglich Schutzwälle zu errichten. Die Erklärungen der Regierungschefs auf der Friedenskonferenz in Paris[2] glichen sich wie ein Ei dem anderen: keine Revolution bei uns!

25. März 1919

Wilson: »… meine Politik … ist, Russland den Bolschewiken zu überlassen – damit sie in ihrem eigenen Saft schmoren, bis die Verhältnisse die Russen eines Besseren belehrt haben – und uns darauf zu beschränken, den Bolschewismus daran zu hindern, in andere Teile Europas vorzudringen.«

---

1 Stuttgart 1983. Paris, Gallimard, 1968. Albert Cohen, selbst internationaler Funktionär in seiner Eigenschaft als Mitglied der diplomatischen Abteilung der Internationalen Arbeitsorganisation, geht nicht gerade zimperlich mit dem Völkerbund um – seiner mondänen Atmosphäre, dem Strebertum und der Faulheit vieler seiner Funktionäre, ihren Berufserwartungen. Vgl. auch seine herbe Kritik in *Eisenbeißer* (1938), Stuttgart 1984.

2 Vgl. *Les délibérations du Conseil des quatre: 24 mars-28 juin 1919. Notes de l'officier interprète Paul Mantoux*, 2 Bd., Paris 1955.

26. März 1919

Lloyd George: »Ich weiß, wie gefährlich die Bolschewisten in unserem Land sind; ich bekämpfe sie selbst seit mehreren Wochen … Das Ergebnis: Am Ende helfen uns Gewerkschaftler wie Smilie, der in unserem Land durchaus eine Gefahr hätte werden können, einen Konflikt zu vermeiden. Gott sei Dank haben die englischen Kapitalisten Angst, und das bringt sie zur Vernunft. Was aber die Friedensbedingungen angeht, so ist der Grund, warum es zu einer Explosion des Bolschewismus in England kommen könnte, nicht der Umstand, dass wir zu wenig vom Feind verlangen, sondern dass wir zu viel fordern. Der englische Arbeiter will das deutsche Volk nicht mit übertriebenen Ansprüchen quälen. … Jedenfalls werden wir Deutschland einen sehr harten Frieden auferlegen: Es wird keine Kolonien und keine Flotte mehr besitzen, es wird sechs oder sieben Millionen Einwohner und einen großen Teil seiner Bodenschätze verlieren: fast all sein Eisen und einen großen Teil seiner Kohle. Sein Heer werfen wir zurück auf den Entwicklungsstand des griechischen Militärs und seine Flotte auf den der argentinischen Kriegsmarine. Und in all diesen Punkten sind wir uns vollkommen einig… Wenn Sie zu all dem die sekundären Bedingungen hinzufügen, die als ungerecht angesehen werden können, ist das vielleicht der Tropfen, der das Fass zum Überlaufen bringt.

Clemenceau: »Mit Recht fürchten wir den Bolschewismus beim Feind [den besiegten Ländern] und bemühen uns, die Entwicklung dort nicht zu provozieren, aber wir dürfen ihnen auch nicht bei uns selbst Vorschub leisten … weder in Frankreich noch in England. Es ist durchaus lobenswert, die Besiegten schonen zu wollen, aber wir dürfen dabei nicht die Sieger außer Acht lassen. Wenn es irgendwo zu einer revolutionären Bewegung kommen sollte, weil unsere Lösungen möglicherweise ungerecht erscheinen, dann sollte das nicht bei uns sein.«

27. März 1919

Wilson: »Für die Zukunft fürchte ich nicht die Kriege, die durch geheime Ränkespiele der Regierungen angezettelt werden, sondern vielmehr die Konflikte, die aus der Unzufriedenheit der Bevölkerung erwachsen …

Meiner Meinung nach ist der Versuch, eine revolutionäre Bewegung durch Armeen aufzuhalten, so, als wollte man eine Flut mit einem Besen stoppen. Außerdem könnten die Armeen, die den Bolschewismus bekämpfen sollen, sich selber mit ihm infizieren. Es existiert ein Keim von Sympathie zwischen den Kräften, die einander feind sein sollen. Das einzige Mittel, gegen den Bolschewismus vorzugehen, besteht darin, seine Ursachen zu beseitigen … Eine dieser Ursachen ist die Ungewissheit der Völker, wie ihre Grenzen von Morgen aussehen werden und welchen Regierungen sie werden gehorchen müssen; hinzu kommt ihre Verzweiflung, weil es ihnen an Nahrungsmitteln, Transportmitteln und Arbeitsmitteln mangelt.«

28. März 1919

Wilson: »Ich habe große Furcht vor der Verwandlung der Begeisterung in eine Verzweiflung, die ebenso gewalttätig ist wie der Bolschewismus, der sagt: »Es gibt keine Gerechtigkeit in der Welt, wir können lediglich mit Gewalt die Ungerechtigkeiten rächen, die zuvor mit Gewalt verübt wurden.«

Der Gründungsakt der Internationalen Arbeitsorganisation ist ebenso ein Teil des Versailler Vertrags wie der Völkerbund und sollte nach dem Willen ihrer Fürsprecher die Gefahr radikaler

Revolutionen zugunsten eines durch Verhandlungen bestimmten Verhältnisses zwischen den Fabrikherren und den Arbeitern eindämmen.

In der Folgezeit gehörte die UdSSR dem Völkerbund nur fünf Jahre an – zwischen 1934 und 1939. Nach ihrem militärischen Angriff auf Finnland wurde sie ausgeschlossen.

Die auf der USS *Augusta* beschlossene Atlantikcharta – der Vorläuferin der Charta der Vereinten Nationen von 1945 – verkündet unmissverständlich das Selbstbestimmungsrecht der Völker. Zwar ist es der UNO bis heute nicht gelungen, dieses Prinzip universell durchzusetzen – da es auf unserem Planeten noch immer Kolonisatoren und Kolonisierten gibt (Palästina, Westsahara usw.), aber in gewisser Weise hat sie die Kolonisation delegitimiert und in Misskredit gebracht. Im Übrigen ist in ihrer Charta die Garantie und der Schutz der Menschenrechte festgeschrieben, wie sie in der Allgemeinen Erklärung definiert werden – Menschenrechte, die für alle Bewohner des Planeten gelten. Die UNO hat nicht nur Friedensarbeit geleistet, sondern – um die universelle Sicherheit zu gewährleisten – auch einen Zwangsmechanismus etabliert, eine echte Weltordnung – fähig, mittels eines gesetzgebenden Organs, der Generalversammlung der Mitgliedstaaten, eines ausführenden Organs, des Sicherheitsrats, sowie einer Armee von Blauhelmen Kriege zu verhindern.

In der Gründungssatzung des Völkerbunds fehlte das Pendant zum Kapitel VII der UNO-Charta, in dem die militärischen und ökonomischen Zwangsmaßnahmen erläutert werden. Deshalb konnte Benito Mussolini, als er 1936 Abessinien, das heutige Äthiopien, angriff und dafür vom Völkerbund verurteilt wurde, abfällig erwidern: »Der Völkerbund ist gut und schön, wenn die Spatzen zwitschern, aber nicht, wenn die Adler attackieren.«

Genauso wenig gelang es dem Völkerbund zwischen 1933 (dem Jahr, in dem Deutschland aus dem Völkerbund austrat) und 1936, den Aggressionen Hitlerdeutschlands Einhalt zu gebieten. Im Untergeschoss des Palais des Nations in Genf[1], wo die Funktionäre des Völkerbunds bis zum Frühjahr 1945 umherirrten, hat es nie einen ständigen Militärausschuss gegeben, wie er seit Gründung der UNO im Untergeschoss des Wolkenkratzers am Ufer des East River in New York existiert.

Die Satzung des Völkerbunds sah Sitzungen einer Generalversammlung in größeren Abständen und einen ständigen Rat vor – nicht zu vergleichen mit dem Sicherheitsrat der UNO, der sich als Vorstufe einer echten Weltregierung versteht. Wenn die fünf ständigen Mitgliedstaaten und drei der zehn nichtständigen Mitglieder entscheiden, dass der Weltfrieden bedroht ist, mobilisieren sie die in Kapitel VII genannten Maßnahmen – Streitkräfte, Wirtschaftsblockaden, finanzielle Sanktionen usw.

Am 25. April 1945 wurde – während der Krieg noch im Pazifik und in Deutschland tobte – in dem imposanten, prächtigen Saal der Alten Oper in San Francisco die Gründungskonferenz der Vereinten Nationen eröffnet. Sie sollte zwei Monate dauern, bis zum 26. Juni.

Im Oktober desselben Jahres trat dann die Charta nach der Ratifizierung durch die fünfzig Signatarstaaten in Kraft.

An der Konferenz in San Francisco nahmen mehr als zehntausend Personen teil – Delegierte und ihre Assistenten, Berater, Sekretäre, aber auch fast dreitausend Journalisten, zweitausend bewaffnete Sicherheitsleute, Experten, die von den vier Vorbereitungskommissionen angefordert wurden, Beobachter …

---

1 Sitz des Völkerbunds.

Georges Bidault, Nachfolger von Jean Moulin an der Spitze des *Conseil national de la Résistance* (CNR, dt.: Nationaler Widerstandsrat), Außenminister der provisorischen Regierung, war der Leiter der französischen Delegation. Indem er die Anweisungen von General de Gaulle hartnäckig und mit großem diplomatischem Geschick buchstabengetreu befolgte, errang er zwei Siege: Trotz amerikanischen Widerstands wurde Frankreich ständiges Mitglied des Sicherheitsrats und Französisch – auf einer Stufe mit Englisch, Arabisch, Spanisch, Russisch und Chinesisch – eine der offiziellen UNO-Sprachen.

Das Prinzip der Überstaatlichkeit der Vereinten Nationen wurde implizit anerkannt. Edward R. Stettinius, Jr., der amerikanische Außenminister und Präsident der Eröffnungssitzung, kam sogar ausdrücklich darauf zu sprechen, als er an das Scheitern des Völkerbunds erinnerte.

Von seinem Büro im Weißen Haus, 3000 Kilometer weiter östlich, wandte sich Präsident Harry S. Truman per Radio an die Delegierten. Auch er beschwor den überstaatlichen Charakter der Organisation. Stettinius bezeichnete die Vereinten Nationen als »Prozess«, als eine kontinuierlich zu »erbauende« Organisation, eine nach und nach zu erwerbenden Überstaatlichkeit. Die Abschlussrede von Harry S. Truman, am 26. Juni in der Oper gehalten, nahm dasselbe Thema auf. Die Versammlung beschloss, die Charta alle zehn Jahre einer Revision zu unterziehen. Der Bruch mit dem institutionellen Vorbild und den Ideen des Völkerbundes war vollzogen.

Während der Friedenskonferenz in Paris, die mit dem am 28. Juni 1919 im Spiegelsaal unterzeichneten Versailler Vertrag endete, hatte der amerikanische Präsident Woodrow Wilson mit großem Nachdruck darauf gedrängt, dass gleichzeitig über den

Vertrag mit Deutschland[1], die Verträge mit den anderen besiegten Staaten[2], über die Satzung des Völkerbunds (und den Gründungsakt der Internationalen Arbeitsorganisation) abgestimmt wurde, sodass sie alle in das Vertragswerk Eingang fanden.

Durch die Koppelung von Satzung und Verträgen hoffte Wilson, den Völkerbund mit einem Höchstmaß an Legitimität auszustatten. Doch dagegen wehrten sich der französische Ministerpräsident Georges Clemenceau und der britische Premierminister David Lloyd George.

Die Umstände begünstigten den Sieg des Amerikaners. Bereits 1919 häuften sich die Konflikte und Probleme zwischen den Siegern. Doch diese Konflikte schienen sich häufig nicht durch direkte Verhandlungen lösen zu lassen. Schnelles Handeln war gefragt. Die in Paris weilenden Diplomaten zogen es vor, die heiklen Fälle dem künftigen Völkerbund zu überlassen. Einige Beispiele:

Von 1880, dem Beginn der von Bismarck vorangetriebenen kolonialen Eroberungen, bis zu seiner Niederlage im Jahr 1918 herrschte das Deutsche Reich über zahlreiche Kolonien. In Afrika besaß es Togo, Kamerun, Deutsch-Südwestafrika (das heutige Namibia), Deutsch-Südostafrika (das heutige Burundi), Ruanda und das Festlandsgebiet von Tansania (Tanganjika). Da England mit mehreren Kolonien und Protektoraten an die imperialen Besitzungen Deutschlands angrenzte, beanspruchte es diese Gebiete.

Dem widersetzte sich Woodrow Wilson. Der Fall wurde dem gerade erst entstehenden Völkerbund übertragen.

---

1 Ein Vertrag, der die Sanktionen gegen Deutschland festlegte, vor allem den Verlust seiner Kolonien, bestimmter militärischer Rechte und Teile seines Staatsgebiets sowie die Festsetzung hoher Kriegsreparationen.
2 Die Verträge von Saint-Germain-en-Laye und Trianon mit Österreich-Ungarn, der Vertrag von Neuilly-sur-Seine mit Bulgarien, der Vertrag von Sèvres mit dem Osmanischen Reich.

Ein anderes Beispiel: Dank der Friedenskonferenz von Paris erlebte Polen seine Wiederauferstehung. Von der russischen Vorherrschaft befreit, wurde seine Souveränität anerkannt. Doch um lebensfähig zu sein, beanspruchte der Staat einen Ostseehafen. Lloyd George lehnte ab. Die Verhandlung geriet ins Stocken, und das Problem wurde an den Völkerbund verwiesen.

Ein letztes Beispiel: Clemenceau beanspruchte das reiche Kohlebecken des Saargebiets. Er verlangte die Abtretung der Region an Frankreich. Woodrow Wilson widersetzte sich der Forderung Clemenceaus. Der Völkerbund erhielt den Auftrag, das Saargebiet zu verwalten, und übertrug Frankreich das Eigentum an den Kohlegruben.[1]

Die erste Generalversammlung des Völkerbunds fand im November 1920 statt.

In Genf war der Jubel der Öffentlichkeit unbeschreiblich. Am 16. November 1920 hieß es im *Journal de Genève*:

> Am Vormittag des 15. November versammelte sich eine riesige Menschenmenge auf dem Quai des Bergues und der Brücke Mont-Blanc in der Nähe des Hotels, in dem die meisten wichtigen Delegierten des Völkerbunds wohnten. Bewegt und fröhlich zugleich, waren diese Menschen gekommen, um den Aufbruch der Vertreter von 42 Staaten zum Reformationssaal[2] mitzuerleben. Auch auf dem Weg dorthin standen die Menschen dicht an dicht, als handle es sich um eine Prozession. Um elf Uhr begann die erste Versammlung des Völkerbunds.

1 1935 entschieden sich die Saarländer mit überwältigender Mehrheit (90,8 Prozent) für den erneuten Anschluss an Deutschland.
2 Der Völkerbund übernahm den Palais des Nations erst allmählich in der Zeit zwischen 1933 und 1936.

In der Schweiz fand am 16. Mai 1920 ein Referendum statt, in dem es um den Beitritt zum Völkerbund ging. Dem war eine heftige Auseinandersetzung vorausgegangen. Denn während ein großer Teil der Bevölkerung im Kanton Genf den Völkerbund mit Begeisterung begrüßte, stand man ihm in den anderen Kantonen, vor allem in der Deutschschweiz, feindselig gegenüber. Der Außenminister Giuseppe Motta, ein leidenschaftlicher Fürsprecher des Völkerbunds, wurde bei den Volksversammlungen im Züricher Volkshaus ebenso ausgebuht wie bei den mondäneren Veranstaltungen der Bourgeoisie von Lugano, Basel oder Bern. Der Ausgang der Befragung war knapp.

In einer zeitgenössischen Quelle heißt es: »Am Abend des 16. gelangten die kantonalen Ergebnisse tröpfchenweise und nicht ohne dramatische Momente in das Bundeshaus in Bern. Eine Folge von unerwarteten ›Neins‹ löste eine Bestürzung bei den Anwesenden aus (›die Sache ist verloren‹), die anhielt, bis eine Reihe von absolut unverhofften ›Jas‹ verkündet wurde.«

Insgesamt gingen 76,5 Prozent der Wahlberechtigten an die Urnen. Der Beitritt der Schweiz zum Völkerbund wurde mit 416 870 Jastimmen gegen 323 719 Neinstimmen und mit elfeinhalb gegen zehneinhalb Kantone beschlossen.[1] Die »Jas« entsprachen 56,3 Prozent der abgegebenen Stimmen.

In Genf war die Zustimmung bei einer Beteiligung von 77 Prozent der Wahlberechtigten besonders hoch – 25 807 Jastimmen gegen 5143 Neinstimmen, mit anderen Worten, eine Mehrheit von 83,4 Prozent entschied sich dort für den Eintritt der Schweiz in den Völkerbund.

---

1 1920 gab es 22 Kantone in der Schweiz, darunter drei Halbkantone. Heute sind es 23 (26, wenn man die Halbkantone mitzählt), nachdem der französischsprachige Kanton Jura nach einem separatistischen Konflikt mit dem deutschsprachigen Kanton Bern gegründet wurde.

Die Mehrheit der Kantone, die sich für den Völkerbund ausgesprochen hatten, war sehr dünn. Angesichts des gespaltenen Meinungsbilds in der Deutschschweiz hatte sich die Welschschweiz durch Blockbildung einen Vorteil verschafft. Keine Gruppierung – egal, ob religiös, politisch oder wirtschaftlich – hatte den Ausschlag gegeben.

Diese Abstimmung bedarf einer Erläuterung. In der Schweiz wird ständig über alles abgestimmt. Im Namen der direkten Demokratie. So hat man auch über den Beitritt zum Völkerbund abgestimmt. Aber da es in diesem Fall um eine Verfassungsänderung ging – das war im Mai 1920 der Fall –, genügte die Mehrheit der abgegebenen Stimmen nicht. Im Falle einer Verfassungsänderung kann der Vorschlag nur dann angenommen werden, wenn ihm auch die Mehrheit der Kantone zustimmt. Obwohl 1920 die Stimmenmehrheit des Wahlvolks außer Frage stand, haben die Kantone den Beitritt der Schweiz zum Völkerbund nur mit extrem knapper Mehrheit bewilligt.

Der eigentliche »Erfinder« des Völkerbunds ist ein amerikanischer Staatsmann, ein Jurist und Philosoph, ein Visionär voller Widersprüche, Woodrow Wilson. Sein Vordenker war der irische Philosoph Edmund Burke, ein Anhänger des klassischen Naturrechts, dem wir einen häufig zitierten Aphorismus verdanken: »All that evil needs to triumph is the silence of good men.« (»Um zu triumphieren, braucht das Böse nur das Schweigen guter Menschen.«)

Woodrow Wilson wurde 1856 in Staunton geboren, einer Kleinstadt in Virginia. Sein Vater war Pastor der Presbyterianerkirche. Sein ganzes Leben lang blieb Woodrow ein tiefgläubiger Calvinist. Wahrscheinlich bestand er deshalb in Paris darauf, den Sitz des Völkerbunds in Genf zu etablieren.

1902 wurde der brillante Intellektuelle Rektor der Princeton University. Als Fürsprecher einer Demokratisierung der höheren Bildung führte er dort radikale Reformen ein, die von anderen Bildungsinstituten übernommen wurden. Wie die meisten weißen Intellektuellen aus den Südstaaten war er Mitglied der Demokratischen Partei. 1920 wurde er Gouverneur des Staates New Jersey (in dem Princcton liegt), zwei Jahre später war er Präsident der Vereinigten Staaten.

Es war die triumphale Epoche des ungezügelten Industrie- und Finanzkapitalismus. Wilson brachte Gesetze durch, die die Allmacht der Industriekonglomerate einschränken sollten, und führte erste Bankenkontrollen ein.

Außerdem forderte er den Kongress auf, Gesetze zum Schutz der Arbeiter zu verabschieden, und gründete die Federal Reserve Bank, die erste Zentralbank in der Geschichte des Landes.

Gegen den wütenden Widerstand der Spekulanten verstaatlichte er riesige Landstriche – Gebirge, Täler, Hügel und Ebenen – und schuf die ersten Nationalparks.

Er legte sein Veto gegen ein Gesetz des Kongresses ein, nach dem Analphabeten die Einwanderung in die Vereinigten Staaten verboten werden sollte.

Entsetzt über den Antisemitismus der protestantischen Ostküsteneliten, berief er 1916 mit Richter Louis Brandeis den ersten Juden an den Obersten Gerichtshof der Vereinigten Staaten.

Der Westflügel des Palais des Nations in Genf beherbergt die größte sozialwissenschaftliche Bibliothek Europas, die dank einer Spende des amerikanischen Milliardärs John D. Rockefeller angelegt werden konnte. Dort befindet sich auch das Archiv des Völkerbunds, das vor allem kostbare Fotosammlungen enthält. Ich habe mir einige Fotoporträts von Wilson angesehen. Eines von ihnen zeigt den Präsidenten sinnend im Parc des Bastions an

215

der Mauer der Reformatoren, vor den aufragenden Statuen von Guillaume Farel, einem Protagonisten der Genfer Reformation, Jean Calvin, der zentralen Figur der Bewegung, John Knox, der den presbyterianischen Glauben in Schottland heimisch machte, Théodore de Bèze, dem Rektor der Akademie von Genf, und anderen Propheten des neuen Glaubens nebst ihren Schutzherren (Admiral de Coligny, Wilhelm I.(Oranien), der »Schweiger«, Oliver Cromwell usw.).

Wilson war hochgewachsen, hager, von strengem Äußeren, mit kurz geschnittenen grauen Haaren und nachdenklichen Augen hinter der randlosen Brille.

Er muss eine hochkomplexe Persönlichkeit gewesen sein.

Amerika war 1917 in den Krieg eingetreten. Zwei Millionen amerikanische Soldaten hatten den Atlantik überquert. Viele von ihnen waren auf den Schlachtfeldern in Nordfrankreich gefallen. Es gab keinen Zweifel daran, dass die Mächte der Entente ihren Sieg dem amerikanischen Eingreifen zu verdanken hatten.

Diese offenkundige Tatsache verschaffte Wilson maßgeblichen Einfluss auf die Friedenskonferenz in Paris. Er konnte seinen Willen weitgehend durchsetzen.

Bis heute ist eine Frage unter Historikern höchst umstritten: War Wilson Rassist?

1919 lebten drei Viertel der Menschheit unter dem Joch des Kolonialismus. Das kümmerte Wilson nicht. Das »universelle« Recht auf Selbstbestimmung der Völker, das er auf der Konferenz in Paris als das Herzstück seines Programms präsentierte, blieb auf die europäischen Staaten beschränkt.

Verabscheuenswert war Wilsons Einstellung zu Afroamerikanern. Der Präsident kam aus dem Süden der Vereinigten Staaten. Aufgewachsen in einer Gesellschaft, in der Rassentrennung und Ku-Klux-Klan herrschten, hatte er den Rassismus schon früh verinnerlich. Hinzu kam das calvinistische Erbe: Er war fasziniert von dem Abenteuer seiner calvinistischen Brüder in Südafrika.

Die Kolonisierung Südafrikas hatte 1652 begonnen, als fünf Schiffe der Niederländischen Ostindien-Kompanie am Kap der guten Hoffnung 90 Holländer (unter ihnen acht Frauen) abgesetzt hatten – überzeugte Calvinisten, die vor den spanischen Besatzern der Niederlande und den Verfolgungen der Gegenreformation geflohen waren. Der Ostindien-Kompanie ging es allein darum, am Kap eine Niederlassung für die Versorgung ihrer Schiffe mit Lebensmitteln zu errichten. Diese Pioniere, denen sich schon bald andere protestantische Flüchtlinge aus den Niederlanden, Deutschland und Frankreich anschlossen (nach dem Widerruf des Toleranzedikts von Nantes im Jahr 1685), gründeten kleine theokratisch organisierte und auf Sklavenhaltung basierende Gemeinschaften, die sich dem Anbau von Getreide und Wein widmeten. Ihrer sozialen Hierarchie, ihrem Recht und der religiösen Praxis lagen die Lehren Jean Calvins zugrunde, wie er sie in der *Institution de la religion chrétienne*[1] niedergelegt hatte.

Der Vergleich mit den dreizehn Neuenglandstaaten drängt sich auf: Wie die englischen Kolonisten an der amerikanischen Ostküste, ihre Glaubensgenossen, lösten sich auch die holländischen Pioniere rasch von ihrem Herkunftsland. Die bäuerliche Lebensweise, die sie dort entwickelten, bezeichnet man als *Boer*-Kultur (Bauer auf Holländisch). Ihre Merkmale sind Sparsamkeit, Stolz und der sehr ausgeprägte Einfluss des calvinistischen Glaubens. Sie hat nichts mehr gemein mit der Kultur des Mutterlands.

Das südafrikanische Expeditionskorps hatte eine wichtige Rolle beim Sieg der Entente 1918 gespielt. Unter dem Kom-

---

1 Erstveröffentlichung auf Latein, Basel 1536; auf Französisch, Genf 1541.

mando des Burengenerals Jan Smuts hatte es die deutschen Kolonien in West- und Ostafrika eingenommen. Anschließend war Smuts in das Kriegskabinett des britischen Premiers Llyod George eingetreten, wo er am Aufbau der Royal Air Force mitwirkte. 1919 nahm er, wie erwähnt, als Premierminister der Südafrikanischen Union an der Pariser Friedenskonferenz teil und spielte dort eine wichtige Rolle als Vertrauter und enger Verbündeter von Wilson. Mit einem Wort, die objektiven Ähnlichkeiten zwischen den psychologischen, religiösen und politischen Motiven der südafrikanischen Prediger und des Südstaatlers Wilson sind frappierend.

Der Glaube der »Afrikaaner« ist ein wahrer Glaube. »Liebe deinen Nächsten« bedeutete für sie auch: »Liebe deinen afrikanischen Bruder.« Doch der Wohlstand der weißen Staaten gründete sich auf die Ausbeutung ebendieses Bruders. Das Blut des Schwarzen war das Gold des Weißen. Damit stellte sich dem Gewissen des Weißen das folgende Problem: Wie ließ sich unter universeller Perspektive der Fortbestand partikularer Privilegien rechtfertigen? Wie ließ sich die Nächstenliebe mit der Ausbeutung des Afrikaners vereinbaren? In den kleinen Holzkirchen Südafrikas suchten die Prediger sonntagmorgens nach einer Antwort.

Sie fanden sie in der Bibel: »Willst du aber Sklaven und Sklavinnen haben, so sollst du sie kaufen von den Völkern, die um euch her sind.« (3. Mose, 25,44) Zugleich fanden sie in dem heiligen Text auch viele andere Stellen, die mit ein wenig bösem Willen durchaus als Beweise für ihre Theorie von der Überlegenheit der Weißen interpretiert werden konnten. Sobald diese Überlegenheit ein für alle Mal festgestellt war, löste sich der Widerspruch zwischen der Nächstenliebe und dem Leid, das den Schwarzen zugefügt wurde, wie durch ein Wunder auf.

Die Theorie der Herren und Knechte, der naturgegebenen

Ungleichheit der Rassen – angeblich von Gott gewollt und von den Fakten bestätigt – wurde zum offiziellen Dogma der Niederländisch-reformierten Kirche (*Nederduitse Gereformeerde Kerk*, NGK) in Südafrika.

Das amerikanische Expeditionskorps, das 1917 in Europa landete, war seinerseits von Rassentrennung geprägt. Die 400 000 schwarzen Soldaten, die ihm angehörten, waren fast alle zu Stoßtrupps abkommandiert und erlitten entsetzliche Verluste. Laut amerikanischer Verfassung war Präsident Wilson ihr Oberbefehlshaber. Die Wortführer der schwarzen Gemeinschaft und die Eltern der geopferten Soldaten, die sich an ihn wandten, speiste er mit Verachtung ab.

William Du Bois, der Präsident des Nationalen Verbands zur Förderung Farbiger (*National Association for the Advancement of Coloured People*, NAACP), bat Wilson eines Tages, der legalen Diskriminierung ein Ende zu setzen. Wilson antwortete:

»*Segregation is not a humiliation but a benefit.*« (»Rassentrennung ist keine Demütigung, sondern eine Wohltat.«), wohlverstanden für beide Gemeinschaften, die weiße und die schwarze.

In den Vereinigten Staaten wurden Wilsons internationalistische Ansichten von den Vertretern der imperialen Strategie heftig bekämpft. Persönlich begab sich der Präsident ins Kapitol, um den Völkerbund zu verteidigen. Aber der Senat weigerte sich, die Satzung zu ratifizieren, und so wurden die Vereinigten Staaten nie Mitglied des Völkerbunds.

Im November 1920 trat der republikanische Kandidat Warren Harding mit einem denkbar einfachen Programm zum Wahlkampf an: der Ablehnung des gesamten Programms von Wilson. Er wurde mit überwältigender Mehrheit gewählt.

Das Leben von Woodrow Wilson endete tragisch. Im Kampf für den Völkerbund erschöpfte er seine Kräfte und erlitt eine Reihe von Schlaganfällen. Er verlor die Sprache, sodass seine Angehörigen ihm die Worte von den Lippen ablesen mussten. Am 3. Februar 1924 starb er.

Mit einer verspäteten Versöhnungsgeste ordnete der amerikanische Kongress an, Wilson in der National Cathedral in Washington beizusetzen. Er ist der einzige amerikanische Präsident, dem diese Ehre zuteilwurde.

Die Generalversammlung des Völkerbunds tagte zunächst im Reformationssaal (der inzwischen abgerissen wurde, um einem Bankgebäude Platz zu machen), bis 1936 der Bau des Palais des Nations so weit fortgeschritten war, dass er allen Abteilungen und Versammlungen Platz bot. Das Generalsekretariat, das vierzehn Jahre lang von dem außergewöhnlichen, jungen Schotten Sir Eric Drummond geführt wurde, war anfangs in einem stillgelegten Hotel am rechten Ufer untergebracht, dem Hotel National (das in der Folge als Palais Wilson bezeichnet wurde und heute, wie erwähnt, das Hochkommissariat für Menschenrechte beherbergt).

Aber die wichtigsten Ereignisse fanden nicht immer im Reformationssaal oder dem Hotel National statt, sondern in den Hotels, den Restaurants (wie der berühmten Brasserie Bavaria) oder in privaten Anwesen rund um den Genfer See (etwa bei der Comtesse Anna de Noailles in Amphion-les-Bains, unweit von Évian).

Heute lässt sich kaum noch vorstellen, welch ein Abgrund von Hass die französische und die deutsche Nation in den Jahren von 1920 bis 1930 trennte. Zwei Männer, die außergewöhnlich mutig und hellsichtig, aber von vollkommen unterschiedlicher

Herkunft und Wesensart waren, versuchten Brücken zu schlagen: der französische Außenminister Aristide Briand und Gustav Stresemann, sein Kollege in der Weimarer Republik. Stresemann, der aus dem Berliner Bürgertum stammte, war konservativ und introvertiert. Briand, von bescheidener Herkunft, war ein begnadeter Redner, ein Genießer, ein einstiger Freund von Jean Jaurès, ein warmherziger und freundschaftlicher Mensch.

Beiden war klar, dass es unbedingt gelingen musste, Deutschland aus seiner Isolation herauszuführen und das Frankreich von Clemenceau zur Aufgabe seiner revanchistischen Haltung zu bewegen. Während der Sitzungen des Völkerbunds wimmelte es in Genf von Journalisten aus der ganzen Welt. Briand und Stresemann durften auf keinen Fall zusammen gesehen werden.

Schon bald hatte sich Briand mit einem Fischer von der französischen Seite des Genfer Sees angefreundet. Dieser legte an dem Restaurant La Perle du Lac an, nicht weit vom Hotel National entfernt am Schweizer Ufer, lud den Franzosen und den Deutschen ins Boot und fuhr sie auf den See hinaus, wo sie sich völlig unbeobachtet unterhalten konnten. Bei anderen Gelegenheiten trafen sie sich, 15 Kilometer von Genf entfernt, in dem Gasthaus von Thoiry, einem französischen Dorf im Pays de Gex, am Fuß des Jura, und unternahmen lange Spaziergänge in einer zauberhaften Umgebung.

Dabei freundeten sie sich an. Im Archiv des Völkerbunds gibt es Fotos der beiden Männer.

Stresemann, ganz seriöser Bürger, mit fortgeschrittener Glatze, den massigen Leib in einen Anzug von gutem Schnitt gezwängt, Uhrkette quer über dem Bauch, strahlt Achtbarkeit, Zurückhaltung und ministerielle Autorität aus. Briand dagegen strahlt Leben aus. Seine schönen dunklen Augen sind auf die Kamera gerichtet. Silberfäden durchziehen seine schwarze Mähne. Er trägt einen prächtigen Schnurrbart und eine Jacke, die ihm zu groß ist.

Vor allem aber enthält das Archiv die Manuskripte wunderbarer Reden des Franzosen. Ganz besonders derjenigen, die Briand zur Eröffnung der ersten Sitzung hielt: »Nie wieder werden auf unseren Hügeln und in unseren Tälern, in unseren Wäldern und auf unseren Flüssen die schwarzen Schleier der Trauer wehen…« Der fruchtbare Dialog zwischen Briand und Stresemann ermöglichte die Verträge von Locarno, die im Oktober 1925 unterzeichnet wurden. Im Namen seiner Regierung gab Stresemann alle Ansprüche auf Elsass und Lothringen auf. Daraufhin stimmten die Staaten der Entente dem Beitritt Deutschlands zum Völkerbund zu.

Der Völkerbund hat eine zugegebenermaßen begrenzte, aber keineswegs vernachlässigbare Zahl von Erfolgen vorzuweisen. Eine Zeitlang konnte er die Konflikte um Danzig und das Saargebiet bändigen. Unter seiner Ägide sind einige neue Staaten in Europa entstanden. Wie berichtet, ist im Anschluss an seine Gründung auch die Internationale Arbeitsorganisation gebildet worden. Die Schaffung des Hochkommissariats für Flüchtlinge ist ihm ebenfalls zu verdanken. Außerdem hat er eine Reihe nützlicher internationaler Abkommen ausgearbeitet.

Woran ist er dann gestorben?

Er ist nie universell gewesen. Die Sabotage des amerikanischen Senats, dann die Brüche, die nacheinander von den faschistischen Mächten Deutschland, Japan und Italien herbeigeführt wurden, und schließlich der Austritt der UdSSR, haben den Völkerbund gelähmt. Das Fehlen autonomer militärischer Streitkräfte und der Fähigkeit, wirksame wirtschaftliche Sanktionen bei Verstößen gegen die Satzung zu verhängen, hat ihn geschwächt. Mangels geeigneter Zwangsmittel ist es ihm nicht gelungen, für kollektive Sicherheit und für Frieden zu sorgen. Weder hat er den Bürgerkrieg in Spanien verhindern können noch zahlreiche andere Massaker – in Mesopotamien, den libanesischen Bergen, dem Fernen Osten.

Seine ehrgeizige Konferenz zur Rüstungsbegrenzung im Jahr 1932 war ein Debakel.

Über den Ruinen des Völkerbunds warf der nahende Zweite Weltkrieg seine Schatten voraus.

»Werden wir auf die gleiche Weise enden?«

Die Frage lässt mich nicht los. Doch, nein, auf keinen Fall – ich widerstehe dem Pessimismus.

Das werde ich im Schlussteil erklären.

Während des Zweiten Weltkriegs, als der Planet in Feuer und Blut versank, führte eine Handvoll Funktionäre ein geisterhaftes Dasein in den verlassenen Büros und Fluren des Palais des Nations.

Eine letzte, spärlich besuchte Versammlung des Völkerbunds fand im Sommer 1945 statt. Dort verkündete die Organisation, die auf Woodrow Wilsons Betreiben entstanden war und weltweit so große Hoffnungen geweckt hatte, ihre eigene Auflösung und übereignete ihre Gebäude und Niederlassungen der neu gegründeten UNO.[1]

Heute geistert das Gespenst des Völkerbunds und seines spektakulären Scheiterns häufiger denn je durch die Flure des Genfer Palais des Nations und des New Yorker Wolkenkratzers am East River.

---

1 Juristisch existierte der Völkerbund noch bis zum 31. Juli 1947 – dem Rechnungsabschluss des Liquidationsausschusses.

KAPITEL NEUN

Palästina

Unvergesslich bleibt mir ein strahlender Junimorgen 2003.

Das Palais Wilson befindet sich zwanzig Meter entfernt von dem ganz aus Beton und Glas erbauten Gebäude des Hochschulinstituts für internationale Studien und Entwicklung (*Institut de hautes études internationales et du développement*, IHEID), in dessen erster Etage mein Büro liegt. Atemlos stürmt der Hochkommissar für Menschenrechte, Sérgio Vieira de Mello, in mein Büro und schwenkt einen Brief.

»Schau dir das an! Wie hast du das gemacht? Mary Robinson hat mit Müh und Not eine Aufenthaltsgenehmigung für achtundvierzig Stunden bekommen; und ich als Hochkommissar schaffe es nicht, in Tel Aviv empfangen zu werden!«

Auf dem Schreiben war ein blauer siebenarmiger Leuchter abgebildet; es trug das Datum vom 23. Mai 2003 und war vom israelischen Botschafter bei den Vereinten Nationen unterzeichnet. Darin hieß es, die israelische Regierung fühle sich »geehrt«, den Sonderberichterstatter für das Recht auf Nahrung bei seiner »Mission in den [besetzten] Gebieten« empfangen zu dürfen.

Israel betrachtet die UNO als eine feindliche Organisation, beherrscht von muslimischen Staaten, Arabern, Asiaten und Afrikanern, die dem israelischen Staat zutiefst feindselig ge-

genüberstehen und seine Vernichtung wollen. Seit Jahrzehnten verweigert Israel daher allen Sonderberichterstattern (über Folter, über außergerichtliche Hinrichtungen, über das Recht auf Wasser, über den Schutz der Verteidiger der Menschenrechte usw.) die Einreise.

Tatsächlich beruhte diese Einladung auf einem gewaltigen Missverständnis. Das lag an der Rolle, die ich fünf Jahre zuvor in der Affäre um die sogenannten »nachrichtenlosen jüdischen Vermögen« bei dem Kampf des Jüdischen Weltkongresses gegen die Schweizerische Bankiersvereinigung gespielt hatte.

Hier die Geschichte.

Mit Hitlers Machtübernahme war für sehr viele jüdische Gemeinden und Familien in Deutschland offenkundig geworden, dass ihre Existenz bedroht war. Natürlich konnte niemand den folgenden Völkermord voraussehen, aber die Anzeichen für die rassistische Hysterie der Nazis waren offenkundig.

Daraufhin schickten sich jüdische Familien, Industrieunternehmen, Handelsfirmen und Organisationen an, ihre Vermögen bei Schweizer Banken in Sicherheit zu bringen. Angesichts der gegebenen Umstände waren das vollkommen logische Selbstverteidigungsmaßnahmen.

Nun war es aber allen deutschen Staatsbürgern bei Todesstrafe verboten, ihr Kapital außer Landes zu schaffen oder ein nicht genehmigtes Bankkonto im Ausland zu eröffnen. Das vermochte allerdings die Kapitalflucht in die Schweiz nicht einzuschränken.

Anfang 1945 sahen sich die sowjetischen, englischen und amerikanischen Soldaten mit den unbeschreiblichen Schrecken der nationalsozialistischen Todeslager konfrontiert. Der Völkermord an den Juden war offenkundig. Daraufhin sagten sich zahlreiche Schweizer Bankiers: »Meine Kunden sind tot, niemand wird Anspruch auf ihr Geld erheben.« Und sie fügten diese – angeblich

»nachrichtenlosen« – Mittel den schlummernden Reserven ihrer Geldinstitute hinzu.

Der »Nacht-und-Nebel-Erlass«[1] blieb weiterhin ein düsterer Aspekt des Schweizer Bankensystems.

Was geschah dann?

Stellen wir uns den Erben – Sohn, Tochter, Cousin, Tante – eines der Nazi-Opfer vor, wie er nach dem Krieg an einen Bankschalter in Zürich, Lugano, Basel oder Genf geht. Er möchte, dass man ihm das ihm zustehende Geld aushändigt. Aber er besitzt nur lückenhafte Informationen über die Situation des Kontos, kennt seine Identifikationsnummer nicht usw.

Statt ihm zu helfen, das Konto wiederzufinden (das Schließfach, die Wertpapiere usw.), nimmt der Schweizer Bankangestellte eine Haltung ein, die zwar juristisch untadelig, aber menschlich vollkommen absurd ist. Er verlangt von dem Antragsteller, dass er seine Erbberechtigung beweist. Konkret: den Totenschein des verschwundenen Gläubigers. Wenn es dem Erben gelingt, sich dieses Dokument zu besorgen (oder eine Vermisstenbescheinigung), ist die Angelegenheit damit noch nicht erledigt: »Sie müssen noch beweisen, dass Sie der Alleinerbe sind«, sagt der Angestellte.

Man kann sich unschwer vorstellen, dass der Antragsteller jetzt völlig am Ende ist: In Auschwitz, Chełmno, Bełżec, Sobibor, in Treblinka und Majdanek hat die SS Familien, Gemeinden, manchmal sogar ganze Städte vergast. Die Flammen haben Millionen Menschen verschlungen – Kinder, Jugendliche, Alte, Männer und Frauen. In Osteuropa sind nur wenige Juden der Shoah (hebräisch: »Katastrophe«) entkommen.

---

1 Codebezeichnung der »Richtlinien für die Verfolgung von Straftaten gegen das Reich oder die Besatzungsmacht in den besetzten Gebieten«. Danach sollten vor allem die Deportationen unter absoluter Geheimhaltung stattfinden, damit sie Feinden und Gegnern verborgen blieben.

Wie kann man unter diesen Umständen einen Überlebenden an einem Schweizer Bankschalter auffordern, mithilfe von entsprechenden Bescheinigungen den Tod seiner Eltern und seiner Geschwister zu beweisen?

So haben die meisten Schweizer Bankiers mehr als fünfzig Jahre lang ihren jüdischen Kunden gegenüber, die nur ihren rechtmäßigen Besitz beanspruchten, eine vollkommen unmenschliche Haltung eingenommen.

1996 nahm sich schließlich die israelische Regierung der Sache an. Sie übertrug dem Jüdischen Weltkongress und seinem Präsidenten Edgar Bronfman die kollektive Vertretung der beraubten Opfer. Avraham Burg, der im Jahr zuvor zum Direktor der Jewish Agency for Israel ernannt worden war, bezeichnete die Unterschlagung der nachrichtenlosen Vermögen als den »größten Diebstahl der Geschichte, der jemals von Banken organisiert wurde«.

In Begleitung von Elan Steinberg, dem Generalsekretär des Jüdischen Weltkongresses, und Israël Singer, einem Rabbiner, der Steinberg auf diesem Posten nachfolgte, unternahm Edgar Bronfman mehrere Reisen nach Bern, um die Bankiers im Hotel Bellevue zu treffen.

Elan Steinberg war ein kultivierter Mensch, geduldig und mit großem Verhandlungsgeschick begabt, ganz in der Tradition eines Nahum Goldmann, der Ende der vierziger Jahre Gründer und erster Präsident des Jüdischen Weltkongresses war. Edgar Bronfman dagegen besaß ein aufbrausendes Temperament. Er war ein hochgewachsener Mann, von kräftiger Statur, mit rötlichem Schimmer im dichten grauen Haar. Und Bronfman war kein Chorknabe. Das Wirtschaftsimperium, das er regierte, hatte er von seinem Vater übernommen, einem Alkoholschmuggler großen Stils während der Prohibition in den Vereinigten Staaten.

227

Als kanadischer Whiskymagnat, Eigentümer eines multinationalen Unternehmens für alkoholische Getränke, besaß er jene Brutalität, Aggressivität und Ungeduld, die Multimilliardären häufig eigen ist – wenn man so will, eine Art jüdischer Donald Trump.

Bronfman verlangte die Auszahlung einer pauschalen Summe, die dem geschätzten Wert der unterschlagenen Vermögen entsprach; der Jüdische Weltkongress werde sich, so Bronfman, um die Verteilung an die Gläubiger kümmern.

Die Einigung scheiterte an der Heuchelei, dem Schmierentheater und den Lügen der Schweizer Bankiers.

Die Schweizerische Bankiersvereinigung ging sehr raffiniert vor: Selbstverständlich übermittelte sie den betroffenen Banken die verschiedenen individuellen Forderungen der potenziellen Erben. Leider, so fügte sie hinzu, seien die meisten dieser Antragsteller nicht in der Lage, ihr Anrecht zu beweisen. Hinzu komme der Umstand, dass diese nachrichtenlosen Guthaben meist unter Decknamen, fiktiver Herkunftsbezeichnung oder auf Nummernkonten eingezahlt worden seien. Daher sei die Identifizierung kaum noch möglich. Vor allem aber werde die Höhe der nachrichtenlosen jüdischen Vermögen in der Schweiz bei Weitem überschätzt.

Die Verhandlungen zogen sich lange hin. Dann kam es im Januar 1997 zu einem Zwischenfall, der die Situation radikal veränderte.

In der Nacht zum 8. Januar 1997 machte Christoph Meili, dreißig Jahre, Vater zweier Kinder, seine Runde in den Büros der Schweizerischen Bankgesellschaft (ab 30. Juli 1997: UBS) in Zürich, Bahnhofstraße 45. Meili war Angestellter eines privaten Wachdienstes. In einem Saal stand der Aktenvernichter zwischen zwei Müllgroßbehältern, die von Dokumenten überquollen – Buchführungsunterlagen, Kaufverträgen usw. Fasziniert von diesem Papierberg, warf Meili einen neugierigen Blick auf die Dokumente, die augenscheinlich für den Schredder bestimmt waren. Sie stammten aus der Nazizeit und betrafen Geschäfte zwischen der Bank und dem Deutschen Reich.

Meili war ein gläubiger Christ, vollkommen unpolitisch, hatte aber wie fast alle Schweizer im Laufe der letzten Monate die öffentliche Debatte über die Rückgabe dieser Vermögen interessiert verfolgt.

Er nahm über 40 Blätter und zwei Bündel Papiere mit nach Hause. Die Dokumente bezogen sich auf die Versteigerung arisierter Immobilien in Berlin und ihren Kauf durch Schweizer Bürger.

Am nächsten Morgen begab sich Meili zur israelitischen Gemeinde in Zürich und übergab die Dokumente deren Präsidenten Werner Rom. Umgehend verklagte die Gemeinde die SBG beim Kantonsgericht Zürich wegen Verletzung des »Bundesbeschlusses vom 13. Dezember 1996 betreffend die historische und rechtliche Untersuchung des Schicksals der infolge der nationalsozialistischen Herrschaft in die Schweiz gelangten Vermögenswerte«, wo es in Kapitel 4 heißt: »Es ist verboten, Material, das der Erhebung des Sachverhalts dienen kann, zu vernichten.« Auf der Pressekonferenz, die von der israelitischen Gemeinde abgehalten wurde, erklärte Meili: »Ich fühlte mich persönlich verpflichtet, dem jüdischen Volk zu helfen.«

Am 15. Januar 1997 titelte die *Neue Zürcher Zeitung* mit vornehmer Zurückhaltung: »Unverständliche Dokumentenvernichtung durch die Schweizerische Bankgesellschaft«. Die Generaldirektion der Bank selbst sprach von einem »bedauerlichen Fehler«.

Christoph Meili wurde fristlos entlassen. Der Ermittlungsrichter Pierre Cosandey eröffnete eine Untersuchung gegen ihn wegen »Diebstahls von Dokumenten und Verletzung des Bank-geheimnisses«. Bald darauf wurde seine Familie Tag und Nacht belästigt und erhielt Morddrohungen.

Die *New York Times* vom 18. Januar 1997 erlaubte sich einen ironischen Seitenhieb:

> Niemand verleiht der These, nach der die Schweizer Bankiers die Konten der Holocaust-Opfer geplündert haben, mehr Glaubwürdigkeit als die Bankiers selbst.

Mithilfe von Bronfman flüchteten Meili und die Seinen schließ-lich in die Vereinigten Staaten. Das Recht zum Daueraufenthalt in den Vereinigten Staaten wurde ihnen durch einen Sonder-erlass von Präsident Clinton gewährt.

Bronfman verlor die Geduld und brach die Verhandlungen mit den Bankiers ab. Wie es seinem Temperament entsprach – und gegen den Rat von Elan Steinberg –, entschied er sich für die Konfrontation. Die Schweizer Banken weigerten sich, das gestohlene Geld zurückzugeben? Gut, dann würden sie keine Geschäfte mehr auf amerikanischem Boden machen!

Bronfman brachte den Konflikt vor das Tribunal der öffent-lichen Meinung in den Vereinigten Staaten. Und wie es häufig der Fall ist, wenn die Amerikaner eine eklatante moralische Ungerechtigkeit entdecken, waren Öffentlichkeit und Politik augenblicklich mobilisiert.

Im Oktober 1997 gab Alan G. Hevesi, der Finanzchef von New York City, bekannt, dass die Stadt eine Kommunalanleihe über eine Milliarde Dollar emittieren wolle. Mehrere Banken-konsortien bewarben sich um die Durchführung der Emission. Unter ihnen auch die UBS. Hevesi legte sein Veto ein:

Bei der UBS handelt es sich um jene Bank, die trotz eines gesetzlichen Verbots Dokumente vernichten ließ, aus denen der Ankauf arisierter Vermögenswerte hervorging, die den Sicherheitsmann entlassen hat, der die Schandtat entdeckte, und die nichts gesagt hat, als ihr Ehrenpräsident Robert Holzach behauptete, den Untersuchungen bezüglich der Konten von Holocaust-Opfern läge ein jüdisches Komplott zugrunde … Die UBS muss begreifen, dass eine Bank, die global operieren und mit der ganzen Welt Geschäfte machen möchte, die Normen, Sitten und Werte der internationalen Gemeinschaft anerkennen muss. An der Schwelle des dritten Jahrtausends sind Antisemitismus und Rassismus inakzeptable Haltungen auf Seiten eines Unternehmens mit so weitgespannten Ambitionen.[1]

Nach New York City brachen auch die Staaten Kalifornien, New Jersey und Massachusetts ihre Geschäftsbeziehungen zur UBS ab. Peter Vallone, der Präsident des New Yorker City Council, kündigte einen Gesetzesentwurf an, nach dem jede geschäftliche Transaktion zwischen Institutionen der Stadt und Schweizer Banken einem Verbot unterliegen sollten. Die Mehrheit des Stadtrats bestand aus Demokraten. Aber selbst der republikanische Bürgermeister Rudolph Giuliani unterstützte den Entwurf.

Die Parlamente der Bundesstaaten New York, New Jersey und Rhode Island führten Anhörungen durch und verlangten von den Schweizer Banken die Rückerstattung der »nachrichtenlosen« Vermögenswerte. Andernfalls wollten sie ihnen jede geschäftliche Tätigkeit auf ihrem Gebiet untersagen.

Donnerstag, 6. Februar 1998: George Pataki, Gouverneur des Staates New York, erklärte seine Absicht, sich eingehender mit

---

1 Alan G. Hevesi, *Sonntagszeitung* (Zürich), 11./12. Oktober 1997.

den »Aktivitäten der Schweizer Banken« zu beschäftigen und eine Untersuchungskommission nach Zürich zu schicken.

Dazu muss man wissen, dass die Beutejäger der Großbanken einen überwiegenden Teil ihrer astronomischen Gewinne an der Ostküste der Vereinigten Staaten erzielen, vor allem an der *New York Stock Exchange* – vielfach im Anleihengeschäft und in der Verwaltung von Pensionsfonds. Gleichzeitig reichte ein Heer von Anwälten, unter ihnen Michael Hausfeld und Ed Fagan, bei Richter Korman vom *Southern District Court* in Brooklyn eine Reihe von *class actions* (Sammelklagen)[1] ein. Dazu Michael Hausfeld: »Die Überlebenden des Holocaust und die Nachkommen der Opfer verlangen keine Almosen, sondern das, was ihnen zusteht. Es geht ihnen nicht ums Geld, sondern um Gerechtigkeit.«

Ich habe den Kampf zwischen dem Jüdischen Weltkongress und den Schweizer Banken von einem privilegierten Beobachtungsposten aus verfolgt: dem eines Genfer Abgeordneten im Nationalrat (dem Parlament der Schweizer Eidgenossenschaft) und eines Mitglieds des außenpolitischen Ausschusses. Offensichtlich waren die Züricher Gnome dem kanadischen Whiskymagnaten nicht gewachsen.

Der Kampf des rothaarigen Riesen faszinierte mich. Wie jeder Mensch mit einem Minimum an moralischen Überzeugungen war ich entsetzt über die Art und Weise, wie die Schweizer Bankiers die Opfer des nationalsozialistischen Völkermords ausgeplündert hatten, und nicht weniger über die plumpen Lügen, mit denen sie ihr Verbrechen meinten vertuschen zu können. Aber im Innersten verspürte ich noch einen tieferen Beweg-

1 Amerikanisches Rechtsinstrument, das die Zusammenfassung Tausender von Einzelklagen zu einer einzigen Klage erlaubt.

grund. Seit Jahrzehnten hatte ich mit jedem neuen Buch und jedem weiteren politischen Kampf auf nationaler wie internationaler Ebene gegen das Blutgeld[1] gekämpft. Gegen die Feudalherren und Diktatoren aus Schwarzafrika, Südostasien, Südamerika und der Karibik, die – dank der kriminellen Energie der Schweizer Bankiers – viele Milliarden Dollar in die Ali-Baba-Höhlen der Genfer, Züricher und Tessiner Banken transferiert hatten und immer noch transferieren.

Infolge der von Schweizer Geldsäcken organisierten Kapitalflucht und institutionalisierten Korruption sterben im Kongo, in Bangladesch, Indien, Guatemala, Mexiko und anderen Ländern jedes Jahr Zehntausende von Kindern an Hunger, Medikamentenmangel, Not oder Verzweiflung.

Mein bescheidener Beitrag zum Kampf gegen das Blutgeld und gegen die helvetischen Profiteure hatte sich bis dahin als vollkommen wirkungslos erwiesen. Und plötzlich bekamen es die Übeltäter wie durch ein Wunder mit mächtigen Widersachern zu tun, die ihnen gewachsen waren.

Ich beschloss, dem Jüdischen Weltkongress meine Dienste zur Verfügung zu stellen. Dank der vertraulichen Dokumente im Schweizerischen Bundesarchiv, zu denen ich als Mitglied des Parlamentsausschusses für auswärtige Angelegenheiten Zugang hatte, und dank der Unterstützung einiger hilfsbereiter Archivare konnte ich in kurzer Zeit mein Buch *Die Schweiz, das Gold und die Toten*[2] veröffentlichen.

Es ist das einzige meiner Bücher, das ich in meiner Mutter-

---

1 Vgl. Insbesondere meine Bücher: *Eine Schweiz, über jeden Verdacht erhaben*, in Zusammenarbeit mit Delia Castelnuovo-Frigessi, Heinz Hollenstein und Rudolph H. Strahm, Darmstadt und Neuwied 1974; und *Die Schweiz wäscht weißer*, München 1990.
2 München 1997.

sprache, dem Deutschen, geschrieben habe, weil die historischen Quellen größtenteils in dieser Sprache vorlagen und die Zeit zu knapp war, um sie selbst zu übersetzen. Die französische Ausgabe beruht auf der Übersetzung des Originaltextes durch Jeanne Étoré und Bernard Lortholary.

Der internationale Erfolg stellte sich fast augenblicklich ein. In rascher Folge erschienen die Übersetzungen. Der Verlag Harcourt Brace in New York kümmerte sich um die amerikanische Ausgabe, während Penguin sich der Taschenbuchausgabe annahm.

Die *New York Times* veröffentlichte eine lange Lobeshymne. Ich erhielt aberdutzende Einladungen von Universitäten, Gemeinden und jüdischen Institutionen (denen ich leider bei Weitem nicht nachkommen konnte). Auch die israelische Presse lobte das Buch. Ja, *Die Schweiz, das Gold und die Toten* wurde überall in der Welt wohlwollend aufgenommen, in der Schweiz jedoch völlig verrissen. Das Buch löste eine Flut von Verleumdungen gegen mich aus.

Wie üblich ergriff der Bundesrat (die schweizerische Regierung) vorbehaltlos die Partei der Bankmoguln, indem er ihre Strategie ohne Einschränkungen guthieß und erklärte, der Finanzplatz Schweiz sei Opfer einer jüdischen Erpressung geworden. Außenminister Flavio Cotti entschloss sich zu einer Aktion, die zumindest als bizarr zu bezeichnen ist: Er ordnete an, dass alle Schweizer Botschaften und Konsulate in Europa und Nordamerika »befreundete« Journalisten zu negativen Kritiken meines Buches auffordern sollten. Allerdings scheiterte die Operation fast überall, von wenigen Ausnahmen abgesehen. Eine war *Le Figaro* in Frankreich.

Es folgt ein Einschub, der mir nicht gerade zur Ehre gereicht. Sadruddin Aga Khan war ein Freund, dessen Ratschläge ich in der Regel befolgte. Innerhalb der Vereinten Nationen hatte er angesehene Posten bekleidet: Hochkommissar für Flüchtlinge, Koordinator der humanitären Hilfsprojekte in Afghanistan. Sadruddin war der Onkel des regierenden Aga Khan, dessen Berater und selbst ein führendes Mitglied der ismaelitischen Gemeinde, eines wichtigen Zweigs des schiitischen Islam.

Die Ismaeliten haben eine lange Geschichte, die bis ins zweite Jahrhundert der Hedschra zurückreicht, also bis ins achte Jahrhundert n. Chr. – damals gründete die Bewegung von Ismael ben Jaafar die erste rationalistische Schule der islamischen Theologie. Daraus entstand die schiitisch-ismaelitische Kalifendynastie der Fatimiden (909–1171) und in der Folge das Reich Alamut im Nordiran. Aber die legendäre Festung hielt den Mongolen nicht stand, die sie 1256 eroberten.

Nach Ansicht von Sadruddin Aga Khan ähnelt das Schicksal der Ismaeliten jenem der Palästinenser. Ein verstreutes Volk ohne Staat, oft verfolgt in den Ländern, in die es sich geflüchtet hatte. Nachdem sie von den Mongolen aus Persien vertrieben worden waren, hatten die meisten Ismaeliten in Nordindien, Afghanistan, Pakistan oder den am Indischen Ozean gelegenen Ländern Ostafrikas Zuflucht gefunden.

Wie Sadruddin Aga Khan war ich – und bin es noch immer – ein Befürworter der Selbstbestimmung des palästinensischen Volkes, ein Gegner der militärischen Besatzung und ein schockierter Beobachter der Gräueltaten, die sie begleiten – Land- und Wasserraub, Zerstörung von Dörfern, gezielte Tötungen, Folterungen.

Eines Abends im Café Consulat, unserem bevorzugten Treffpunkt an der Place de Bourg-de-Four in der Altstadt von Genf, sagte er zu mir: »Ist dir überhaupt klar, was für ein Glück du hast? Was für ein unglaubliches Glück! Du bist überall eingeladen in Israel, an den Universitäten und in den literarischen Zirkeln. Außerdem verlangen die jüdischen Gemeinden in New York, Ottawa, Chicago und San Francisco nach dir; die größten *speakers agencies* wollen dich unter Vertrag nehmen! Du musst das akzeptieren! Du hast eine unglaubliche Glaubwürdigkeit erworben; sie werden auf dich hören! Wenn du unseren Ideen Gehör verschaffen willst, dann heißt es, jetzt oder nie! Du musst den offiziellen Vertretern Israels, den Vorsitzenden der jüdischen Gemeinden in Amerika erklären, dass sie sich für den falschen Weg entschieden haben, dass sie den Palästinensern ihre Würde, ihre Unabhängigkeit und ihre Freiheit zurückgeben müssen.«

Lange schwieg ich. Dann habe ich abgelehnt... Sadruddin hat mir das lange nachgetragen.

Der Anruf aus Übersee erreichte mich spät in der Nacht.

Michael Hausfeld war am Apparat: »Professor Ziegler, we need you: you will be my witness in Washington« (»Professor Ziegler, wir brauchen Sie, Sie sind mein Zeuge in Washington«).

Was war passiert? Die Mobilisierung der öffentlichen Meinung und der amerikanischen Behörden durch Bronfman, Steinberg und Singer hatte sich ausgezahlt – die mächtige Banking Commission (der Bankenausschuss des US-Senats) hatte sich des Falls angenommen.

Der Präsident dieses Ausschusses war Senator Alfonse D'Amato, Repräsentant des Staates New York. Nun ist New York City die größte jüdische Stadt der Welt. Bronfman konnte also mit Hearings (Anhörungen) rechnen, die seiner Sache Vorschub leisten würden.

Ich stand auf der Liste der Zeugen, die Hausfeld aufgestellt und D'Amato gebilligt hatte.

Für die Anwälte des Jüdischen Weltkongresses war ich ein fast idealer Zeuge: vom Volk gewählt, mit Sitz im eidgenössischen Parlament und im Ausschuss für auswärtige Angelegenheiten, namhafter Universitätsprofessor, Autor eines von der *New York Times* hochgelobten Buches ... Natürlich nahm ich Hausfelds Vorschlag an.

Ein anderer Anruf war weniger erfreulich. Er weckte mich frühmorgens am Tag meiner Abreise. Der Bundesrat und Außenminister Flavio Cotti kannte sich als ehemaliger Fachanwalt für internationales Wirtschaftsrecht in Locarno hervorragend in amerikanischem Recht aus. Bislang waren wir gut miteinander ausgekommen, trotz der Episode, von der ich eben berichtet habe, und trotz der Tatsache, dass er der Christlichdemokratischen Volkspartei angehörte – und damit ein Rechter war. Wir duzten uns sogar.

Seine Stimme zitterte vor Wut. »Eben habe ich von unserem Botschafter in Washington eine Liste mit den Zeugen für die Hearings im Senat erhalten, die die nachrichtenlosen Vermögen behandeln sollen: Dein Name ist dabei!«

Eisig bestätigte ich.

Cotti: »Ist dir klar, was du da tust? Du, als Schweizer, als amtierender Nationalrat. Bist du verrückt geworden? Du verrätst dein Land! Wir sind Opfer einer abscheulichen Operation, unsere Wirtschaft leidet, und du – du machst gemeinsame Sache mit unseren Feinden! Der Verrat schweizerischer Interessen wird nach dem Strafgesetzbuch geahndet, vergiss das nicht ...« Normalerweise ist Flavio Cotti ein umgänglicher, kultivierter und ruhiger Mensch. Aber an diesem Morgen war er außer sich vor Zorn.

Erklärungen, Antworten wären sinnlos gewesen.

Ich legte auf.

237

Trotzdem war ich einen Augenblick verunsichert. Vor allem der Hinweis auf das Strafgesetzbuch beunruhigte mich.

Ich griff noch einmal zum Telefon und rief zwei meiner ehemaligen Studenten an, Sozialisten, Freunde, die wichtige Posten im Bundeshaus innehatten.

Ernst Leuenberger war damals Parlamentspräsident. Seine Antwort war freundschaftlich, aber vorsichtig: »Ich habe dein Buch gelesen und verstehe deinen Standpunkt, aber sei vorsichtig; deine parlamentarische Immunität ist schon einmal aufgehoben worden.[1] Unsere Gegner sind mächtig. Sollten sie tatsächlich in den Vereinigten Staaten verurteilt werden, lassen die Banker dich nicht ungeschoren davonkommen. Gib wenigstens eine Pressemitteilung bei der SDA[2] heraus und erkläre deine Beweggründe.«

Rudolf A. Strahm, ein hochkompetenter und angesehener Parlamentarier, war damals Sprecher der Sozialistischen Partei für Wirtschaft-und Finanzfragen: »Wenn du überzeugt bist, dass du recht hast, wenn du sicher bist, dass das Recht auf deiner Seite ist, dann tu es!«

Eine Antwort, die eines Wiedertäufers würdig war.

Meine beiden Freunde hatten mich ein bisschen beruhigt, aber nicht vollständig. Ich telefonierte mit der amerikanischen Festung in Pregny und bat um ein Treffen mit George Moose, dem Botschafter der Vereinigten Staaten bei der UNO. Er war vor Kurzem in Genf akkreditiert worden, und da wir uns auf Anhieb sympathisch gewesen waren, hatten wir uns rasch angefreundet. Moose war einer der wenigen afroamerikanischen

---

1 1991, nach der Veröffentlichung meines Buches *Die Schweiz wäscht weißer*, a. a. O., wurde meine parlamentarische Immunität aufgehoben, woraufhin eine Lawine von Prozessen auf mich niederging. Vgl. *Wie herrlich, Schweizer zu* sein, a. a. O.
2 Schweizerische Depeschenagentur, die nationale Nachrichtenagentur der Schweiz.

Botschafter unter Präsident Clinton. In Washington war er Unterstaatssekretär im Außenministerium für afrikanische Angelegenheiten gewesen. In dieser Eigenschaft hatte er 1997 den Sturz des zairischen Diktators Joseph Désiré Mobutu in die Wege geleitet. Moose hatte auch unter allen oppositionellen Kongolesen Laurent-Désiré Kabila als Kommandeur der Operation ausgewählt. Weiterhin hatte er die Allianz Demokratischer Kräfte zur Befreiung Kongos organisiert und zusammen mit dem ruandischen Präsidenten Paul Kagamé den 2000-Kilometer-Marsch der aufständischen Streitkräfte auf Kinshasa koordiniert.

Moose war ein lebhafter Mensch und ein unabhängiger Geist. Er war perfekt zweisprachig und hatte meine Bücher *Afrika: Die neue Kolonisation*[1], *Gegen die Ordnung der Welt*[2] und *Le Pouvoir africain*[3] gelesen. Da er als amerikanischer Botschafter einen Sitz im Menschenrechtsrat hatte, bekämpfte er in der Folge praktisch jeden der Vorschläge, die ich als Sonderberichterstatter für das Recht auf Nahrung einbrachte. Aber während unserer Spaziergänge in den Weinbergen von Genf führten wir leidenschaftliche Diskussionen. Seine Frau Judith, ebenfalls im diplomatischen Dienst, gehörte der Generation Woodstock an. Sie war eine Bürgerrechtlerin aus der linken New Yorker Szene und hatte als Studentin an den großen Vietnam-Demonstrationen teilgenommen. Aus dieser Zeit hatte sie sich eine rebellische Geisteshaltung, einen kritischen Sinn und eine Neigung zu einer gewissen Radikalität bewahrt. Sie war eine warmherzige und sympathische Frau, die sich sofort mit Erica verstand. 2001, als die Neokonservativen mit George W. Bush an der Spitze die Macht übernahmen, quittierte Moose den diplomatischen Dienst.

---

1 Darmstadt 1980.
2 Wuppertal 1985.
3 Paris, Seuil, »Esprit«, 1971; »Points Essais«, 2016.

Moose wollte mich beruhigen: »Die Senatsanhörungen in Washington sind eine ernste Angelegenheit – und zugleich ein großer Zirkus! Die Senatoren wollen sich ins rechte Licht setzen, das ist normal. Viele Millionen Fernsehzuschauer sehen sich die Debatten live an. Passen Sie auf! Unsere Senatoren können gnadenlos sein! Hunderte von Journalisten von der Weltpresse, von Fernsehen und Rundfunk verfolgen die Debatten. Gleichzeitig sind diese *Hearings* ein traditionelles und wesentliches Element der amerikanischen Demokratie…

Man wird Sie vereidigen. Für alles, was Sie unter Eid sagen, besitzen Sie Immunität. Ihre Zeugenaussage wird als rechtsgültiger Beweis gelten, den die Anwälte des Jüdischen Weltkongresses vor Gericht verwenden werden, aber seien Sie vorsichtig! Die Journalisten werden Ihnen zusetzen, das gehört zu ihrem Job, vor allem in einer Angelegenheit, die so viele öffentliche Emotionen weckt wie diese. Reden Sie nicht mit ihnen! Jedes Wort, das sie außerhalb des Saals sagen, wird nicht mehr der Immunität unterliegen.«

Ich verließ die amerikanische Botschaft halbwegs beruhigt.

An einem schönen sonnigen Morgen traf ich in Washington ein. Michael Hausfeld und zwei seiner Kollegen empfingen mich am Dulles-Flughafen. Um meinen Jetlag zu überwinden und mich in aller Ruhe auf die Anhörung vorbereiten zu können, hatte man mir 48 Stunden Ruhe zugestanden. Ich nutzte sie, um Washington zu erkunden.

Ich bin fasziniert von der seltsamen Schönheit und den Kontrasten dieser Stadt. An den flachen grünen Ufern des Potomac reihen sich die weißen Denkmäler der jungen amerikanischen Republik aneinander, Treffpunkte für herumbummelnde Schüler. In den herrlichen Parks ragen mächtige Mammutbäume auf.

Das Lincoln-Memorial mit der Riesenstatue des Sklavenbefreiers auf seinem Marmorthron spiegelt sich in einem See voller Enten. Die Prachtstraßen verlaufen geradlinig, schattig und ruhig. Am Kapitol, dem Sitz des Parlaments, ist keinerlei Unruhe zu erkennen. Von der Warteschlange der Besucher vor dem großen Holzportal dringt nur ein leises Gemurmel herüber. Viele von ihnen tragen bunte Sonnenschirme.

Kleine unterirdische Züge verkehren zwischen den Glaspalästen, in denen die Abgeordneten des Repräsentantenhauses und die Senatoren ihre Büros haben, und den beiden riesigen Sitzungssälen. Der Süden entfaltet seinen ganzen Charme. Die Polizei bleibt hier praktisch unsichtbar. Alle Menschen – von den mächtigsten Volksvertretern bis zum schwarzen Hauspersonal des Kapitols – sind von einer gewinnenden Freundlichkeit. Man kann das Gesicht gegen die Parkgitter des Weißen Hauses drücken, ohne dass die Wachen Zeter und Mordio schreien oder sofort zur Waffe greifen (ich rede von dem Klima, das vor dem 11. September 2001 herrschte).

Doch zwei Straßen hinter dem Kapitol öffnet sich ein anderes Universum. Eine unsichtbare Grenze verläuft zwischen den Linden und quer über den heißen Asphalt. »Don't go there, please« (»Gehen Sie da bitte nicht hin«), hatte mich Michael Hausfeld gewarnt. »Da«, das sind die Schwarzenviertel, das Getto, eine heruntergekommene Gegend, beherrscht von Crack, Alkohol und Gewalt. Diese wenig empfehlenswerten Stadtgebiete beherbergen die weit überwiegende Mehrheit der Einwohner von Washington, D. C.

Auf der Pennsylvania Avenue suche ich verzweifelt nach einem Taxi, das mich »da« hinfährt. Ein Fahrer nach dem anderen weigert sich – eine halbe Stunde geht das so. Die Hitze ist drückend, die Asphaltdecke schmilzt. Schließlich hält ein Äthiopier. Wir erörtern die jüngsten Ereignisse in Addis Abeba. Vorsichtig beginne ich zu verhandeln. Er schüttelt den Kopf, besinnt sich jedoch und sagt: »Einverstanden. Aber wir halten da nicht. Und ich bestimme, durch welche Straßen wir fahren.«

Auf diese Weise gelang mir ein Blick in ein Universum aus Autowracks, ausgeweideten Wohnblocks mit klaffenden Fensterhöhlen, zerlumpten Kindern, alle schwarz, die Augen oftmals erloschen vom Crack. Die Not reicht bis an die Schwelle des Weißen Hauses. Es ist, als laste ein seltsamer Bann über der Stadt, jedenfalls gelingt es dem Imperium nicht, die unzähligen Opfer zu verbergen, die es Tag für Tag fabriziert. Wie die Wellen eines fluchbeladenen Ozeans reichen diese Elendsquartiere bis auf wenige Schritte an das Kapitol heran.

Die Anhörungen begannen früh am übernächsten Tag im holzgetäfelten Saal des Bankenausschusses im Kapitol.

Von Beginn an verspürte ich eine starke Abneigung gegen den Präsidenten, den Senator Alfonse D'Amato. Schmale Brille, schmächtige Statur, laut tönende Stimme – ein Mann, der gestikulierte, brüllte, seinen Zorn übertrieb und den schweizerischen Bankiers während der Anhörung tiefe Empörung über ihre vermeintlichen Schandtaten vorgaukelte. Es fehlte wenig, und er hätte ihnen vorgeworfen, selbst die schrecklichen Morde an sechs Millionen jüdischen Menschen organisiert zu haben.

Man setzte mich in die erste Reihe der Zeugen. Unmittelbar nach Stuart Eizenstat, dem stellvertretenden Außenminister, den Clinton mit dem Fall der nachrichtenlosen jüdischen Vermögen betraut hatte, war ich an der Reihe.

Ich wurde vereidigt.

Schon die ersten Worte, die Präsident D'Amato an mich richtete, flößten mir Unbehagen ein.

»*Doctor Ziegler, I congratulate you*« (»Doktor Ziegler, ich gratuliere Ihnen«). Sie sind ein mutiger Mann. Ich bewundere Sie: Es ist schwierig, gegen sein eigenes Land auszusagen.«

Als die Flut von Glückwünschen vorbeigerauscht war, versuchte ich zu antworten. Reichlich ungeschickt: »Haben Sie Dank, Senator, für den freundlichen Empfang. Aber ich sage nicht gegen die Schweiz aus, sie ist meine Heimat. Ich bin hier, um auf Ihre Fragen zu den Missetaten der Schweizerischen Bankiervereinigung zu antworten.«

Die Mitglieder des Ausschusses saßen aufgereiht auf einer Holztribüne vor einer riesigen amerikanischen Flagge. Die Zeugen, die nacheinander aufgerufen wurden, standen der Tribüne gegenüber. Der Saal, in dem sich das zahlreiche Publikum drängte, war in das Scheinwerferlicht der Fernsehteams getaucht.

Fünf Senatoren saßen auf der Tribüne, wobei insbesondere eine Frau – zart, mittleren Alters, klarer, kluger Blick – die Befragung führte. Feinfühlig und mit großer Intelligenz. Dianne Feinstein war die demokratische Senatorin von Kalifornien. Sie ermöglichte mir, mich differenziert auszudrücken, bat mich wiederholt um Klarstellungen und überzeugte sich umsichtig davon, dass ich ihre Fragen richtig verstanden hatte. Anschließend quetschte Dianne Feinstein Hausfeld erbarmungslos aus. Keine zur Schau getragene Empörung, kein falscher Zorn veränderte ihre Stimme. Aber die Akte kannte sie in- und auswendig.

Noch eine weitere Person, ebenfalls sympathisch und freundlich, ist mir im Gedächtnis geblieben: Gregg Rickman. Dieser junge Mann mit frühzeitiger Glatzenbildung, kleinem braunen Schnurrbart und offenem Blick, war der Kabinettschef von Senator D'Amato. Er führte mich herum und zeigte mir den eindrucksvollen Sitzungssaal des Senats, die Salons, den kleinen unterirdischen Zug. Vor allem aber erzählte er mir die Geschichte seiner Familie. Und zugleich die Geschichte der jüdischen Gemeinde von New York, in der viele Mitglieder direkte Nachkommen von Shoah-Opfern sind und die Erinnerung an die Schrecken, die ihre Eltern erlitten haben, mit sich tragen.

Während ich den Erzählungen von Gregg lauschte, wurden mir die Gründe, um derentwillen ich nach Washington gekommen war, noch deutlicher.

Dem Rat folgend, den Moose mir gegeben (und den Gregg wiederholt) hatte, vermied ich jedes Gespräch mit Journalisten und lehnte alle Bitten um Interviews ab, selbst wenn sie von Journalisten kamen, die für sehr einflussreiche Fernsehsender arbeiteten wie NBC News oder CNN.

Am folgenden Tag nahm ich das Flugzeug und kehrte nach Russin zurück.

Im August 1998 mussten die Schweizer Großbanken mit den Anwälten des Jüdischen Weltkongresses einen außergerichtlichen Vergleich über 1,250 Milliarden Dollar schließen, der von Richter Edward Korman am Southern District Court Brooklyn bestätigt wurde. Im Gegenzug zogen die Anwälte ihre *class actions* zurück.

Natürlich entsprach die Summe, mit der alle Ansprüche der jüdischen Seite abgegolten werden sollten, nicht im Mindesten den Vermögenswerten, um die die Schweizer Bankiers die Opfer der Shoah gebracht hatten: Die Entschädigung war weit geringer.

Allerdings rechtfertigte Michael Hausfeld diesen Vergleich mit einem überzeugenden Argument. Die wenigen Überlebenden und viele Nachkommen der Opfer lebten nicht selten in wirtschaftlich schwierigen Verhältnissen, besonders in Nordamerika, wo ihre Lebensbedingungen häufig dramatisch waren. Sie waren betagt. Die Zeit drängte. Es galt, ihnen so rasch wie möglich zu helfen. Hätte man auf den Abschluss der Prozesse gewartet, wäre ihr Leid noch größer geworden.

Beinahe wäre mich dieser Sieg teuer zu stehen gekommen.

Um die schweizerischen Bankmoguln in die Knie zu zwingen, hatten Hausfeld und seine Kollegen unter anderem Affidavits vorbereitet (beeidete schriftliche Aussagen, die am Ende der Anhörung von den Senatoren unterzeichnet und beglaubigt wurden). Unter diesen Dokumenten, die als Beweise dienten, spielte das meine eine nicht unwesentliche Rolle.

Unterdessen reagierte man in der Schweiz empört auf die Einigung von Washington. Die rechtsextreme Partei SVP (Schweizerische Volkspartei), die die Mehrheit im Parlament stellt, sah – wie die nationale Presse – in der gerichtlichen Einigung »einen Sieg der jüdischen Erpresser« über die schweizerische Rechtschaffenheit.

Ich war der Komplize der Erpresser. Dafür sollte ich zahlen.

Im Anschluss an diese außergerichtliche Einigung war das Ansehen der Schweizer Großbanken – namentlich das der UBS und der Crédit Suisse – auf einen Tiefpunkt gefallen. Sie büßten an der Börse erheblich an Wert ein. Aus diesem Grund beschlossen zwölf Basler Multimillionäre, Aktionäre der UBS, mich zu verklagen. Wegen Hochverrats. In der Tat hatten die Aktionäre durch den Kurssturz der UBS-Aktie viel Geld verloren.

Ihr Argument: »Ohne Zieglers Affidavit hätte es keine außergerichtliche Einigung gegeben und daher auch nicht die massiven Kursverluste der UBS-Aktie.«

Sie reichten ihre Klage bei der furchterregenden Carla Del Ponte ein, Staatsanwältin des Bundes (Strafantrag und Schadenersatzforderungen in astronomischer Übertreibung).

Ein kurzer Blick zurück.

1991, im Anschluss an die Veröffentlichung meines Buches *Die Schweiz wäscht weißer*, hatte man meine parlamentarische Immunität aufgehoben.[1] Seither hatte mich die Genfer Bevölkerung regelmäßig wiedergewählt. Ich genoss also wieder den Schutz der Immunität. Die Klage der Basler Kapitalisten stützte sich auf das Kapitel 13 des Schweizerischen Strafgesetzbuchs: »Verbrechen oder Vergehen gegen den Staat. Hochverrat«, insbesondere auf Artikel 267, Absatz 2, wo es heißt: »Wer vorsätzlich ein Geheimnis, dessen Bewahrung zum Wohle der Eidgenossenschaft geboten ist, der Öffentlichkeit bekannt oder zugänglich macht, wird mit Freiheitsstrafe bis zu fünf Jahren oder Geldstrafe bestraft.«

Es war eine durchaus ernstzunehmende Bedrohung. Denn augenscheinlich hatte ich bei meiner Anhörung in Washington Fakten offenbart, von denen ich in meiner Eigenschaft als Mitglied des parlamentarischen Ausschusses für auswärtige Angelegenheiten Kenntnis erhalten hatte. Nun sind aber laut Gesetz die Unterlagen dieser Kommission geheim.

Um Hochverrat gerichtlich zu verfolgen, muss der Staatsanwalt – oder, in diesem Fall, die Staatsanwältin – zuvor die Genehmigung der Regierung einholen. Doch die vormalige Aufhebung meiner Immunität 1991 hatte internationales Aufsehen erregt. Olivier Bétourné, mein Verleger bei Seuil, hatte mich energisch und ausdauernd gegen alle Kläger (Bankiers, Wirtschaftsanwälte, Finanzspekulanten usw.) unterstützt. Caroline Gutmann, Pressechefin des Verlags, berichtete in ihren Pressemitteilungen über alle Prozesse. Olivier Bétourné hatte sich mehrfach persönlich in den Pariser Justizpalast begeben, um die

---

1 Zu dieser Episode und den anschließenden Prozessen vgl. *Wie herrlich, Schweizer zu sein*, a. a. O.

Solidarität mit seinem Autor zu bezeugen. Er hatte direkt hinter der Anklagebank Platz genommen, auf der ich saß. So zeigte er, dass Seuil und er selbst beim Kampf ihres Autors an dessen Seite standen.

Die neun Prozesse, die mir nach Aufhebung meiner Immunität in Bern gemacht wurden, sowie die Anklage, die vor der 17. Kammer des Landgerichts in Paris verhandelt wurde und deren Echo in der internationalen Öffentlichkeit blieben nicht unbemerkt. Die Aussicht auf einen neuen skandalträchtigen Prozess ließ die Regierung zurückschrecken.

Sie verweigerte Carla Del Ponte die Erlaubnis, einen Prozess wegen Hochverrats gegen mich zu eröffnen.

Kommen wir nun auf die Mission zurück, die mich als Sonderberichterstatter für das Recht auf Nahrung in die besetzten palästinensischen Gebiete führen sollte.

In Gesellschaft meiner Mitarbeiter, der Dolmetscher, der Sicherheitsleute und der Begleiter aus dem Hochkommissariat für Menschenrechte verließ ich Genf am Morgen des 3. Juli 2003 in Richtung Tel Aviv.

In Israel wurden wir wie Könige empfangen. Für normale Ankömmlinge sind die Kontrollen am Flughafen Ben Gurion schier endlos. In unserem Fall reduzierten sie sich auf das sonore *Welcome* eines israelischen Obersten, gefolgt von einem kleinen Marsch unter Führung hübscher Zöllnerinnen zu einem Konvoi von Limousinen, die mit dem blauen Wimpel der UNO geschmückt waren.

Jeder Einsatzauftrag eines Berichterstatters wird – manchmal mehrere Wochen lang – zwischen dem Hochkommissar der UNO und dem Außenminister des besuchten Landes verhandelt. Mein Auftrag sah für den übernächsten Tag eine Audienz bei Jassir Arafat vor, dem Präsidenten der palästinensischen Autonomiebehörde. Dieses Treffen war also nicht abgelehnt worden.

Die kurvenreiche Straße, die von Tel Aviv nach Jerusalem führt, ist relativ kurz, ganz ähnlich derjenigen, die von Jerusalem nach Ramallah führt. Um die Mittagszeit kamen wir zur Mukataa.

Wälle aus Sandsäcken umgaben das dreistöckige Haus aus Naturstein, das ziemlich baufällig aussah. Rund um den Platz der Mukataa standen neben dem Sitz der palästinensischen Autonomiebehörde noch drei weitere Gebäude mit zerbrochenen Fenstern und durchlöcherten Dächern. Ein Dutzend israelische Panzer schottete den Bereich ab. Auf dem Platz trieben sich ein paar räudige Hunde herum.

Unsere Fahrzeugkolonne musste sich einen Weg durch die Betonsperren bahnen, dann hielt sie vor einem rostigen Eisentor. Zwei palästinensische Soldaten waren dort postiert.

Untersetzt, kahl, lächelnd, so erschien der Chefunterhändler der palästinensischen Autonomiebehörde an der Tür. Er führte uns über eine schmale Treppe in die dritte Etage. Kalaschnikow bei Fuß, erweckten in jedem Stockwerk zwei oder drei palästinensische Soldaten den Anschein, für Sicherheit zu sorgen.

In einem ziemlich schäbigen Salon berichtete uns Saeb Erekat mit beherrschter Stimme, wobei der unterdrückte Zorn allerdings unüberhörbar war, vom Alltag in der Mukataa. Regelmäßige Wasser- und Stromsperren bei Tag und bei Nacht. Eingeschränkte Lebensmittelversorgung. Lieferung von Gemüse, Fleisch, Medikamenten, Schreib- und Büromaterial vollständig vom guten Willen der israelischen Elitesoldaten abhängig, die rund um den Präsidentensitz postiert waren.

Ariel Sharon, der seit 2001 in Israel an der Macht war, hatte im Lauf der letzten Monate beschlossen, den palästinensischen Präsidenten vollkommen zu isolieren, um ihn zu demütigen. Sharon gab sich nicht die geringste Mühe, seinen persönlichen Hass auf Arafat zu verbergen. Amnon Kapeliouk, ein angesehener israelischer Intellektueller und langjähriger Freund von Arafat, arbeitete damals unter größter Verschwiegenheit an der ersten umfangreichen Biografie des palästinensischen Präsidenten.[1]

Olivier Bétourné, damals Vizepräsident und Generaldirektor des Verlags Fayard, hatte das Buch in Auftrag gegeben.

Einige Wochen vor meiner Abreise in den Nahen Osten hatte Olivier mir geraten: »Du solltest Kapeliouk aufsuchen, er kann dir eine Menge erzählen!«

Zunächst hatten wir uns in Paris getroffen, dann in Genf.

Scharfsinnig und unglaublich gut informiert hatte Kapeliouk mir auseinandergesetzt, wie kompliziert das Kräfteverhältnis war, das die politischen und persönlichen Beziehungen zwischen den verschiedenen Chefs der Palästinensischen Befreiungsorganisation (PLO) auf der einen Seite und der palästinensischen Autonomiebehörde auf der anderen bestimmte.

Zum Bruch zwischen Farouk Khadoumi und Jassir Arafat, den Mitbegründern der Fatah, kam es 1994 nach den Osloer Abkommen mit Israel. Die Grundsatzerklärung war am 13. September 1993 von Jitzchak Rabin, Israels Ministerpräsidenten, von Jassir Arafat, dem Vorsitzenden des Exekutivkomitees der PLO, in Gegenwart von Bill Clinton, dem Präsidenten der Vereinigten Staaten, unterzeichnet worden. Diese Erklärung sah Verhandlungen vor, die für eine fünfjährige palästinensische

---

1 Amnon Kapeliouk, *Arafat, l'irréductible*, Vorwort von Nelson Mandela, Paris 2004. Einige Monate vor Jassir Arafats Tod reisten Olivier Bétourné und Amnon Kapeliouk gemeinsam nach Ramallah, um Arafats Buch vorzustellen.

Autonomie sorgen sollten, gedacht als erste Etappe zum Frieden. Arafat hatte an die Osloer Abkommen geglaubt, Khadoumi nicht. Arafat war aus dem Exil zurückgekehrt, Khadoumi in Tunis geblieben.

Kapeliouk erzählte mir von der Erniedrigung, der Isolierung Arafats, dem Mann, der als Gefangener in der Ruine der Mukataa lebte, dem Scheinpräsidenten eine Volkes, das in Knechtschaft gehalten wurde. Er berichtete auch von Sharons Hass auf Arafat. »Sie werden sehen, eines Tages bringt er ihn um«, sagte er zu mir.

Im Flur ertönt ein Kommando. Die Tür zum Salon öffnet sich. In khakifarbener Uniform, ein rot-weißes *Keffieh*[1] auf dem Kopf, mit grauem Dreitagebart erscheint Arafat. Er breitet die Arme aus und küsst uns nach der Sitte seines Volkes zurückhaltend auf beide Wangen. Ich bin erschüttert. Dieser liebenswürdig lächelnde, mit seinem unsicheren Gang etwas angegriffen wirkende Vierundsiebzigjährige hat nicht mehr die geringste Ähnlichkeit mit dem charismatischen Revolutionsführer, den ich fünfzehn Jahre zuvor kennengelernt hatte. Die menschliche Wärme ist dieselbe, die Aufmerksamkeit für den Besucher auch, aber der wache Blick, die machtvoll tönende Stimme sind erloschen.

Es war ein Tag im November 1988, die rauen, vom Meer kommenden Stürme trieben die grauen Regenwolken vor sich her. Die 19. Sitzung des Palästinensischen Nationalrats war in Algier eröffnet worden. Der Historiker und Dichter Boualem Bessaih war damals algerischer Außenminister.[2] Seit seinem Exil in der Schweiz sind wir miteinander befreundet. Er hatte mich

---

1 Die traditionelle palästinensische Kopfbedeckung.
2 Seine beiden Bände über den Emir Abd el-Kader gelten als Standardwerk.

eingeladen, ihn im Rat zu besuchen. »Du wirst Erstaunliches erleben und deine Reise nicht bedauern«, hatte er mir versichert. In der Tat, nach einer großartigen Rede des berühmten palästinensischen Dichters Mahmoud Darwich (»Land der göttlichen Botschaften, der Menschheit offenbart«) hatte Jassir Arafat das Wort ergriffen. Er begann mit einer sehr langen Analyse des Befreiungskampfs der Palästinenser – den Anfängen in den dreißiger Jahren, der Vertreibung aus ihrem Land nach der Gründung des Staates Israel 1948, der Besetzung, der Intifada – und schlug dann vor, die Charta der PLO zu revidieren und das Existenzrecht Israels anzuerkennen.

Nachts um halb zwei hatte der Rat beschlossen: »Im Namen Gottes und des arabisch-palästinensischen Volkes, die Resolution der UNO, die die Teilung Palästinas in zwei Staaten empfiehlt, einen arabischen und einen jüdischen, sichert die Bedingungen internationaler Legitimität zu, die gleichermaßen das Recht des arabisch-palästinensischen Volkes auf Souveränität und Unabhängigkeit garantieren.«

Das Schlüsselwort dieser Resolution ist »gleichermaßen«.

Fasziniert hatte ich Arafats Worten gelauscht. Während des anschließenden Empfangs hatte ich nur kurz Gelegenheit, mit ihm zu sprechen.

Heute lässt sich kaum ermessen, wie viel physischer und geistiger Mut dazu gehörte, als Revolutionsführer eines um sein Land gebrachten Volkes das Existenzrecht seines Erzfeinds anzuerkennen. Mir hat das große Bewunderung abgenötigt.

Der Mann, der mich an diesem Julimorgen 2003 umarmte, war nur noch ein Schatten seiner selbst.

Ich habe auf meinem Schreibtisch das Gruppenfoto vor Augen, das der Sekretär von Erekat im dritten Stock der Mukataa aufgenommen hat. Arafat steht in unserer Mitte. Die meisten anderen

Anwesenden (Dolmetscher, Wachen, Mitarbeiter usw.) überragen ihn um Haupteslänge. Er schaut freundlich in die Kamera, wirkt zerbrechlich. Mit brüderlicher Geste hält er mich und Sally-Ann an der Hand. Aber sein Blick verliert sich in der Ferne.

Arafat ließ uns alle – wir waren immerhin rund zwanzig Personen – in einen benachbarten Saal eintreten. Dort erwartete uns ein langer Holztisch mit einer bestickten Decke, darauf Becher, Teller und Platten mit Lammcarrés, Tomaten, Zucchini, Salaten, Bohnen. Soldaten brachten die Speisen und schenkten Wasser ein.

Arafat bestand darauf, dass ihm als Letztem serviert wurde.

Die Mahlzeit war lang, die Stimmung gut. An der Decke surrten die Ventilatoren.

Arafat lieferte eine eingehende Beschreibung der Situation, dann antwortete er ausführlich auf unsere Fragen. Mit den Verantwortlichen für die verschiedenen in Palästina operierenden UN-Organisationen hatten wir eine ganze Reihe von Fragen vorbereitet.

An diesem Tag war Arafat sichtlich um Klarheit bemüht und führte uns eindrucksvoll vor Augen, wie vertraut er mit den Problemen seines Volkes war. Ein Wortwechsel ist mir im Gedächtnis geblieben. Zum Zeitpunkt unseres Treffens in Ramallah fanden auf der Esplanade der Moscheen in Jerusalem gewalttätige Demonstrationen junger Palästinenser statt. Die Esplanade, ein heiliger Ort der Muslime, überragt die tiefer liegende Klagemauer, an der die frommen Juden beten. Die Grenzschützer – israelische Polizisten und Soldaten – hinderten jeden Palästinenser, der jünger als vierzig war, sich den heiligen Stätten des Islam zu nähern. In der Altstadt kam es zu einer regelrechten Jagd auf junge Leute – unter Einsatz von Gummigeschossen und Tränengas.

Arafat war zornig. Er wandte sich mir zu und sagte: »Wissen Sie, das ist unerträglich, Jitzchak Rabin hat mir sein Wort als Offizier gegeben, dass unsere jungen Leute am Freitag im Felsendom beten und auf der Esplanade flanieren dürfen – und jetzt das!«

Sein »Wort als Offizier«, der Ausdruck erschien mir merkwürdig, archaisch. Als wäre das Wort eines Offiziers verlässlicher, mehr wert als das eines normalen Menschen.

Die Sonne versank hinter den Bergen von Judäa, als wir uns verabschiedeten. Der Präsident begleitete uns die Treppe hinab, blieb aber auf der letzten Stufe vor der Tür stehen, als wolle er den israelischen Scharfschützen, die auf den Dächern der umliegenden Häuser postiert waren, kein Ziel bieten.

Am selben Abend im Hotel Orient in Ostjerusalem, Blütenduft und Grillengezirpe erfüllten den Park des Hotels. Dort hatte ich die Freude, Michel Warschawski wiederzusehen. Er stammt aus einer angesehenen Straßburger Familie, die vor allem Intellektuelle und Rabbiner hervorgebracht hat, und war lange Zeit mit Alain Krivine und Daniel Bensaïd in der inzwischen aufgelösten *Ligue communiste révolutionnaire* (Revolutionär-kommunistischen Liga) tätig. Damals war die Liga eine halb geheime Organisation, und die Anonymität ihrer Mitglieder wurde durch Decknamen geschützt. Mikado war das Pseudonym von Michel.

Heute ist Mikado ein einflussreicher und bekannter Schriftsteller und eine hochgeachtete Führungspersönlichkeit der israelischen Linken. Seine Analysen und Kommentare zur Situation im Nahen Osten werden weltweit in zahlreichen Zeitungen veröffentlich und üben einen nicht zu unterschätzenden Einfluss auf die internationale öffentliche Meinung aus.[1]

---

1 Ich lese sie regelmäßig im *Courrier* (Genf), einer Tageszeitung, die bei UNO-Mitarbeitern beliebt und einflussreich ist.

Mikado hat in Jerusalem und Tel Aviv das *Alternative Information Center* (Zentrum für alternative Information) gegründet, in dem israelische, palästinensische und internationale Intellektuelle wie Noam Chomsky oder Pierre Galland zusammenarbeiten. Ich gehöre dem *Advisory Board* (wissenschaftlicher Beirat) an. Das Zentrum gibt eine internationale englischsprachige Zeitschrift heraus, *News from Within* (Nachrichten von innen), die ein ganz anderes Bild vom Weltgeschehen zeichnet, als wir es von den regierungstreuen Medien kennen.

In der Wärme der Nacht, zwischen den Büschen und Blumenbeeten des Parks, analysierten wir gemeinsam, fast bis zum Morgengrauen, die Antworten, die Arafat auf unsere Fragen gegeben hatte.

Zusammen mit einigen anderen Schriftstellern, Anwälten, Rabbinern, Historikern und Journalisten wie Lea Tsemel, Ilan Pappé, Charles Enderlin, Arik Grossman, Jeff Halper, Uri Avnery u. a. ist Michel Warschawski der Stolz und die Hoffnung Israels.

Während meines langen Mandats als Sonderberichterstatter war ich in zahlreichen Missionen unterwegs: in Bangladesh, der Mongolei, in Guatemala, Indien, dem Libanon, Brasilien, Niger, Äthiopien usw., aber nie, zu keinem Zeitpunkt, habe ich eine Mission geleitet, die so perfekt organisiert, so angenehm und so frei von allem Zwang war wie in Israel und in den besetzten Gebieten. Allerdings hatte Ministerpräsident Ariel Sharon erklärt, jeder, der den geringsten Kontakt zu Jassir Arafat hätte, werde von der israelischen Regierung als *Persona non grata* angesehen und in keinem Ministerium mehr empfangen. Beispielsweise hatte Javier Solana, der Hohe Vertreter für die Gemeinsame Außen- und Sicherheitspolitik der Europäischen Union, Jassir Arafat während dessen Isolation in der Mukataa einen Besuch abgestattet.

Danach hatte sich Solana bemüht, in Tel Aviv oder Jerusalem (dem Sitz des Außenministeriums) vorgelassen zu werden. Doch vergebens.

Ganz anders unsere Delegation. Dabei hatten wir mit Arafat zu Mittag gegessen! Zwei Tage später gab der Schweizer Botschafter in Tel Aviv ein Abendessen zu unseren Ehren, an dem auch mehrere israelische Minister teilnahmen. Daraufhin konnte ich in Israel treffen, wen ich wollte. Selbst Mikado konnte es nicht fassen. Er stellte mir die gleiche Frage wie Sérgio Vieira de Mello: »Wie hast du das bloß gemacht?«

Der regierende Likud hegte (und hegt noch immer) eine tiefe Abneigung gegen alle israelischen Nichtregierungsorganisationen. Doch in diesem Fall war es das Außenministerium selbst, das im Hotel Ambassador in Jerusalem unsere Begegnung mit diesen Organisationen ermöglichte – den Rabbinern für Menschenrechte, B'Tselem, dem Öffentlichen Komitee gegen Folter in Israel, dem israelischen Komitee gegen die Zerstörung palästinensischer Häuser, den Ärzten für Menschenrechte und anderen israelischen Organisationen und Bewegungen, die für das Ende der Besetzung kämpfen.

Nebenbei gesagt, war ich tief beeindruckt von der Kompetenz und Bescheidenheit ihrer Repräsentanten.

Wenn es Gruppierungen gibt, die die Betonköpfe vom Likud noch mehr verabscheuen als die UNO und die israelische Zivilgesellschaft, so sind es die palästinensischen Nichtregierungsorganisationen. Aber selbst in Gaza-Stadt und Ramallah konnte ich sehr offene, wenn auch manchmal schmerzliche Diskussionen mit militanten Aktivisten führen, die aus den sozialen palästinensischen Bewegungen hervorgegangen waren.

Ihnen geht es vor allem um die Verhaftungen, die Folter, das Schicksal von Tausenden politischen Häftlingen, von vielen

Hundert eingekerkerten Kindern, aber auch die Zerstörung der Häuser, die Ableitung des Grundwassers, die Verwüstung und den Raub landwirtschaftlicher Nutzflächen.

Insbesondere erinnere ich mich an eine Gruppe palästinensischer Frauen in ihren farbigen Gewändern. Sie kamen aus dem Flüchtlingslager Jabalia im Gazastreifen. Ihre Kinder im Alter von 10 bis 15 Jahren hatten mit Steinen nach den israelischen Panzern geworfen, die in das Lager eingedrungen waren. Einige der Kinder wurden verletzt, andere kamen in verschiedene Gefängnisse, teilweise weit entfernt von Jabalia, nach Ramla (Zentralgefängnis), nach Betunia (Militärgefängnis Ofer) usw.

Diese Mütter waren voller Würde, sie sprachen leise, fast flüsternd. Die Trauer erdrückte sie. Sie wussten nicht, wann sie ihre Kinder wiedersehen würden.

Aktivisten vom Öffentlichen Komitee gegen die Folter in Israel hatten mir berichtet, dass diese Kinder häufig geschlagen werden, dass man ihnen Nahrung vorenthält, um ihren Widerstandsgeist zu brechen, dass sie nicht von erwachsenen Häftlingen getrennt werden und dass man ihnen oft die Besuche ihrer Eltern verweigert. Die Mütter, die das alles wussten, waren verzweifelt. Nie werde ich ihre flehentlichen Gesuche vergessen, die, wie ich nur zu gut wusste, von niemandem entgegengenommen wurden. Plötzlich fühlte ich mich wie Curzio Malaparte im Getto von Warschau – als Feigling, Verräter, Schuft.

Bis heute gibt es in den palästinensischen Gebieten an jeder Ecke Straßensperren, Betonblöcke, Mauern und Stacheldraht, so scharf wie Rasierklingen. Wenn die kleinen palästinensischen Mädchen und Jungen aus der Schule im Nachbardorf in ihren blau-weißen Schuluniformen heimkehren, müssen sie manchmal stundenlang vor einer Straßensperre warten. Mittags und abends. Lange Schlangen, in denen sich auch Schwangere befinden, bilden sich vor den Stacheldrahtverhauen, mit denen selbst Feldwege abgesperrt sind. Die Sonne ist sengend, die Menge stumm, gedemütigt, aber voller Würde.

Die behelmten Soldaten der Besatzungsarmee waren zur Zeit meiner Mission häufig junge Russlandstämmige, die weder Hebräisch noch Arabisch noch Englisch sprachen.

Der Außenminister war intelligent und feinfühlig genug, uns keine offiziellen »Begleiter« an die Seite zu stellen. Wir hatten unsere eigenen Sicherheitsleute aus Genf mitgebracht.

Ihr Chef war ein stets gut gelaunter Artilleriemajor der kanadischen Streitkräfte, der als Sicherheitsbeamter zur UNO gewechselt war – vermutlich aus finanziellen Gründen wie viele ehemalige Offiziere anderer Armeen.

Wir fuhren in weißen Toyota 4x4, die die blauen Wimpel der UNO trugen. Aber aus naheliegenden Gründen waren unsere Chauffeure Palästinenser – sie waren vertraut mit den kurvenreichen Straßen in den Bergen von Judäa, mit den Schotterstrecken in den Hügeln von Qalqilya und den Sandpisten an der Mittelmeerküste von Gaza, Beït Hanoun und Rafah. Sicherlich waren sie auch Agenten des israelischen Geheimdienstes! Alle unsere Fahrten wurden vom Außenministerium koordiniert. Das Verteidigungsministerium informierte die örtlichen Kommandeure über unsere Ankunft. Auf die Minute genau. Trotzdem habe ich ziemlich beunruhigende Augenblicke erlebt.

Am Kontrollposten Qalqilya war die Wartezeit endlos. Die Bauern mit ihren Karren und Eseln, die Mütter, die Kranken, von Verwandten begleitet, auf dem Weg zum Krankenhaus – sie alle warteten seit Stunden. Unser Fahrer in dem Wagen, in dem ich mich befand, verlor zusehends die Geduld. Er versuchte dann abrupt die Durchfahrt zu erzwingen, indem er die Schlange, die auf der steinigen Piste wartete, überholte. Er öffnete sein Fenster und schwenkte ein Blatt Papier, das mit israelischen Stempeln übersät war. Die fünf Soldaten hinter den Betonblöcken rührten sich nicht. Unser Fahrzeug konnte anscheinend seinen Weg fortsetzen. Aber plötzlich nahm ein blonder Soldat, der in unmittelbarer Nähe hinter einem Block gekauert hatte, das Gewehr hoch und legte auf uns an. Dabei hatte er exakt die Person auf dem Beifahrersitz im Visier, das heißt, mich. Glücklicherweise drückte er nicht ab. Unser Chauffeur machte eine Vollbremsung. Er stieg aus. Wütend schwenkte er noch immer seinen Passierschein. Wie sich herausstellte, sprach keiner der Soldaten Hebräisch (das unser Palästinenser perfekt beherrschte), und keiner von ihnen, vielleicht abgesehen vom Unteroffizier, konnte das kostbare Sesam-öffne-dich lesen oder auch nur identifizieren.

Eines Nachmittags befand ich mich in Gaza-Stadt, im sonnenüberfluteten Büro von Karen Koning AbuZayd, der stellvertretenden Kommissarin des Hilfswerks der Vereinten Nationen für die Palästinaflüchtlinge (*United Nations Relief and Works Agency for Palestine Refugees in the Near East*, UNRWA), einer schönen blonden Frau amerikanischer Herkunft, die mit einem Palästinenser verheiratet ist. Sie sah ausgesprochen elegant aus in ihrem weiten palästinensischen Kleid, das rot und schwarz bestickt war. Verbissen kämpfte sie Tag um Tag gegen den Widerstand der israelischen Generale, um die Lebensmittelversorgungszentren, die Krankenhäuser und die 221 Schulen der UNRWA am Leben zu erhalten. Die Kommissarin war sehr besorgt: »Die Anämie wird durch die Unterernährung hervorgerufen. Viele Kinder leiden an ihr. Wir haben mehr als dreißig unserer Schulen schließen müssen. Viele Kinder können sich nicht mehr auf den Beinen halten. Die Anämie setzt ihnen schrecklich zu. Es gelingt ihnen nicht, sich zu konzentrieren.« Leise fuhr sie fort: »*It's hard to concentrate when the only thing you can think of is food«* (»Wie soll man sich konzentrieren, wenn man an nichts anderes denken kann als ans Essen?«).

Während der ganzen Dauer der Mission waren meine Diskussionen mit den israelischen Offiziellen immer interessant und wurden von ihrer Seite immer höflich – und vor allem vollkommen offen – geführt. Die Israelis mögen keine diplomatischen Umschweife.

Ich erinnere mich an einen abgedunkelten Raum im Verteidigungsministerium in Tel Aviv. Die Mauer der Apartheid, die offiziell als »Grenzzaun« bezeichnet wird und heute das ganze Land durchschneidet, war damals noch im Bau. Eingehend erklärten uns der Chefingenieur und zwei seiner Assistenten das Projekt, wobei sie zur Veranschaulichung Pläne und Bilder an die Wand projizierten. Die Sitzung wollte kein Ende nehmen. Der Ingenieur, weißhaarig, mit schönen braunen Augen, die traurig dreinblickten, sprach Englisch mit starkem deutschen Akzent. Er war sich durchaus bewusst, dass ich ihm nicht ein Wort glaubte, als er uns versicherte, dass der Grenzzaun zur friedlichen Koexistenz zwischen den beiden Völkern beitragen würde.

Dutima, Sally-Anne und Christophe waren bereits auf dem Flur, als der Ingenieur zu mir trat. Um von niemand anders verstanden zu werden, sprach er Jiddisch mit mir: »*Palestiner has aundz.* (»Die Palästinenser hassen uns«). Wir müssen uns schützen. Die Lage ist schwierig. Es ist nicht leicht, Israeli zu sein.«

Ich empfand Sympathie für den alten Ingenieur.

Der einzige Ort, den ich nie wieder betreten möchte, ist das Verteidigungsministerium in Tel Aviv. In den meisten Ländern der Erde ist das Verteidigungsministerium ein Gebäude, das Furcht und Respekt einflößt. Nicht so in Tel Aviv. Hier besteht das Ministerium aus einer Vielzahl verstreut liegender Gebäude, ziemlich flach, zwei bis vier Stockwerke, über allem ein Wald von Antennen, Satellitenschüsseln, elektronischen Geräten. Wie die Festung Bab al-Aziziya von Gaddafi in Tripolis oder der unterirdische Bunkerpalast von Saddam Hussein in Bagdad war der Untergrund vermutlich auch hier gespickt mit Kommandoräumen, Kommunikationszentren usw.

Immerhin wachsen schöne Bäume in dem Park, der sich zwischen den Gebäuden erstreckt. Oberirdisch sind praktisch keine Wachen zu sehen. Der weitläufige grüne Komplex liegt mitten in der Stadt. Auf dem Bürgersteig gehen Passanten an dem Park und seinem unauffälligen Eisenzaun entlang, als handle es sich um eine öffentliche Grünfläche.

Daniel Baudouin, ein junger französischsprachiger Major, freundlich und elegant, nahm uns in Empfang, als wir aus dem Wagen stiegen. Er sagte zu mir: »Sie werden wichtige Leute treffen. Natürlich können Sie alle Fragen stellen, die Sie möchten. Allerdings werden Sie manchmal keine Antwort erhalten. Das wird immer dann der Fall sein, wenn es um die Sicherheit Israels geht.«

In einem spärlich möblierten Raum saßen an einem langen Metalltisch, auf dem einige Kaffeekannen dampften, Offiziere in Uniform, unter ihnen ein General, die uns in sichtlicher Ungeduld erwarteten.

Wir kamen fünf Minuten zu spät.

Wir saßen den Offizieren des Northern Command gegenüber, dem Kommando der Besatzungsarmee der nördlichen palästinensischen Gebiete.

Selbstverständlich ist das Wort »Besetzung« hier tabu. Im Vokabular des Militärs werden die »besetzten Gebiete« zu »umstrittenen Gebieten« oder einfach zu »Gebieten«.

Vor mir auf meinem Schreibtisch liegen die Visitenkarten

dieser Offiziere. Unter jedem zivilen Namen steht geschrieben: *Ministry of Defense – Coordination of Government Activities in the Territories* (»Verteidigungsministerium – Koordination der Regierungsaktivitäten in den Gebieten«). Die Männer, die veranlassen, dass Bulldozer die Häuser der Bauern dem Erdboden gleichmachen, die Soldaten, die sich nachts gewaltsam Zugang zu Häusern und Wohnungen verschaffen und Familien aus dem Schlaf reißen, die Geheimdienstler, die verhaften und foltern – sie alle sind also einfach »Koordinatoren«.

Grotesk.

Der General, erstaunlich jung, sah unzufrieden aus. Verkniffenes Gesicht, mürrischer Blick: »Auch in Israel herrscht Unterernährung. Wir befinden uns im Krieg, sind umzingelt. Warum beschäftigen Sie sich nur mit den Arabern?«

Ich versuchte, ihm meinen Auftrag zu erläutern. Seine Adjutanten, kaum freundlicher als er, lieferten uns einen vollkommen stereotypen Lagebericht.

Dann kam die Zeit der Fragen. Der General überraschte mich: »Sie haben recht, die Unterernährung, die hungerbedingten Krankheiten, die Schwächung des Immunsystems, das alles sind besorgniserregende Probleme in den Gebieten. Aber was können wir tun? An all dem ist die unsägliche Korruption der palästinensischen Autonomiebehörde schuld. Arafat und seine Komplizen unterschlagen sogar die internationale humanitäre Hilfe. Fahren Sie nach Tulkarm, nach Bethlehem, Nablus, Sie werden es selbst sehen. Auf den Märkten erwarten die Händler die Kunden vor Bergen von Säcken mit Grieß, Reis, Mais, auf denen ›UNO-Welternährungsprogramm‹ steht.«

Ich wechselte das Thema: »Ich danke Ihnen für Ihre Offenheit, General. Ich will ebenso offen antworten. Wir sind durch die Gebiete gefahren. Die unzähligen Straßensperren, die Erdwälle, die Gräben, die die Fahrbahn durchschneiden, die Checkpoints machen den Handel zwischen den Dörfern und Städten äußerst schwierig, fast unmöglich. Die Bauern können nur an bestimmten Tagen auf ihre Felder und auch dann nur einige Stunden lang.«

Der mürrische General unterbricht mich: »Sie sind Schweizer, Sie begreifen gar nichts; wir sind im Krieg! Diese Maßnahmen sind ein Gebot der Sicherheit. Ich habe den Auftrag, die Sicherheit Israels zu garantieren, ich, verstehen Sie?«

Ich: »Die Lastwagen mit Tomaten, Melonen, Zitronen, Orangen, Karotten, Radieschen, die vor den Straßensperren in Qalqiliya, Elkana, Dschenin in der Sonne verrotten, haben nicht das Geringste mit der Sicherheit Israels zu tun. Damit verschlimmert man einfach die Unterernährung in den Gebieten und richtet die Bauern zugrunde.«

Eisiges Schweigen im Saal.

Der General verliert nicht einen Augenblick die Fassung. »Noch Fragen?«, erkundigt er sich.

Ich merke, dass ich zum Schluss kommen muss. Unauffällig gebe ich meinem Mitarbeiter ein Zeichen. Christophe Golay ist ein junger, außerordentlich begabter Jurist, der an die Macht des Rechts glaubt. Er sagt: »Wir sind besorgt wegen der *Free Fire Zones* (Zonen, in denen ohne Befehl geschossen werden darf). Sie enteignen palästinensisches Gebiet nicht nur, um dort israelische Siedlungen zu erbauen, sondern nehmen auch noch im Umkreis jeder Kolonie Hunderte Hektar von landwirtschaftlich genutztem Land in Besitz, verjagen die dort ansässigen palästinensischen Familien, zerstören ihre Häuser, entwurzeln ihre Olivenbäume. Das ist vollkommen illegal.«

»*Listen, Doctor… What is your name?* (»Hören Sie, Doktor… Wie heißen Sie?«) Möchten Sie vielleicht, dass die Terroristen seelenruhig in unsere Schulen eindringen können, um dort Kinder zu massakrieren, in unsere Häuser, um den Eltern dieser Kinder die Kehle durchzuschneiden? Sie sind hier nicht in der Schweiz. Die Terroristen wollen die Juden vernichten. Die illegalen Zonen, wie Sie sagen, die *Free Fire Zones*, ermöglichen unseren Soldaten lediglich, die Terroristen zu erschießen, bevor sie unsere Häuser erreichen.«

Christophe blieb so ungerührt, wie das nur Juristen fertigbringen: »Von Rechts wegen sind nicht nur die *Free Fire Zones* illegal, sondern alle Kolonien. Sie verstoßen gegen die vierte Genfer Konvention, die einer Besatzungsmacht verbietet, Land und Häuser auf dem besetzten Gebiet zu enteignen und dort Kolonien für die eigene Bevölkerung zu errichten.«

Jetzt war das Maß voll.

Wie im gesamten Vorderen Orient ist auch in Israel die Gastfreundschaft heilig. Trotzdem hatte man uns bisher nichts angeboten. Auf den Tischen war der Kaffee mittlerweile kalt geworden. Niemand hatte uns auch nur einen Tropfen eingeschenkt.

Es war höchste Zeit zu verschwinden.

Der elegante Major Daniel Baudouin begleitete uns zu unseren Fahrzeugen.

Im Oktober 2003 legte Generalsekretär Kofi Annan meinen Bericht »Das Recht auf Nahrung in den besetzten palästinensischen Gebieten« der Generalversammlung der Vereinten Nationen und der Menschenrechtskommission vor.[1] In den sechs offiziellen UNO-Sprachen verteilt, löste das Dokument eine so heftige Diffamierungskampagne gegen meine Person aus, dass ich deren Nachwirkungen noch heute spüre.

---

1 UNO-Dokument E/CN 4/2003/10/Addendum 2.

Der Bericht, seine Schlussfolgerungen und seine Empfehlungen waren diskutiert und in New York wie in Genf mit großer Mehrheit angenommen worden. Man hatte alle Fakten und Zahlen äußerst kritisch unter die Lupe genommen. Experten verschiedener Sonderorganisationen der Vereinten Nationen, die vor Ort anwesenden Delegierten des Internationalen Komitees vom Roten Kreuz und die Aktivisten palästinensischer und israelischer Nichtregierungsorganisationen waren zu dem Ergebnis gekommen, dass keine begründeten Einwände gegen die Ergebnisse des Berichts vorzubringen waren. So blieb meinen Feinden nur eine einzige Lösung, das *argumentum ad hominem*: den »Sprecher« selbst anzugreifen, d. h. mich. Meine Glaubwürdigkeit zu zerstören, meine Person nach Möglichkeit in den Schmutz zu ziehen.

Der Bericht brachte der internationalen öffentlichen Meinung zum ersten Mal zu Bewusstsein, dass die Unterernährung und der Hunger von der Besatzungsmacht in den palästinensischen Gebieten bewusst in Kauf genommen werden.

Die Regierung in Tel Aviv war entsetzt. Ihre Wut war durch nichts zu besänftigen.

Sie hatte einen Sonderberichterstatter der verhassten Vereinten Nationen – in der Meinung, einen Freund und Verbündeten zu begrüßen – voller Vertrauen und nach allen Regeln der Gastfreundschaft willkommen geheißen. Und nun erwies sich der vermeintliche Freund als schändlicher Verräter! Nicht nur, dass er es versäumt hatte, den wohlwollenden Bericht über die »legitimen« Besetzungs- und Sicherheitsmaßnahmen zu schreiben, den man von ihm erwartet hatte, obendrein hatte er den schlimmsten Feinden Israels auch noch gefährliche Waffen an die Hand gegeben.

Seither habe ich etliche Gespräche mit Vertretern der Regierung Israels geführt. Dabei habe ich versucht, ihnen zu erklären, dass ich, als ich der Aufforderung des Jüdischen Weltkongresses nachkam, vor dem amerikanischen Senat auszusagen und meine Unterschrift unter das Affidavit zu setzen, genau den gleichen Beweggrund hatte wie bei meinem Bericht über die Unterernährung in Palästina: das elementare Gerechtigkeitsgefühl. Vergeblich. Sogar Hausfeld brach alle Beziehungen zu mir ab.

Die Regierung in Tel Aviv fasste den Entschluss, meine Glaubwürdigkeit und, wenn möglich, auch meine psychische Stabilität zu zerstören.

An einem sonnigen Nachmittag saß ich in der Bar du Serpent des Palais des Nations und schlug die Genfer Tageszeitung *Le Temps* auf. Richard Werly, ein ausgezeichneter Journalist, verfügt über enge Beziehungen und zuverlässige Quellen in den meisten westlichen Vertretungen. Unter seinem Namen las ich: »Die Abberufung von Jean Ziegler, bekannt und umstritten wegen seiner Parteinahme für die Dritte Welt, die Palästinenser und häufig gegen die Vereinigten Staaten, ist offiziell gefordert worden.«

Kofi Annan hatte mich nicht informiert. Später erfuhr ich, dass seine Haltung klar und unumstößlich war: Wenn ein Staat einem Berichterstatter berufliches Versagen (Verstoß gegen das Mandat, falsche Fakten usw.) vorwirft, muss er seine Beschuldigungen beweisen können.

Doch Botschafter Yaakov Levy konnte ganz offensichtlich diese Beweise nicht beibringen. Er stützte seine Vorwürfe ausschließlich auf das Argument, dass ich »hasserfüllte Äußerungen gegenüber Israel« vorgebracht hätte.

Im Namen der Regierung in Tel Aviv hatte Yaakov Levy verlangt, dass mein Bericht »zurückgezogen« würde und dass ich »als Sonderberichterstatter ›abberufen‹ und von jeder weiteren Tätigkeit für die UNO ›ausgeschlossen‹« würde, weil ich mein »Mandat missbraucht und meine Pflicht zur Neutralität und Objektivität verletzt« hätte.

Der Botschafter setzte alle Hebel in Bewegung. Am 9. Oktober schrieb er erneut an die Präsidentin der Menschenrechtskommission[1]:

> »Exzellenz, in einem Interview, das Ziegler am 2. Oktober 2003 dem französischen Sender LCI gegeben hat, zeigte er sein wahres Gesicht. Vor allem erklärte er: ›Ich gehöre dem Direktionskomitee der israelisch-palästinensischen Nichtregierungsorganisation Alternative Information Center an.‹ Damit hat er zum ersten Mal öffentlich zugegeben, dieser der israelischen Regierung feindselig gesinnten Organisation anzugehören.«

Es entbehrt nicht einer gewissen Komik, wenn ein israelischer Botschafter meint, die Zugehörigkeit zu einer solchen in Tel Aviv ansässigen NGO rechtfertige die Amtsenthebung eines Sonderberichterstatters.

Die Anschuldigungen, die von der Regierung in Tel Aviv gegen mich erhoben wurden, waren heftig und schwerwiegend. Ich weise sie mit aller Entschiedenheit zurück.

Damit sich die Leser des vorliegenden Buches selbst ein Urteil über den Inhalt meines Berichts machen können, gebe ich hier einige Auszüge seiner Schlussfolgerungen und Empfehlungen wieder.

---

1 Wie oben erwähnt, wurde aus der Kommission 2006 der Menschenrechtsrat.

So heißt es dort:

Die besetzten palästinensischen Gebiete befinden sich am Rande
einer humanitären Katastrophe, ein Umstand, der in erster Linie
den extrem strengen Sicherheitsmaßnahmen zuzuschreiben ist,
die seit Ausbruch der zweiten Intifada im September 2000 von
den israelischen Sicherheitskräften verhängt werden … Der Sonderberichterstatter möchte sein tiefes Mitgefühl und Verständnis
für die Israelis wie die Palästinenser zum Ausdruck bringen, die
eine grauenhafte Tragödie erleben, kann aber nicht die schreckliche Unterernährung außer Acht lassen, die in den besetzten
palästinensischen Gebieten herbeigeführt wird …
Die palästinensischen Gebiete, insbesondere der Gazastreifen,
befinden sich, bedingt durch die Unterernährung, in einer aku-
ten Krisensituation … Mehr als 22 Prozent der Kinder unter fünf
Jahren leiden heute unter Mangelernährung und 15,6 Prozent
unter schwerer Anämie. Viele von ihnen werden in ihrer körperlichen und geistigen Entwicklung bleibende Schäden davon-
tragen. Mehr als die Hälfte der palästinensischen Familien essen
nur einmal am Tag … Die Nahrungsaufnahme hat sich [in den
letzten fünf Jahren] um 25 Prozent pro Einwohner verringert …
Die einst florierende Wirtschaft ist praktisch zusammengebro-
chen und die Zahl der in extremer Armut lebenden Personen
hat sich seit September 2000 verdreifacht. Rund 60 Prozent der
Palästinenser leben heute in großer Armut (75 Prozent im Gazastreifen und 50 Prozent im Westjordanland). Selbst wenn Lebensmittel zur Verfügung stehen, sind zahlreiche Palästinenser wegen
der rasant zunehmenden Arbeitslosigkeit nicht in der Lage, sie
zu kaufen. Mehr als 50 Prozent der Palästinenser sind vollständig
von der internationalen Nahrungsmittelhilfe abhängig; die humanitäre Hilfe ist häufig Zugangsbeschränkungen unterworfen.

Der Sonderberichterstatter hat festgestellt, dass die israelische Regierung – obwohl durch Völkerrecht und als Besatzungsmacht der Gebiete gesetzlich verpflichtet, das Recht auf Nahrung der palästinensischen Bevölkerung zu respektieren – dieser Verantwortung kaum nachkommt. Die Sicherheitsmaßnahmen – insbesondere Ausgangssperren, Straßensperren, Passierscheinregelungen und Kontrollposten – bewirken eine tiefgreifende Einschränkung der Freizügigkeit und des Handelsverkehrs und verhindern den physischen und wirtschaftlichen Zugang zu Nahrungsmitteln und Wasser... Auch die fortgesetzte Konfiszierung und Vernichtung von Land- und Wasserressourcen schränkt die Möglichkeiten der Palästinenser zur Nahrungsbeschaffung ein... Der Bau des Sicherheitszauns, der Mauer quer durch palästinensisches Gebiet, gefährdet das Recht auf Nahrung von Tausenden von Palästinensern, weil durch diese Sperranlage zahlreiche Palästinenser von ihrem Ackerland getrennt oder in Biegungen des Zauns/der Mauer beziehungsweise in der verbotenen militärischen Zone entlang des Zauns/der Mauer eingeschlossen sind.[1]

Der Sonderberichterstatter stellt die Sicherheitsbedürfnisse Israels nicht infrage und ist sich im Klaren über die tägliche Gefahr, der die israelischen Bürger ausgesetzt sind. Trotzdem ist er der Meinung, dass die praktizierten Sicherheitsmaßnahmen vollkommen unverhältnismäßig und kontraproduktiv sind, weil sie auf eine Kollektivbestrafung der palästinensischen Gesellschaft hinauslaufen und Hunger und Unterernährung unter der palästinensischen Zivilbevölkerung, vor allem bei Frauen und Kindern, verursachen. Das Völkerrecht verbietet die Bestrafung einer ganzen Bevölkerung für Handlungen, die einige ihrer Mitglieder began-

1 Der Ausdruck »Zaun« wird von der Besatzungsmacht verwendet, »Mauer« von der Palästinensischen Autonomiebehörde.

gen haben. Besonders besorgt ist der Sonderberichterstatter über die systematische Konfiszierung von Gebieten, der nach Meinung zahlreicher israelischer und palästinensischer Zeugen und Nichtregierungsorganisationen eine unausgesprochene »Bantustanisierung«[1] zugrunde liegt. Der Bau des Sicherheitszauns/der Mauer wird von zahlreichen Beobachtern als eine konkrete Manifestation dieser Strategie betrachtet. Indem man die besetzten palästinensischen Gebiete in fünf kaum zusammenhängende territoriale Einheiten ohne internationale Grenzen unterteilt, gefährdet man die Schaffung eines künftigen palästinensischen Staats, dessen wirtschaftliche Situation ihm erlauben könnte, das Recht auf Ernährung seiner eigenen Bevölkerung wahrzunehmen.

Hier nun meine Empfehlungen:

Der israelischen Regierung wird empfohlen, den Zugang für humanitäre Hilfe zu erleichtern, Sofortmaßnahmen zur Überwindung der humanitären Krise zu ergreifen, die in den Gebieten angelegten Straßensperren aufzuheben und die Konfiszierung und Vernichtung landwirtschaftlicher Nutzflächen, des Wassers und anderer palästinensischer Ressourcen zu beenden. Die israelische Regierung sollte das Programm der »Bantustanisierung« einstellen, den Bau von Grenzzaun/Mauer abbrechen und das Recht auf Nahrung respektieren, wie es vom Völkerrecht, den Menschenrechten und dem internationalen humanitären Recht fest-

1 Für zahlreiche israelische Kommentatoren (vgl. Michel Warschawski in *News from within*, Februar 2003; Akiva Eldar in *Haaretz*, 13. 05. 2003) folgt die Landenteignungspolitik der Regierung in Tel Aviv einer versteckten Strategie: der Unterteilung und Isolation von palästinensischen Gemeinschaften in verschiedenen, voneinander getrennten Wohngebieten. Warschawski und Eldar nennen diese Strategie die »Bantustanisierung«, weil sie sich an der Strategie des südafrikanischen Apartheid-Regimes (1948 – 1994) orientiert.

geschrieben ist. Dabei gilt es, die Lebensfähigkeit eines künftigen palästinensischen Staates im Blick zu behalten, der über einen dauerhaften Zugang zu seinen eigenen Nahrungs- und Wasserressourcen verfügt... Ilan Pappé vom israelischen Friedensforschungsinstitut schreibt: »Die unumstößliche Wahrheit, mag sie auch noch so ermüdend und abgedroschen sein, ist, dass alle diese Gewalttaten (einschließlich der blinden Gewalt gegen Unschuldige) erst enden werden, wenn die Besetzung endet.«

Mitte Januar 2004 hielt ich mich mit Erica in Kairo auf. Da die meisten meiner Bücher ins Arabische übersetzt wurden, war ich zur 36. Internationalen Buchmesse eingeladen. Eines Abends im Hotel erhielt ich einen Anruf vom Assistenten des Generalsekretärs der Arabischen Liga: »*His Excellency Doctor Amr Moussa would like to see you*« (»Seine Exzellenz, Doktor Amr Moussa, möchte Sie treffen.«).

Am nächsten Tag begab ich mich in das imposante weiße Gebäude der Arabischen Liga.

Amr Moussa, ein kluger, geistreicher und kultivierter Mann, wollte am Internationalen Gerichtshof in Den Haag eine Klage gegen Israel einreichen, weil es in Palästina die Apartheid-Mauer baute. Die Errichtung dieser Mauer bedeute eine flagrante Verletzung des Rechts auf Nahrung, weil sie zahlreiche palästinensische Bauern von ihren Ländereien abschnitt, die sich nun auf der israelischen Seite der »Grenze« befanden.

Amr Moussa bat mich um Hilfe, das heißt, um Einsicht in meine Unterlagen.

Da kein Anwalt, kein Ermittler der Arabischen Liga (aber auch sonst niemand) vor Ort Zeugenaussagen der um ihr Eigentum gebrachten Bauern sammeln konnte, hatten meine Arbeitsunterlagen, die Zeugenaussagen, die ich in den besetzten palästinensischen Gebieten protokolliert hatte, für Amr Moussa natürlich großen Wert. Außerdem war ihm klar, dass die Aussagen, die ein Sonderberichterstatter der UNO aufgenommen hatte, in Den Haag erhöhte Glaubwürdigkeit besitzen würden.

Ohne zu zögern ging ich auf den Vorschlag von Amr Moussa ein.

Nachdem die UNO-Instanzen meinen Bericht und meine Empfehlungen ratifiziert hatten, entschloss ich mich zu weiteren Initiativen. Im Getto von Gaza hatte ich riesige gepanzerte Bulldozer des Unternehmens Caterpillar gesehen, die, mit schweren Maschinengewehren bestückt, Wohngebäude, zwei Krankenhäuser und drei Schulen abgerissen hatten. Man wollte zwischen den Vororten der Stadt Rafah und der ägyptischen Grenze ein Niemandsland voller Antipersonenminen anlegen. Am 28. Mai 2004 schrieb ich James Owens, dem Präsidenten von Caterpillar, einen Brief, in dem ich ihm vorwarf, das Recht auf Nahrung der palästinensischen Familien zu verletzen, und ihn aufforderte, Israel fortan keine Bulldozer mehr zu liefern.

Mehrere Nichtregierungsorganisationen und einflussreiche soziale Bewegungen in den Vereinigten Staaten schlossen sich, nachdrücklich unterstützt von israelischen NGOs, meiner Forderung an. Daraufhin musste Caterpillar seine Zusammenarbeit mit der Besatzungsmacht überdenken.

Nachdem die israelische Regierung mit dem Antrag auf meine Abberufung nicht durchgekommen war, gingen die verschiedenen Propagandastellen, falschen NGOs und echten Geheimdienste zum Angriff über. Dabei gingen sie nicht gerade zimperlich zu Werke, um es vorsichtig auszudrücken.

Ich fahre gern Ski. Manchmal gehe ich diesem Sport sogar auf Gletschern nach. Im Sommer 2006 verbrachten Erica und ich einige Tage in Saas-Fee, einem herrlichen Dorf in den Walliser Alpen, in einem Tal, das parallel zu dem von Zermatt verläuft. Man kann dort in 3500 Metern Höhe das ganze Jahr über Ski fahren. Am 1. August, dem Schweizer Nationalfeiertag, wird die Gründung der Schweizerischen Eidgenossenschaft überall mit riesigen Freudenfeuern, Musik und Reden gefeiert.

Der Bürgermeister von Saas-Fee bat mich, die offizielle Rede zu halten. Das war kurz nach Beginn der »Operation Sommerregen«, einer neuen, mörderischen Offensive der israelischen Armee gegen die Bevölkerung des Gazastreifens. Davon berichtete ich in meiner Rede. Wenig später erhielt ich aus Paris von der Leitung der Association France-Israël den folgenden Brief:

Monsieur,

mit Bestürzung haben wir von einer vertrauenswürdigen Person erfahren, dass Sie sich während des Festakts zum Schweizer Nationalfeiertag in Saas-Fee auf Einladung des Bürgermeisters Claude Bumann in einer Festrede voller Hass über den Staat Israel geäußert haben, indem sie die »israelische Invasion« verurteilten und forderten, dass die »Schweiz die militärische Zusammenarbeit mit Israel« einstelle.

Sie haben selbstverständlich das Recht zu denken, was Sie wollen, aber Sie haben nicht das Recht, als Funktionär der Vereinten Nationen zum Boykott eines Mitgliedstaates aufzurufen. Ich möchte Sie darauf hinweisen, dass ein solches Verhalten auf französischem Staatsgebiet eine Straftat wäre. Eine Kopie des vorliegenden Schreibens geht an das Generalsekretariat der Vereinten Nationen, an den Schweizer Botschafter in Frankreich, an die Kommunalbehörden von Saas-Fee, an die Botschafter Israels in Frankreich und in der Schweiz sowie an die Gesellschaft Schweiz-Israel.

2011 veröffentlichten die Éditions du Seuil mein Buch *Destruc-tion massive, géopolitique de la faim*[1]. Olivier Bétourné, der Präsident von Seuil, organisierte für mich eine Promotion-Tour im französischsprachigen Kanada. Auf dem Programm standen Fernsehsendungen, Rundfunkbeiträge, Presselunches und Vorträge in den fünf größten Universitäten von Montreal, Quebec und Ottawa.

Zwei Tage vor meiner Abreise nach Montreal rief mich Pascal Asathiany, der Repräsentant von Seuil in Quebec, bei mir zu Hause in Russin an.

»Es wird kompliziert, mein Lieber. Mehrere Rektoren wollen deine Auftritte absagen! Es gibt scheußliche Gerüchte über dich. Was hast du diesen Typen getan?«

Ich fragte Olivier. Auf seinen Rat hin brach ich trotzdem auf. Was war passiert?

Die betreffenden kanadischen Universitätsverwaltungen hatten alle von einer obskuren Gesellschaft »Kanadischer Intellektueller zur Verteidigung Israels« ein umfangreiches Dossier über mich und meine unzähligen Schandtaten erhalten, verbunden mit der dringlichen Aufforderung, meine Vorträge abzusagen.

Doch persönliche Gespräche vor Ort mit den betreffenden Rektoren und Dekanen rückten die Dinge wieder zurecht. Vier der fünf Universitäten erneuerten ihre Einladungen. Die außerordentliche Lebhaftigkeit, mit der das Publikum in Quebec auf meine Reden reagierte, hat mich sehr berührt.

Bislang haben meine Verleumder nur in einem einzigen Fall ihr Ziel erreicht.

---

1 Dt.: *Wir lassen sie verhungern. Die Massenvernichtung in der Dritten Welt*, München 2012.

Die Salzburger Festspiele sind wahrscheinlich die berühmteste Veranstaltung ihrer Art in Europa. Jedes Jahr wird dort ein Intellektueller oder Künstler eingeladen, um die Eröffnungsrede zu halten. 2010 erschien bei Bertelsmann die deutsche Übersetzung meines Buches *La Haine de l'Occident* unter dem Titel *Der Hass auf den Westen*. Gabi Burgstaller, die kluge Landeshauptfrau des Bundeslandes Salzburg, hatte es gelesen. Sie bat mich um die ehrenvolle Aufgabe, diese Rede zu halten. Ich nahm an.

Aber der feindliche Propaganda-Apparat war auf der Hut. Die Mitglieder des Festspielkomitees erhielten ein umfangreiches Dossier. Über was? Über meine Schandtaten, meinen »verlogenen Charakter« ...

Gegen ihren Willen nahm die Landeshauptfrau die Einladung zurück. Aber aus etwas Schlechtem wird manchmal doch etwas Gutes. Mein österreichischer Verleger Hannes Steiner, Gründer und Leiter von Ecowin, hatte den Einfall, den Text der nicht gehaltenen Rede zu veröffentlichen. Unter dem Titel *Der Aufstand des Gewissens* verkaufte sich das kleine Buch mehrere Zehntausend Mal. Auf diese Weise konnten weit mehr Menschen den Text meiner Rede zur Kenntnis nehmen, als wenn ich sie vor der Handvoll privilegierter Gäste in der Festspielhalle von Salzburg gehalten hätte.

Die Verleumdung wächst und gedeiht hinter dem Rücken des Verleumdeten. Erschwerend kommt hinzu, dass die Diplomaten in Genf wie in New York ständig wechseln. Kaum ist es einem gelungen, einen Botschafter, eine Botschafterin von der Haltlosigkeit der gegen einen erhobenen Vorwürfe zu überzeugen, da wird er oder sie schon wieder abgelöst. Und man muss wieder von vorne anfangen ... Tatsächlich haben Sally-Anne Way und andere meiner Assistenten bis heute nicht begriffen, warum ich es abgelehnt habe – und immer noch ablehne –, meine Verleumder vor Gericht zu verklagen.

Tatsächlich weigere ich mich, diese Giftköche, die sich in Genf und New York tummeln, durch einen Prozess aufzuwerten.

Im 38. Stock des UNO-Hauptquartiers in New York gibt es einen hohen Funktionär, ein Mitglied im Kabinett des Generalsekretärs, der sich ausschließlich um die Beziehungen zu den verschiedenen jüdischen Organisationen und Gemeinden in den Vereinigten Staaten kümmert. Eines Abends, als wir meine traurige Situation diskutierten, sagte Kofi Annan zu mir: »Geh zu ihm, er macht dir einen Kontakt zur *Anti-Defamation League* und Rabbinern, er könnte dir helfen.« Ich lehnte es ab.

Ihren Höhepunkt erreichte diese Menschenjagd in dem Augenblick, als meine Kandidatur für den Beratenden Ausschuss des Menschenrechtsrats bekannt wurde. Dieses Mal übertrafen sich die Giftköche selbst. Vierundvierzig Mitglieder des amerikanischen Kongresses wandten sich an das Generalsekretariat mit der Forderung, meine Kandidatur zu streichen. Samantha Power, die Botschafterin von Präsident Obama bei der UNO in New York (die den Rang eines Kabinettsmitglieds hat), veröffentlichte sogar eine Erklärung, in der sie darlegte, warum ich eine »Schande« für die UNO sei.

Ich erlaube mir hier eine Abschweifung. Die häufige Missachtung des Völkerrechts, die die verschiedenen Regierungen in Tel Aviv an den Tag legen, haben für die multilaterale Diplomatie und damit für die UNO desaströse Konsequenzen. Denn sie liefert den schlimmsten Diktatoren der Welt einen Vorwand, um die Sanktionen und die Kritik der UNO infrage zu stellen.

Diese Position vertritt beispielsweise die Regierung in Khartum, die seit 2003 Darfur im Westsudan mit Krieg und Terror überzieht. Männer, Frauen und Kinder der Massalit, Fur und Zaghawa sterben zu Tausenden unter den Bomben der Antonows und den Lanzenstößen der Dschandschawid, der arabischen Reitermilizen. Wie apokalyptische Reiter fallen diese Mörder über die afrikanischen Dörfer her, vergewaltigen und verstümmeln die Frauen und jungen Mädchen, schneiden ihnen die Kehle durch, werfen die Kinder lebendig in die Flammen der brennenden Hütten, massakrieren Männer, Jugendliche und Greise. Die Dschandschawid töten auf Befehl der Generale, die in Khartum an der Macht sind und die ihrerseits von den »Vordenkern« der Islamischen Heilsfront ferngesteuert werden.

Im September 2014, anderthalb Monate nach einem neuerlichen Blutbad, das die israelischen Panzer, Flugzeuge und Schiffe im Gazastreifen anrichteten, fand eine Sitzung des Menschenrechtsrats statt. Es ging um Darfur. Der Botschafter des Sudan fühlte sich zu einer äußerst zynischen Erklärung ermutigt: »Die Israelis verbrennen arabische Kinder im Gazastreifen, während die westlichen Staaten tatenlos zuschauen. Und Sie wollen, dass wir uns Ihren Resolutionen und ihren Sanktionen beugen? Niemals!«

Der Antisemitismus ist ein Verbrechen.[1] Diese pathologische Verwerfung des menschlichen Geistes, diese Perversion kann jederzeit und überall zum Ausbruch kommen.

Eines Abends im Juli 2016, in der Hitze von Arles, auf der Terrasse des Hotels Nord Pinus, Place du Forum, schlage ich

---

1 Und wird in den meisten Rechtsstaaten als solches geahndet. In der Schweiz wird nach Paragraph 261bis mit einer Freiheitsstrafe bis zu drei Jahren bestraft, wer sich einer rassistischen oder antisemitischen Beleidigung schuldig macht.

Le Monde auf … Und das Blut gefriert mir in den Adern. Elie Wiesel ist tot. Über eine halbe Seite hinweg schaut er mich mit seinen traurigen, etwas ironischen Augen an, das Gesicht abgezehrt, die Haare zerzaust. Die Bildunterschrift lautet: »Elie Wiesel, Schriftsteller, Überlebender der Shoah, am 2. Juli 2016 in New York gestorben.«

Nie werde ich ihn vergessen. Kein anderer hätte mir ein solches Weltverständnis vermitteln können wie er, als ich mir – damals ein junger Student an der Columbia University – ein Zimmer in seiner bescheidenen Wohnung im Riverside Drive mietete. Damals war Elie Wiesel noch nicht der weltberühmte Schriftsteller und Nobelpreisträger, sondern ein einfacher Korrespondent der israelischen Tageszeitung *Yedioth Aharonoth* bei der UNO. Er hatte eine fröhliche Gruppe junger Männer und Frauen um sich versammelt, unter ihnen etliche Überlebende der Shoah. Alle sprachen Französisch. Da ich nur ein unzulängliches Englisch sprach und keine Freunde in New York hatte, ging ich dankbar auf sein Angebot ein und schloss mich seinem Kreis an. Unsere Nächte verbrachten wir bei Jam-Sessions im Central Park, bei den Straßentheatern in Greenwich Village, den Konzerten von Ella Fitzgerald und Eartha Kitt im Apollo Theater in Harlem.

In meinem Leben ist mir Elie Wiesel eine wichtige, manchmal entscheidende Hilfe gewesen. Noch einmal lese ich seine Briefe, seine feine Schrift mit blauem Kugelschreiber auf Briefpapier mit dem Kopf der University of Boston.

Über Palästina gingen unsere Auffassungen weit auseinander. Niemals, nicht einmal bei den schlimmsten israelischen Bombenangriffen auf den Gazastreifen, hat Elie die geringste Kritik an der Regierung in Tel Aviv geäußert. Trotzdem bin ich fest davon überzeugt, dass er voller Mitgefühl für die Opfer war. Er hat sich immer geweigert, in Israel zu leben. Doch es war ihm einfach unmöglich, den geringsten Vorbehalt – selbst privat – an der Rechtmäßigkeit und Gerechtigkeit der israelischen Vorgehensweise zu äußern. Zu meiner entschiedenen Parteinahme für die Palästinenser schrieb er mir sehr entschieden: »Wenn Du glaubst, was Du sagst, musst Du es sagen.«

Im Übrigen fasste er es als persönliche Beleidigung auf, wenn irgendjemand einen seiner Freunde des Antisemitismus verdächtigte. Von den neun Prozessen, die nach Veröffentlichung meines Buches *Die Schweiz wäscht weißer* und der Aufhebung meiner parlamentarischen Immunität gegen mich geführt wurden, war derjenige, den der Multimilliardär Edmond Safra, Besitzer der New Republic Bank, mit einer ganzen Heerschar von prominenten Anwälten gegen mich angestrengt hatte, der gefährlichste Angriff. Safra verklagte mich vor der französischen Justiz auf Schadenersatz in astronomischer Höhe. Im Gerichtssaal wurde auch der Vorwurf des Antisemitismus vorgebracht. Daraufhin nahm Elie mitten im Prozess ein Flugzeug nach Genf, verabredete sich mit Edmond Safra, um ihm zu erklären, wer ich wirklich war, und vor allem, um ihm zu sagen, dass ich sein Freund sei. Von New York aus bestätigte er anschließend brieflich die Eckpunkte ihrer Unterhaltung und ließ mir eine Kopie des Schreibens zukommen. Der Brief wurde vor dem Appellationshof in Paris verlesen. Daraufhin beendete Edmond Safra das Gerichtsverfahren und schlug mir einen außergerichtlichen Vergleich vor. Auf diese Weise entging ich dem Ruin.

Im Vorwort der neuen französischen Ausgabe von *La Nuit* schreibt Elie Wiesel: »Vergessen würde Gefahr und Beleidigung bedeuten.«[1] Beleidigung, die der Erinnerung an sechs Millionen

1 Paris, 2007, S. 23.

von den Nazis ermordeten Menschen angetan würde, Gefahr, dass der mörderische Irrsinn wiederaufleben könnte.

Auf einem Festbankett des CRIF (*Conseil représentatif des institutions juives de France* – »Repräsentativer Rat der jüdischen Institutionen in Frankreich«) im März 2016 erklärte der französische Premierminister Manuel Valls: »Antizionismus ist schlicht und einfach ein Synonym für Antisemitismus und Hass auf Israel.«[1]

Diese Äußerung von Manuel Valls ist unsäglich. Der Antisemitismus war im vergangenen Jahrhundert die Triebfeder eines der ungeheuerlichsten Verbrechen in der Geschichte der Menschheit. Die Kritik an einer Regierung mit einer antisemitischen Beleidigung gleichzusetzen heißt, das Gift des Antisemitismus zu verharmlosen und damit letztlich das Immunsystem der Gesellschaft zu schwächen.

Dass die israelischen Meinungsmanipulatoren in ihrem Hass auf mich auf diese Verwirrstrategie zurückgreifen, ist verständlich, wenn auch unverzeihlich. Aber dass ein Premierminister der französischen Republik genauso grobschlächtig argumentiert, ist einfach unfassbar.

2003 und in den folgenden Jahren war meine Position in der UNO stark. Bei meinen verschiedenen Wahlen und Wiederwahlen – als Sonderberichterstatter, dann als Mitglied und schließlich als Vizepräsident des Beratenden Ausschusses – konnte ich mich auf die Unterstützung durch eine Mehrheit der Staaten der südlichen Hemisphäre verlassen. In Brasilien war Luiz Inácio Lula da Silva an der Macht; der Staatschef von Venezuela war Hugo Chávez; Kuba, Bolivien unter Evo Mora-

---

1 Bastien Bonnefous, »Manuel Valls, l'ami d'Israël«, *Le Monde*, 23. Mai 2016.

les (ab 2006) und Ecuador unter Rafael Correa (ab 2007) waren ebenso auf meiner Seite wie die OCI (die Organisation der islamischen Konferenz).

Heute regiert die Rechte in Brasilien, Hugo Chávez ist tot; Kuba und Ecuador sind geschwächt. Die Gruppe der lateinamerikanischen Staaten im Menschenrechtsrat ist gespalten. Gleiches gilt für die afrikanische Gruppe. In der OCI bekämpfen sich die Diplomaten bis aufs Messer: In den Nahostkriegen stehen sich einige Golfemirate ebenso unversöhnlich gegenüber wie Algerien und Saudi-Arabien.

Vor allem aber habe ich meine beiden Verbündeten und Freunde verloren. Kofi Annan ist im Generalsekretariat durch einen blassen Statisten ersetzt worden. Der Hochkommissar Sérgio Vieira de Mello ist im Einsatz für die UNO ums Leben gekommen.

Nachdem die Vereinigten Staaten im März 2003 den Irak gegen den Willen des Sicherheitsrats zunächst bombardierten und dann besetzten, waren die Beziehungen zwischen Präsident Bush und der UNO abgerissen. Was für das Überleben der Organisation eine tödliche Gefahr darstellte. Daraufhin schickte Kofi Annan Sérgio Vieira de Mello, seinen engsten Freund, nach Bagdad, damit er dort – abseits der Besatzungstruppen – eine Vertretung der UNO eröffnete.

In Bagdad richtete Sérgio seinen Hauptsitz im Hotel Canal ein. Am Dienstag, dem 19. August 2003, um 16:27 zerstörte der bis obenhin mit Sprengstoff gefüllte Lastwagen eines Dschihadisten fast das ganze Hotel. Einundzwanzig Mitarbeiter von Sérgio wurden ermordet. Da die amerikanischen Bulldozer und Kräne andernorts eingesetzt waren, starb Sérgio einen schrecklichen Tod, eingeklemmt zwischen den Betonblöcken des eingestürzten Gebäudes.

Er war mein Freund.

Was mich angeht, so werde ich den Kampf fortsetzen. Und ich werde nicht aufgeben.

NACHWORT

Die Kämpfe, die wir gemeinsam gewinnen werden

Unter den zahlreichen Absurditäten, die der menschlichen Existenz eignen, ist die offenkundigste und skandalöseste der Umstand, dass es der Menschheit nie gelungen ist, den Krieg abzuschaffen. Dabei stellt sie ihren unerschöpflichen Erfindungsgeist, ihre überwältigende Fähigkeit, wissenschaftliche, technische und kognitive Fortschritte zu erzielen, immer aufs Neue unter Beweis. Aber jede neue Errungenschaft macht die Pathologie des Krieges nur noch effizienter und mörderischer.

Heute watet die Welt wieder in Blut und Tränen. Neue Kriege vernichten jedes Jahr Hunderttausende von Menschen. Die strukturelle Gewalt, die durch Hunger, Epidemien, verseuchtes Wasser hervorgerufen wird, löscht in großer Zahl ganze Familien aus.

Lichtjahre trennen diese Welt von einer Ordnung – gerecht, frei und demokratisch –, wie sie von Franklin D. Roosevelt und Winston Churchill 1941, im Zentrum des Sturms, auf der USS *Augusta* entworfen wurde.

Die Ohnmacht der Vereinten Nationen, der Menschen, die dort arbeiten, erscheint heillos.

Eine meiner schlimmsten Erinnerungen betrifft die Nacht zum 14. Februar 2014. An diesem Abend regnete es. Ein kalter

Regen, der dicht und heftig fiel. Das Palais des Nations lag im Dunkel. Nur der Eingang in der Avenue de la Paix und einige Fenster im obersten Stock waren noch erleuchtet. Dort, hinter den verschlossenen und von den Sicherheitskräften der UNO bewachten Türen, tagte in einem der Säle die Regierungsdelegation aus Damaskus unter Leitung von Baschar al-Dschafari, einem brillanten französischsprachigen Diplomaten mit großem Verhandlungsgeschick, aber einem unerhört brutalen und zynischen Charakter. In einem anderen Saal tagten die achtzehn Delegierten – Männer und Frauen – der Nationalen Koalition der syrischen Revolutions- und Oppositionskräfte. Zwischen den beiden Sälen pendelte Lakhdar Brahimi, der Verhandlungsführer der UNO, da die beiden Delegationen sich weigerten, direkt miteinander zu reden.

Lakhdar Brahimi ist sicherlich einer der erfahrensten Verhandlungsführer, die die UNO je gehabt hat, zäher und talentierter als die meisten anderen. Hartnäckig hielt sich während des ganzen Tages das Gerücht, die Parteien stünden kurz vor der Einigung auf einen Waffenstillstand, und das Ergebnis der Verhandlungen werde noch in der Nacht bekannt gegeben. Die Beamten vom Pressedienst der UNO hatten im Park weiße Zelte aufgestellt und sie mit Kunststoffstühlen, elektrischen Heizungen und Kaffeemaschinen ausgerüstet. Eine große Zahl fröstelnder Journalisten und Journalistinnen übte sich in Geduld.

Mit Hasni Abidi, einem schweizerisch-algerischen Politologen und Kenner der arabischen Welt[1], war ich von dem in Beirut angesiedelten panarabischen Fernsehsender Al-Mayadeen (arabisch: der öffentliche Platz) eingeladen worden. Der paläs-

---

[1] Hasni Abidi ist Direktor des Genfer Zentrums für Studien und Forschung in der arabischen Welt (*Centre d'études et de recherche sur le monde arabe et méditerranéen*, CERMAM).

tinensische Moderator und Hasni Abidi sprachen Arabisch, ich konnte Französisch sprechen, da ich eine Simultandolmetscherin zur Seite hatte. Stolz sagte der Palästinenser:

»Wir senden direkt nach Aleppo, in die Ghuta[1], nach Homs, die Menschen hören uns ununterbrochen. Sie reden jetzt unmittelbar zu ihnen.«

Regelmäßig wurde die Genfer Sendung von Filmsequenzen unterbrochen, die – ebenfalls live – zeigten, was die Bewohner der bombardierten Städte in Syrien zeitgleich erlitten. In al-Schaar, einem Viertel im Osten Aleppos, hatten Hubschrauber der Regierung Chlorbomben auf eine Gruppe Kinder abgeworfen, die vor einer Bäckerei Schlange standen. Keuchend wanden sich die kleinen Körper im Todeskampf auf den Tragbahren. Vergeblich versuchten zwei Ambulanzen bis zu den Trümmern des Gebäudes vorzudringen. Wir hörten das Heulen der Sirenen. Weinend und verstört liefen die Eltern, Brüder, Schwestern und Nachbarn umher. Ohnmächtig mussten sie zusehen, wie ihre Kinder erstickten. All das übermittelten uns die Satellitenbilder. Der palästinensische Moderator richtete wieder das Wort an uns: »Dr. Abidi, Dr. Ziegler, was ist zu tun?«

Die Genfer Verhandlung war ein vollständiger Fehlschlag. Am 15. Februar beendete Lakhdar Brahimi die Gespräche, die seit drei Wochen in einer Sackgasse steckten. Er trat von seinen Funktionen zurück.

Seither dauert das Massaker an. Baschar al-Assad lässt weiterhin Krankenhäuser, Bäckereien, Schulen und Wohnviertel seines Landes bombardieren[2]: In fünf Kriegsjahren sind über 300 000

---

1 Das landwirtschaftlich genutzte Umland von Damaskus.
2 Unterstützt bei seinen Verbrechen von Suchoi- und Antonow-Bombern der russischen Luftwaffe.

Männer, Frauen und Kinder ums Leben gekommen, Millionen sind verwundet oder verstümmelt worden; von den 23 Millionen Einwohnern, die Syrien 2011 hatte, sind 6 Millionen außerhalb der Landesgrenzen auf der Flucht, 7,6 Millionen sind im Inneren vertrieben worden; 41 Städte sind eingekreist und der »schwarzen Diät« unterworfen, das heißt, dem Mangel an Nahrung, Medikamenten und sauberem Wasser; ganze Städte liegen in Schutt und Asche. Dieser Massenmord vollzieht sich jeden Tag und jede Nacht in eiskalter Normalität unter den Blicken der Welt.

Welchem Umstand ist diese mörderische und schändliche Ohnmacht der UNO geschuldet? Die Antwort ist einfach: dem russischen Veto.

Russland ist eines von fünf ständigen Mitgliedern des Sicherheitsrats. Die UNO kann nur in einen Krieg eingreifen und den Frieden wiederherstellen, wenn sich alle fünf ständigen Mitgliedstaaten dafür entscheiden. Acht Mal hat der russische Botschafter im Erdgeschoss des UNO-Sitzes in New York, im Saal des Sicherheitsrats, umgeben von Edelholzpaneelen und einem herrlichen Wandteppich, die Hand gehoben, um eine Intervention der UNO in Syrien abzulehnen.

Das Ergebnis des russischen Vetos: Es gibt keinen Sicherheitskorridor für die eingekesselte Zivilbevölkerung, keine Blauhelme, die die syrischen Städte beschützen, keine »Flugverbotszone«, die die Hubschrauber und Bomber Baschar al-Assads (und seit einiger Zeit auch der Russen) daran hindert, die Wohngebäude in Brand zu setzen.

Für die UNO ist das Vetorecht heute eine Geißel. Es ist schuld an der Ohnmacht der Vereinten Nationen. Genauer, an ihrer Unfähigkeit, ihre wichtigste Funktion wahrzunehmen, das heißt, für die kollektive Sicherheit auf unserem Planeten zu sorgen. In Tartus, bei Latakia, unterhalten die Russen ihren einzigen Flottenstützpunkt im Mittelmeer, dank eines Abkommens, das 1971 zwischen der UdSSR und dem baathistischen Syrien geschlossen wurde. So schützt Russland den Schlächter von Damaskus und sichert zugleich seine logistische Basis in Tartus.

Im Westen des riesigen Sudan, auf dem Gebiet des antiken Sultanats Darfur, erleiden, wie geschildert[1], drei afrikanische Völker (Animisten und Christen) entsetzliche Gräuel, die ihnen auf Geheiß von General Umar al-Baschir, dem islamistischen Diktator von Khartum, zugefügt werden. Hunderttausende von Männern, Frauen und Kindern dieser Viehzüchterstämme – Massalit, Fur und Zaghawa – wurden bereits von den Männern des Generals getötet, verstümmelt oder verbrannt. Oft wurden sie auch durch vorsätzlich organisierten Hunger oder Brunnenvergiftung umgebracht. Mithilfe ihrer Söldner, den *Dschandschawid*, kreisen die Soldaten des Regimes die Dörfer ein, treiben die Bewohner in ihre Hütten zurück und verbrennen sie bei lebendigem Leib.

Der Sudan ist ein wichtiger Erdölproduzent. Sein Hauptabnehmer ist China. 2015 kamen 11 Prozent des in China verbrauchten Erdöls aus Port Sudan. Seit sechs Jahren verhindert das chinesische Veto jede Intervention der Vereinten Nationen im Sudan.

Heute versuchen 1,8 Millionen Palästinenser in dem 360 Quadratkilometer großen Getto von Gaza zu überleben. Seit 2006 leidet das Getto unter einer vollständigen und rücksichtslosen Blockade der israelischen Streitkräfte – Heer, Luftwaffe und Marine. Im Gazastreifen grassieren jetzt Nierenerkrankungen, weil das Grundwasser verschmutzt ist und weil Israel keine Baumaterialien und Geräte hineinlässt, die erforderlich wären,

---

1 Vgl. S. 276

um die durch die Bombenangriffe zerstörten Kläranlagen zu reparieren. Im Krankenhaus Al-Shifa reicht der Vorrat an Krebsmitteln bei Weitem nicht aus.

Ungefähr alle zwei Jahre bombardiert Israel den Gazastreifen, dessen Wohnviertel, Schulen, Krankenhäuser; dabei tötet es Tausende von Bewohnern und verstümmelt weitere Zehntausende. Aus den bereits genannten Gründen bringen die Vereinigten Staaten alle Initiativen der UNO zum Erliegen, die dazu dienen könnten, die Bevölkerung des Gazastreifens zu schützen.

Woher kommt das Vetorecht und die Art, wie es im Sicherheitsrat der Vereinten Nationen praktiziert wird?

Der Schotte John Boyd Orr, der 1941 auf der USS *Augusta* anwesend war, berichtet von einem außergewöhnlichen Moment, als Churchill sich gegen Roosevelt auflehnte[1]: Churchill wehrte sich gegen die Idee einer Charta, die ausschließlich auf dem demokratischen Prinzip beruhte. Churchill hatte Adolf Hitlers Machtergreifung unmittelbar miterlebt – und die hatte anscheinend nach demokratischen Regeln stattgefunden!

Roosevelt wiederum war von der unantastbaren Souveränität jedes einzelnen Staates fest überzeugt. Genauso eisern hielt er am Prinzip der Gleichheit zwischen den Mitgliedstaaten fest, einem Prinzip, das schließlich in Artikel 2 der Charta niedergelegt wurde: »Die Organisation beruht auf dem Grundsatz der souveränen Gleichheit aller ihrer Mitglieder.« So hat jeder Mitgliedstaat der Vereinten Nationen, unabhängig von seiner Bedeutung, nur eine Stimme in der Generalversammlung. Régis Debray schreibt: »Die Souveränität der Staaten ist eine Form der Gleichsetzung ungleicher Staaten. Burundi hat die gleiche ›Souveränität‹ wie die Vereinigten Staaten. Ist das verrückt? Ja, das ist

---

1   John Boyd Orr, *The Role of Food in Postwar Reconstruction*, a. a. O.

verrückt. Ist das widernatürlich? Ja, das ist widernatürlich. Aber das nennt man Zivilisation.«[1]

Im November 1932 waren die Nazis stärkste Partei im Reichstag geworden – 196 Sitze, entsprechend 33 Prozent der abgegebenen Stimmen. Mehr als 11 Millionen deutsche Wahlberechtigte hatten für die Nationalsozialisten gestimmt. Die Sozialdemokraten (121 Sitze) und die Kommunisten (100 Sitze) waren nicht in der Lage gewesen, eine Koalition zu bilden. Da war es nur naheliegend, dass der (senile) Marschall von Hindenburg, der Reichspräsident der Weimarer Republik, Hitler zum Reichskanzler ernannte.

Nach dem Reichstagsbrand im Februar und den neuerlichen Wahlen am 5. März 1933, bei denen die Nationalsozialisten die ersehnte absolute Mehrheit wiederum verfehlt hatten, kam es am 21. März 1933 zur feierlichen Eröffnung des neuen Reichstags in der Potsdamer Garnisonkirche, einem traditionsträchtigen Ort mit der Königsgruft und den Grabstätten von Friedrich Wilhelm I. und Friedrich II. Hitler und Hindenburg reichten sich vor dem Kirchenportal die Hände. Dichtgedrängt saßen Generale der kaiserlichen Armee und der Reichswehr, Diplomaten und Würdenträger im Chor und auf der Galerie, während im riesigen Kirchenschiff die Regierung sowie die Abgeordneten, jene der NSDAP in Braunhemden, Platz genommen hatten. Es fehlten die Abgeordneten der Kommunisten und der Sozialdemokraten. Orgelmusik ertönte. In Erinnerung an die siegreiche Schlacht Friedrichs II. erscholl der Choral von Leuthen: Nun danket alle Gott…[2]

Hitler hatte am 30. Januar 1933 den Eid auf die Verfassung

---

1 Régis Debray und Jean Ziegler, *Il s'agit de ne pas se rendre*, Paris 1994, S. 50.
2 Vgl. Joachim Fest, *Hitler. Eine Biographie*, Frankfurt a. M. 1973, S. 556.

abgelegt. Zwei Tage nach der pompösen Inszenierung in der Garnisonkirche verlangte er unbeschränkte Machtbefugnisse. Eingeschüchtert von SA-Horden und von SS-Männern, den schwarzen Uniformen und den Mützen mit den Totenkopfabzeichen, stimmten 441 Reichstagsabgeordnete für das Ermächtigungsgesetz. Nur 94, ausschließlich Sozialdemokraten, wagten es, dagegen zu stimmen. Den Abgeordneten der KPD waren die Mandate per Verordnung entzogen worden.

Aus freien Stücken und in geheimer Abstimmung schaffte sich die deutsche Demokratie selbst ab.

Ich halte die in mehreren Bänden erschienenen Erinnerungen von Winston Churchill für eines der beeindruckendsten Meisterwerke unserer Zeit. Hören wir, was er über Hitlers Machtergreifung schreibt:

»Aus den höllischen Tiefen des Abgrunds hatte er die dunkeln und wilden Furien heraufgerufen, die in der zahlreichsten, dienstfertigsten, unbarmherzigsten, widerspruchvollsten und unglücklichsten Rasse Europas schlummern. Er hatte das fürchterliche Götzenbild eines alles verschlingenden Molochs heraufbeschworen, dessen Priester und dessen Verkörperung er selber war.«[1]

Diese Tyrannei beruhte auf Gemeinheit, Hass und Brutalität.

Churchill war überzeugt, dass sich die Wiederholung einer ähnlichen Katastrophe durch nichts absolut vermeiden lasse. Wie wollte man verhindern, dass eine Mehrheit der Generalversammlung der UNO in einem Zustand der Verwirrung Entscheidungen treffen würde, die sich in radikalem Widerspruch zu den Prinzipien der Charta und der Allgemeinen Erklärung der Menschenrechte befänden?

---

1 Winston Churchill, *Der Zweite Weltkrieg*, 1. Band, *Der Sturm zieht auf*, 1. Buch, *Von Krieg zu Krieg*, 1919-1939, Bern 1948, S. 95.

Es galt also, eine Notbremse einzubauen. Und Churchill setzte sich durch: Jeder der fünf Siegerstaaten des Zweiten Weltkriegs erhielt ein Vetorecht.

Während seiner gesamten Amtszeit (1997–2006) litt Generalsekretär Kofi Annan unter der Institution des Vetorechts und der Lähmung der UNO selbst bei entsetzlichsten kriegerischen Verhältnissen wie in Somalia und Ex-Jugoslawien. Als er sein Büro im 38. Stockwerk des UNO-Wolkenkratzers in New York aufgeben musste, hinterließ er, gewissermaßen als sein Vermächtnis, einen Reformplan für den Sicherheitsrat.

Diese Reform bestand im Wesentlichen aus zwei Teilen.

Fortan sollte die Anwendung des Vetorechts in allen Konflikten, in denen Verbrechen gegen die Menschlichkeit begangen werden, unmöglich sein.

Außerdem wären die ständigen Sitze des Sicherheitsrats nach dem Willen Kofi Annans dem Rotationsprinzip unterworfen worden. Die französischen und britischen Sitze wären zu europäischen Sitzen geworden, die nacheinander von Deutschland, Italien, Spanien und den skandinavischen Ländern usw. eingenommen worden wären. China hätte seinen ständigen Sitz zeitweilig an Indien, Japan, Indonesien usw. verloren. Gleiches hätte für den Sitz der Vereinigten Staaten gegolten: Er wäre nacheinander an Brasilien, Kanada, Mexiko usw. gegangen.

Die Vorschläge von Kofi Annan beruhen auf gesundem Menschenverstand und sind heute noch genauso wertvoll wie damals. Die Aufhebung des Vetorechts im Fall von Verbrechen gegen die Menschlichkeit hätte die UNO aus ihrer Lähmung befreit. Die Rotation der ständigen Sitze hätte die Zusammensetzung eines Sicherheitsrats ermöglicht, die den tatsächlichen wirtschaftlichen, finanziellen und politischen Verhältnissen unter den Staaten besser entsprochen hätte.

Doch 2006 zerschellte dieses Reformprojekt an einer Betonmauer – der Ablehnung der fünf ständigen Mitglieder des Sicherheitsrats, ohne deren Zustimmung keine Reform möglich ist. Der Plan verschwand in den New Yorker Schubladen der Organisation. Doch heute, o Wunder!, ist man im Begriff, ihn wieder hervorzuholen.

In seiner *Philosophie des Rechts* zitiert Hegel Friedrich Schiller: »Die Weltgeschichte ist das Weltgericht.«[1]

Der Wandel der materiellen Situation zieht stets auch partiell den des ideologischen Überbaus nach sich. Solange sich die mörderischen Kriege fern ihrer Grenzen abspielten, konnten sich die Staaten mit einem ständigen Sitz im Sicherheitsrat in aller Ruhe der Reform der Charta widersetzen. Doch die Situation hat sich radikal verändert. In Syrien, im Irak, in Libyen und an vielen anderen Orten in der Welt gibt es ein Ungeheuer, das vernichtet, enthauptet, tötet – den Islamischen Staat (IS). Er massakriert, verbrennt und verstümmelt – in einem Redaktionsbüro mitten in Paris, im Bataclan, auf den Terrassen der Bistros, in den Zügen und Supermärkten von Paris und in Bayern, auf der Promenade des Anglais in Nizza, in den U-Bahnen von London, Brüssel und Moskau, im Flughafen von Brüssel, in einer Pfarrkirche in der Normandie … In den Vereinigten Staaten stachelte er pathologische Mörder zu ihren blutigen Taten auf. Plötzlich erlebten die Bewohner des Westens und Russlands die Schrecken ferner Kriege bei sich zu Hause.

Und dann sind da die Flüchtlinge, ihr Martyrium im Mittelmeer, in der Ägäis. Mehr als sechs Millionen Menschen befin-

---

1   1. »Die Worte Schillers ›Die Weltgeschichte ist ein Weltgericht‹ sind das tiefste, was man sagen kann. Kein Volk erlitt je Unrecht, sondern was es erlitt, hat es verdient.« G. W. F. Hegel, *Die Philosophie des Rechts, Die Mitschriften Wannemann/Homeyer*, Stuttgart 1983, S. 196.

den sich auf der Flucht, im Exil – Syrer, Iraker, Afghanen usw. –, Menschen, die in Europa Schutz und Asyl verlangen. Ihre Tragödie stellt die Staaten des alten Kontinents vor dramatische Probleme der Moral, der Aufnahme und der wirtschaftlichen Integration. Sie lässt im Schoß dieser zivilisierten Staaten mächtige und verabscheuenswürdige rassistische Bewegungen entstehen.

Daher bestehen heute gute Aussichten, dass wir alle zusammen diesen Kampf für eine Reform der UNO gewinnen können. Seit einigen Monaten finden zwischen den Diplomaten der ständigen Mitglieder des Sicherheitsrats in Genf und New York Konsultationen statt. Und sie kommen voran. Die Diplomaten des *Quai d'Orsay*, des *State Department*, des *Foreign Office*, aber auch des deutschen Auswärtigen Amtes haben bereits Änderungsanträge zu Kofi Annans Plan verfasst. Die Europäische Union hat eine Arbeitsgruppe eingerichtet.

Jetzt hängt alles davon ab, ob die internationale Zivilgesellschaft genügend Druck ausüben kann, um die Staaten zu zwingen, die von Kofi Annan entworfene Reform durchzusetzen.

Am Horizont leuchtet noch eine andere Hoffnung auf – die Hoffnung auf humanitäre Intervention. Es ist unbedingt erforderlich, dass die UNO als Trägerin des universellen Allgemeinwohls, des weltweiten öffentlichen Interesses, immer dann, wenn eine Regierung brutal und systematisch die Menschenrechte ihrer Bürger verletzt, nach dem Prinzip der humanitären Intervention *handeln* darf – das heißt, die Gewaltmittel, die ihr zur Verfügung stehen, im Dienst des Rechts einsetzen kann.

Ich schaue die kleinen Notizhefte mit den Eintragungen durch, die ich meist spät in der Nacht, nach den Sitzungen des Menschenrechtsrats, notiert habe. Während jeder Sitzungsperiode ist ein Tag der Präsentation der »*situations of special concern*« (»Situationen von besonderem Interesse«) durch die Hochkommissarin oder den Hochkommissar vorbehalten.

Zurück zur Plenarversammlung vom Mittwoch, dem 26. März 2014. Die amtierende Hochkommissarin Navi Pillay hat das Wort. Mit ihrem schüchternen Lächeln, den freundlichen braunen Augen hinter der randlosen Brille wirkt sie wie eine sanfte Großmutter, aber der Eindruck täuscht. Aufgewachsen in einer armen Familie tamilischer Einwanderer in einem Elendsviertel von Durban, brachte sie es dank ihrer Willenskraft und Intelligenz zur Strafverteidigerin. Als mutige Verteidigerin Dutzender Widerstandskämpfer gegen die rassistische Diktatur Südafrikas hat sie ihr Leben aufs Spiel gesetzt. Ihre Stimme ist fest, das, was sie mitteilt, zuverlässig. In Kolumbien halten einige hochrangige Vertreter des Staates schützend ihre Hand über die paramilitärischen Kommandos, die ihrerseits im Dienst der örtlichen *Latifundistas* und der multinationalen Agrotreibstoff-Unternehmen stehen, die auf den Anbau von Ölpalmen setzen. Die paramilitärischen Mörder bringen jedes Jahr Hunderte von Kleinbauern um und brennen ihre Hütten nieder, um die landwirtschaftlichen Flächen für die extensive Nutzung durch die Palmölherren zu »befreien«. Unterstützt von den Gerichtsmedizinern der Interamerikanischen Kommission für Menschenrechte lokalisieren die Mediziner der UNO die Massengräber, untersuchen die Leichen und versuchen, sie zu identifizieren. Für jedes exhumierte Opfer schickt die UNO der Regierung in Bogotá eine Mitteilung.

Doch Navi Pillay ist verzweifelt. Seit Kurzem haben die Mörder ihre Taktik geändert. In Buenaventura haben sie Hunderte von Gefangenen zu Tode gefoltert, die Leichen zerstückelt und ihre Teile auf verschiedene Massengräber verteilt, sodass sie über die ganze an der Pazifikküste gelegene Provinz Valle del Cauca verstreut sind: hier ein Kopf, die Arme oder Beine desselben

Leichnams Dutzende oder Hunderte von Kilometern entfernt versteckt. Damit machen sie den Gerichtsmedizinern ihre Arbeit praktisch unmöglich und nehmen der UNO die Möglichkeit, die Morde weiterhin anzuprangern. Mehr als drei Stunden lang hat Navi Pillay an diesem Tag die Namen der Mörder und die Identität ihrer jüngsten Opfer verlesen.

Der Wind treibt einen feinen Märzregen gegen die hohe Fensterfront des Palais des Nations. Die Hochkommissarin kommt auf einen weiteren, besonders schmerzlichen Punkt zu sprechen. In Guatemala werden »straffällige« Kinder von zehn Jahren in Zellen gesteckt, die mit hartgesottenen Verbrechern überfüllt sind. Oft werden diese Kinder geschlagen und vergewaltigt, nicht nur von ihren Mitinsassen, sondern auch von den Aufsehern. Navi Pillay sagt: »Ich verlange, dass die Gesetzeslage für Minderjährige in Guatemala verändert wird.« Die Debatte zieht sich hin. Andere Fälle von schweren Verletzungen der Menschenrechte werden geschildert. Eine blasse Sonne durchdringt die dunkle Wolkenwand über dem Jura. Die Dämmerung breitet sich in den Fluren des Palais aus. 18 Uhr: Die Dolmetscher beenden ihre Arbeit, und der Präsident bricht die Sitzung ab. Die diplomatische Cocktailrunde beginnt, wenig später gefolgt von den Abendessen in den Residenzen und Restaurants der Stadt.

Den ganzen Tag über, nach jeder ihrer Darlegungen beschwor Navi Pillay die *Responsability to protect* (»Schutzverantwortung«), die der UNO obliegt. Die Menschenrechte werden fünfzehn Mal in der Charta erwähnt, aber nicht ein einziges Mal in Kapitel VII, das, wie erwähnt, die Zwangsmittel aufzählt, die die UNO zu ergreifen berechtigt ist, um Bedrohungen des Friedens, Friedensbrüche und Angriffshandlungen abzuwenden. Nach Ansicht der Gründungsväter ließ sich die Achtung der Menschenrechte durch die Staaten nicht durch solche Maßnahmen erzwingen, sondern nur durch Überzeugung und Zusammenarbeit.

Unter dem gemeinsamen Druck sozialer Bewegungen, Hochschulen, Kirchen, insbesondere in Europa und Nordamerika, wurde diese Doktrin in jüngster Zeit bekämpft. Die Wahrnehmung der UNO als Garant des universellen Allgemeinwohls, des globalen öffentlichen Interesses setzt sich durch: »*We the Peoples of the United Nations*…«, die Worte, die die Präambel der Charta eröffnen, beginnen Gestalt anzunehmen. Wenn eine Regierung das eigene Volk tyrannisiert und die Menschenrechte systematisch mit Füßen tritt, hat die UNO (durch die Charta) die Pflicht, dieses Volk zu schützen. Die humanitäre Intervention, auch als »Schutzverantwortung« bezeichnet, ist eine Verpflichtung, die sich aus der Charta ergibt.

Verletzt die humanitäre Intervention die Souveränität der Mitgliedstaaten, die ihnen durch Kapitel 1, Artikel 2 derselben Charta zugesichert wird? Gewiss. Aber die Verpflichtung, die Menschen nötigenfalls auch gegen ihre eigene Regierung zu verteidigen, ist ein Grundprinzip der Vereinten Nationen.[1]

Etliche Resolutionen des Sicherheitsrats haben die »Schutzverantwortung« definiert. Die erste, die Resolution Nr. 688 vom 5. April 1991, betraf den Irak und verurteilte Saddam Hussein nach Ende des ersten Golfkriegs wegen der brutalen Unterdrückung aufständischer irakischer Zivilisten, vor allem wegen der Bombenangriffe mit Napalm, Phosphor und Sarin im März 1991 auf die Bevölkerung von Kurdistan mit zahllosen Toten und mehr als einer Million Flüchtlingen. Ausdrücklich erlaubte

---

1 Vgl. Gabriella Venturini und Milena Costas Trascasas, »Intervento umanitario e *Responsability to protect* secondo il diritto internazionale«, in: Bruno M. Bilotta, Franco A. Cappelletti und Alberto Scerbo (Hg.), *Pace, Guerra Conflitto nella società dei diritti*, Turin 2000.

sie eine humanitäre Intervention im Norden des Irak und unterband – durch Luftüberwachung – jede militärische Operation des Irak nördlich des 36. Breitengrads. Auf diese Weise wurden die überlebenden Kurden gerettet.

Als Navi Pillay jedoch die »Schutzverantwortung« der UNO im Zusammenhang mit den Menschenrechtsverletzungen in Kolumbien und Guatemala ins Spiel brachte und Wirtschaftssanktionen vorschlug, war diese Initiative von vornherein zum Scheitern verurteilt, denn diese Länder sind Protektorate der Vereinigten Staaten und damit dank dem amerikanischen Veto gegen jede UNO-Operation gefeit. Trotzdem, es sei noch einmal gesagt, die Idee der humanitären Intervention kommt voran, gegen den erbitterten Widerstand der Souveränisten, die dem absoluten Primat der nationalstaatlichen Souveränität anhängen. Wenn diese Intervention entschlossen und systematisch praktiziert würde, könnten jedes Jahr Zehntausende von Menschenleben gerettet werden. Auch hierbei wird die Rolle der internationalen Zivilgesellschaft von entscheidender Bedeutung sein, sie müsste sich gegen den »Souveränismus« durchsetzen.

Nach dem Bericht der amerikanischen Untersuchungskommission haben – einschließlich der Flugzeugentführer – 2973 Personen aus 62 verschiedenen Ländern am 11. September 2001 bei den Terrorangriffen auf die Türme des *World Trade Center* und auf das Pentagon in Washington ihr Leben verloren. Diese schreckliche Tragödie, die Bilder von den grauenhaften Ereignissen in den *Twin Towers* gingen um die Welt, haben viele Hundert Millionen Fernsehzuschauer erschüttert und einen Krieg ausgelöst – den Krieg zwischen den Vereinigten Staaten und Afghanistan. Laut den Unterlagen der UNO sind am selben Tag 35 000 Kinder unter zehn Jahren dem Hunger oder der Unterernährung zum Opfer gefallen. Ebenfalls an diesem Tag sind – um eine andere UNO-Ziffer zu nennen – 156 368 Personen an Tuberkulose, Aids, Durchfallerkrankungen, Kinderkrankheiten, Malaria, Lepra, Infektionen der Atemwege etc. gestorben. Wie an jedem anderen Tag in jedem anderen Jahr. Dieser Massenmord hat im Westen keinerlei Gefühlsregungen hervorgerufen.

Der deutsche Journalist und Herausgeber Jakob Augstein schreibt: »Der Westen bekämpft den islamistischen Terrorismus. Warum nicht den eigenen? Die Zahl der Menschen, die uns zum Opfer fallen, ist viel höher. Alle zehn Sekunden verhungert ein Kind. Es ist unsere Schuld.« Und er schlägt vor: »Wir müssten uns beim Weltwährungsfonds für eine Entschuldung der ärmsten Länder einsetzen. Wir müssten Agrartreibstoffe mit hohen Zöllen und Steuern belegen. Wir müssten die Spekulation mit Nahrungsmitteln an der Börse verbieten.«[1]

Der jährliche Massenmord an Millionen Menschen durch Hunger und Unterernährung – auf einem Planeten, der von Reichtum überquillt – bleibt der eigentliche Skandal unserer Zeit.

Die zu Skeletten abgemagerten Kinder mit zitternden Gliedern, verstörten Augen, von Kalorienmangel gezeichneten Leibern bevölkern noch immer größere Teile des Planeten.

Mittlerweile sind wir 7,3 Milliarden Menschen auf der Erde, und mehr als eine Milliarde von uns sind extrem und dauerhaft unterernährt.

Zwischen 2008 und 2012 hat sich die Zahl der Menschen,

---

1 Jakob Augstein, »Wir Terroristen«, *Der Spiegel* (online), 16. Oktober 2014. http://www.spiegel.de/politik/deutschland/jakob-augstein-kolumne-hunger-gehoert-beka-empft-a-997476.html

die dieser Geißel zum Opfer gefallen sind, erneut erhöht. Nach dem *World Food Price Index* (Nahrungsmittel-Preisindex der Ernährungs- und Landwirtschaftsorganisation der Vereinten Nationen), der die Preisschwankungen der Grundnahrungsmittel erfasst, haben sich diese Preise zwischen 2002 und 2012 verdoppelt und damit neuerliche Katastrophen in den Elendsvierteln der Welt verursacht.

Ein anderes Beispiel für den relativen Misserfolg entsprechender Bemühungen: In Pakistan erkranken heute wieder Hunderttausende von Kindern an Poliomyelitis (Kinderlähmung), dieser schrecklichen Infektionskrankheit. 2008 hatte die WHO eine landesweite Impfkampagne gestartet. Die pakistanischen Taliban und andere dschihadistische Gruppierungen hatten versucht, die Aktion zu sabotieren, indem sie zahlreiche Ärzte und Krankenschwestern ermordeten, die die Impfung durchführen sollten. Trotz der Morde war die Kampagne ein Erfolg: In Pakistan war die Kinderlähmung besiegt.

Eines Abends im Sommer 2014 saß ich in der Auberge du Vieux-Bois, unweit des Palais des Nations in Genf, in einem Garten voll blühender Rosen mit Zamir Akram, dem einflussreichen und tatkräftigen Botschafter Pakistans, beim Essen. Der Sohn einer der führenden Familien des Punjab, ein gläubiger Muslim, leidenschaftlicher Patriot und stolzer Vertreter seines Landes, war der Architekt der Zusammenarbeit der WHO mit dem Gesundheitsministerium in Islamabad. Ich sprach von meiner Bewunderung für die Krankenschwestern und Ärzte, die ihr Leben riskiert hatten, um die Kinder zu impfen.

Akram hörte schweigend zu, dann sagte er: »Täuschen Sie sich nicht, in den Stammesgebieten waren diese Opfer umsonst… Die Kinderlähmung ist zurückgekehrt. Wieder sind Tausende von Kindern gelähmt und leiden unter atrophierten Gliedern, denn die Unterernährung führt bei vielen geimpften Kindern zu einer massiven Schwächung ihres Immunsystems.«

Noch ein letztes Beispiel. Noma, diese schreckliche, durch Unterernährung ausgelöste Erkrankung, die das weiche Gesichtsgewebe von Kindern zerfrisst, hat zwischen 2002 und 2015 vor allem im subsaharischen Afrika wie rasend um sich gegriffen und Zehntausende weitere Opfer gefordert. Dabei kann Noma in den ersten drei Wochen seines Auftretens bei einem Kind durch die Verabreichung von Antibiotika dauerhaft geheilt werden; Kostenpunkt: weniger als fünf Euro.[1] Aber das Geld fehlt, und die Krankheit sucht immer neue und immer größere Bevölkerungsgruppen heim.

Der amerikanische Philosoph Hilary Putnam, der am 13. März 2016 in Boston starb, forderte: »Lasst die Unterdrückten nicht endlos warten.«[2] 2013 haben die größten transkontinentalen Unternehmen und Großbanken mehr als 1000 Milliarden Dollar Dividenden an ihre Aktionäre ausgezahlt. Noch nie zuvor in der Geschichte hat das Kapital der Reichsten solche Gewinne abgeworfen.[3]

Wäre diese Summe in Sozialprogramme investiert worden, statt die Schatullen der Milliardäre des Planeten noch mehr zu füllen, hätten Not und Elend in der Welt spürbar verringert werden können. Einige Beispiele: Mit diesem Manna hätte man 18 Millionen Lehrer ein Jahr lang bezahlen können. Der Hun-

---

1 Die von Bertrand Piccard gegründete Stiftung *Winds of Hope* operiert in diesem Bereich gemeinsam mit *Sentinelles*, einer Stiftung, die von Edmond Kaiser ins Leben gerufen wurde. Vgl. www.sentinelles.org. Beide Organisationen haben ihren Sitz in Lausanne.

2 Hilary Putnam, *Définitions. Pourquoi ne peut-on pas naturaliser la raison?*, Paris 1993, S. 90.

3 *Newsletter* von Henderson Global Investors, zitiert in: Jens Korte, *Neue Zürcher Zeitung am Sonntag*, 2. März 2014.

ger und die mit der Unterernährung verknüpften Krankheiten wären nach nur drei Jahren verschwunden. Eine andere Berechnung von Henderson Global Investors: Diese 1000 Milliarden Dollar würden die Möglichkeit schaffen, 3000 Jahre lang soziale Projekte mit einer Million Dollar pro Tag zu finanzieren.[1]

Heute besitzen 85 Ultrareiche[2] ein Vermögen, das den Gesamtbesitz der 3,5 Milliarden ärmsten Bewohner des Planeten übertrifft. Winnie Byanyima, seit 2013 die Direktorin von Oxfam International, findet es »ganz einfach skandalös und völlig inakzeptabel, dass die Hälfte der Weltbevölkerung weniger Vermögen besitzt als einige Dutzend Milliardäre, die man in einem einzigen Bus befördern könnte«. Zu dieser enormen Finanzkraft gesellt sich noch die politische Macht. Laut Oxfam International haben praktisch alle Gesetze, die in den zehn Jahren von 2004 bis 2014 verabschiedet wurden, dazu gedient, die Steuern der Superreichen zu verringern, die Finanzmärkte zu deregulieren, das Steuerrecht zum Vorteil der Unternehmen zu reformieren und die Liberalisierung (Flexibilisierung, Deregulierung) des Arbeitsmarktes voranzutreiben[3].

Papst Franziskus zog folgende Schlussfolgerung: »Ebenso wie das Gebot ›Du sollst nicht töten‹ eine deutliche Grenze setzt, um den Wert des menschlichen Lebens zu sichern, müssen wir heute ein ›Nein‹ zu einer Wirtschaft der Ausschließung und der Disparität der Einkommen‹ sagen … Wir haben die ›Wegwerfkultur‹ eingeführt … Es geht nicht mehr einfach um das Phänomen der Aus-

---

1 Ebd.
2 Ultrareich ist jemand, der mindestens zehn Milliarden Dollar besitzt. Vgl. Oxfam International, »En finir avec les inégalités extrêmes. Confiscation politique et inégalités économiques«, London 2014.
3 Ebd.

beutung und der Unterdrückung, sondern um etwas Neues: Mit der Ausschließung ist die Zugehörigkeit zu der Gesellschaft, in der man lebt, an ihrer Wurzel getroffen, denn durch sie befindet man sich nicht in der Unterschicht, am Rande oder gehört zu den Machtlosen, sondern man steht draußen. Die Ausgeschlossenen sind nicht ›Ausgebeutete‹, sondern Müll, ›Abfall‹.«[1]

In seinem berühmten Buch *The Bottom Billion* schätzt Paul Collier, Wirtschaftsprofessor an der Universität Oxford, diesen »Abfall« auf mehr als eine Milliarde Menschen.[2]

Das bevorzugte Instrument dieser ungeheuren Anhäufung von Reichtum in den Händen einer winzigen transkontinentalen Oligarchie ist die Offshore-Firma (oder Briefkastenfirma). Eingetragen in die Handelsregister der »Steuerparadiese«, in Staaten, die weder Vermögens- noch Einkommenssteuern kennen, dafür aber ein eisernes Bankgeheimnis praktizieren, dienen diese Firmen im Wesentlichen dem Zweck, gesetzwidrig erworbenes Geld zu waschen. Im Allgemeinen kontrolliert ein Beutejäger der Finanzbranche eine ganze Pyramide von Scheinfirmen, die dafür sorgen, dass sich die Herkunft des Geldes unmöglich entdecken lässt. Drogen- und Menschenhändler, Waffenschieber, korrupte Politiker, Terroristen, vor allem aber Steuerbetrüger bedienen sich solcher Firmen. Millionen dieser Offshore-Firmen, kompliziert ineinander verschachtelt, ermöglichen den Ultrareichen, Finanzimperien zu schaffen, die absolut undurchsichtig und dem Zugriff der Finanzbehörden ihrer Herkunftsländer entzogen sind. In den meisten Ländern liegt es im Ermes-

---

1 Apostolisches Schreiben, *Evangelii Gaudium*, 53.
   https://w2.vatican.va/content/francesco/de/apost_exhortations/documents/papa-francesco_esortazione-ap_20131124_evangelii-gaudium.html#Nein_zu_einer_Wirtschaft_der_Ausschlie%C3%9Fung

2 Paul Collier, *The Bottom Billion*, Oxford University Press, 2008; (dt.: *Die unterste Milliarde*, München 2008).

sen der Ultrareichen selbst, ob sie bereit sind, Steuern zu zahlen und in welcher Höhe …

Die weltweite Steuerhinterziehung ist also in erheblichem Maße schuld an dem Elend in der Welt.

In regelmäßigen Abständen kommt es zu Skandalen. Der jüngste wurde unter der Bezeichnung »Panama Papers«[1] bekannt. Ein anonymer Mitarbeiter der panamaischen Anwaltskanzlei Mossack Fonseca hat zwei hochkompetenten, mutigen investigativen Journalisten der *Süddeutschen Zeitung* in München, Bastian Obermayer und Frederik Obermaier, acht Millionen vertrauliche Dokumente und E-Mails zukommen lassen. So wurde ersichtlich, dass allein die Kanzlei Mossack Fonseca den Beutejägern mehr als 260 000 Scheinfirmen zur Verfügung gestellt hat – angesiedelt auf den Bahamas, den Jungferninseln, den Cayman Islands, auf Jersey usw.

Unterstützt von ihren Kollegen bei der Organisation für wirtschaftliche Zusammenarbeit und Entwicklung (OECD) bemühen sich die Ökonomen der Konferenz der Vereinten Nationen für Handel und Entwicklung (*United Nations Conference on Trade and Development*, UNCTAD) um die Durchsetzung einer gewissen Anzahl von Normen, die dazu bestimmt sind, die schändlichen Aktivitäten der Offshore-Firmen zu beenden. Das äußerte sich vor allem durch das Verbot von Inhaberaktien, die Einrichtung eines weltweiten UNO-Registers der tatsächlichen Vermögen von Inhabern solcher Briefkastenfirmen und das Verbot der Benennung von Strohmännern als *ultimate beneficial owners* (»eigentliche Firmeninhaber«).

Der Menschenrechtsrat beteiligt sich an dem Kampf der

---

1 Siehe Bastian Obermayer und Frederik Obermaier, *Panama Papers. Die Geschichte einer weltweiten Enthüllung*, Köln 2016.

UNCTAD-Ökonomen, indem er 2016 eine Resolution mit dem Titel »*The negative impact of the non-repatriation of funds of illicit origin to the countries of origin on the enjoyment of human rights*« (»Die negative Auswirkung der Nicht-Rückführung von illegal erworbenen Mitteln in die Ursprungsländer auf die Ausübung der Menschenrechte«) verabschiedete. Im Juni 2016 bat er seinen Beratenden Ausschuss um einen Bericht über die »*Non-repatriation of illicite funds*« (»Nicht-Rückführung von illegal erworbenen Mitteln«) für die Vorbereitung einer Resolution über das Verbot von Offshore-Firmen.

Ja, der Kampf geht weiter.

In seiner *Abhandlung über den Ursprung und die Grundlagen der Ungleichheit unter den Menschen* (1755) schreibt Jean-Jacques Rousseau: »Die Menschen mit all ihrer Moral wären stets nur Ungeheuer gewesen, wenn die Natur ihnen nicht das Mitleid zur Stütze ihrer Vernunft gegeben hätte.«

Heute stellen unzählige soziale Bewegungen, Gewerkschaften, Nichtregierungsorganisationen und Einzelkämpfer, die aus den verschiedensten sozialen Schichten, Religionen, Nationen, Ethnien, politischen Gruppierungen und allen Regionen der Erde kommen, die kannibalische Weltordnung radikal infrage. Die neue planetarische Zivilgesellschaft gehorcht keiner Parteilinie und keinem Zentralkomitee. Sie folgt einzig und allein dem kategorischen Imperativ, den jeder von uns in sich trägt. Die herrschende Weltordnung beruht auf Konkurrenz, Dominanz und Ausbeutung. Die Triebkraft der Zivilgesellschaft ist das Bewusstsein der Identität aller Menschen. Ihre Praxis ist jene der Solidarität, der Reziprozität, der Komplementarität zwischen den Individuen.

Erinnern wir uns an Immanuel Kant: »Die Unmenschlichkeit, die einem anderen angetan wird, zerstört die Menschlichkeit in

mir.« Ich bin der andere, der andere ist ich. Er ist der Spiegel, in
dem ich mich selbst erkenne. Was mich von den Opfern trennt,
ist der Zufall der Geburt. Oder wie es im Evangelium heißt:
Gott ist immanent, gegenwärtig in jedem von uns.

Das Leiden des anderen lässt mich leiden, selbst wenn ich
mich dagegen wehre. Deshalb kann keiner der in diesem Nach-
wort angesprochenen Kämpfe – Wiederherstellung und Garantie der kollektiven Sicherheit, Legitimation der humanitären Intervention, Abschaffung der Offshore-Gesellschaften – geführt
werden ohne die Mobilisierung und Unterstützung der plane-
tarischen Zivilgesellschaft. Ohne ihren Aufstand ist der Sieg unmöglich.

Vom 9. bis 14. August 2016 fand in Montreal das Welt-
sozialforum statt und führte 35 000 Vertreter einer Vielzahl von
zivilgesellschaftlichen Organisationen in die Stadt. Damit fand
das Forum zum ersten Mal während der fünfzehn Jahre seit seiner Gründung in einem Industrieland statt. Ich bin tief beeindruckt von der unglaublichen Vitalität, Kreativität und Solidarität dieser Zivilgesellschaft. Gewiss, sie ist nicht ohne innere
Widersprüche, und es ist ungewiss, wie die zahlreichen Kämpfe,
die sie führt, ausgehen werden. Aber diese planetarische Zivilgesellschaft, diese rätselhafte Bruderschaft der Nacht, gerüstet mit
den Waffen einer wiederauferstandenen UNO, bildet den sicht-
baren Horizont einer Welt, die endlich menschlich wird.

Mahatma Gandhi weist uns den Weg: »Zuerst ignorieren sie
euch, dann verspotten sie euch, dann bekämpfen sie euch, dann
gewinnt ihr.«

Dank

Olivier Bétourné, Präsident der Éditions du Seuil, mit dem mich eine langjährige Freundschaft verbindet, stand Pate bei der Entstehung des Buches. Catherine Camelot, Caroline Gutmann und Cécile Videcoq waren unentbehrliche Helferinnen.

Erica Deuber Ziegler war in allen Phasen meine wertvolle Mitarbeiterin. Ohne ihre historischen Fachkenntnisse, ihre stilistische Begabung, ihren unerbittlichen kritischen Blick wäre das Buch nicht möglich gewesen.

Dominique Ziegler verdanke ich wichtige Anregungen.

Hainer Kober lieferte eine ebenso präzise wie einfühlsame deutsche Übersetzung, Karl Heinz Bittel stand mir wie immer mit Rat und Lektorat zur Seite.

Mein deutscher Verleger Johannes Jacob, die Pressereferentin Fabiola Zecha sowie mein Literaturagent und Berater Sebastian Ritscher förderten das Projekt in jeder Phase seiner Entstehung.

Die verschiedenen Fassungen des Manuskripts wurden von Arlette Sallin-Vincent und Sophie Sallin sorgfältig und sachkundig erfasst und korrigiert.

Ihnen allen gilt meine tiefe Dankbarkeit.

Jean Ziegler

PERSONENREGISTER

310

311

ORTS- UND SACHREGISTER